KB142745

창의 혁명

요즘 세계의 교육 현장은 4차 산업혁명에 필요한
창의적인 인재를 키워 내는 일에 집중하고 있다. 4차 산업혁명이 우리 삶을
어떻게 바꾸어 놓을지에 대한 전망이 다양한 가운데 우리 사회도
4차 산업혁명에 대비해야 한다는 목소리가 높다. 인공지능으로 대표되는
4차 산업혁명 시대를 준비하는 우리에게 창의성은 유일한 희망이다.
이 명백한 의의 앞에서 우리는 더 이상 지체할 수 없다.

4차 산업혁명 시대를 이끌 창조형 인재,
어떻게 키울 것인가?

창의 혁명

● 서울대학교 창의성 교육을 위한 교수 모임 ●

AI시대 유일한 국가 경쟁력 '창의력'을 위하여
서울대 교수들이 일어서다!

KOREA.COM

차
례

Part 1. AI가 넘지 못할
인간의 능력, 창의성······················23

창의성 교육에 국가의 미래가 달려 있습니다

우리는 격변하는 4차 산업혁명의 시대에 살고 있습니다. 미래는 어느 때보다 예측하기 힘들고 불확실합니다. 그러나 대한민국의 미래는 더 막막하고 어려운 것이 현실입니다.

지난 2015년 서울대학교 공과대학 스물여섯 명의 교수들이 한국 산업의 문제를 진단하고 미래를 위해 제언하는 내용을 담은 책,《축적의 시간》을 출간하였습니다. 이 책을 통해 우리 산업계가 현재도 힘들지만 앞으로는 더욱 힘들어질 것이라고 예견했습니다. 가장 큰 이유는 저가 인력으로 세계의 공장이라 불리는 중국이 급속한 경제 성장을 하며 우리를 더욱 압박할 것이라는 사실입니다. 혹자는 우리가 기술 혁신을 이루는 속도보다 추격당하는 속도가 점점 더 빨라지고 있으므로, 지금보다 더 열심히 일해야 한다고 말하기도 합니다.

그러나 이미 우리의 노력은 남다른 수준입니다. 2016년 8월 15일 〈연합뉴스〉 자료에 의하면, 우리의 노동 시간은 OECD 국가 중 멕시코에 이어 두 번째로 깁니다. 또한 OECD 국가 평균보다 연간 2개월 더 일하며 시간당 실질임금은 2/3 수준입니다. 노동 시간이 가장 짧은 독일과 비교하면 한국 취업자는 독일 취업자보다 연간 4.2개월 더 일하고, 연간 평균 실질임금은 독일의 73%, 시간당 실질임금은 절반 수준입니다. 이런 통계를 통해 보자면 지금보다 더 오래 열심히 일함으로써 우리 산업계가 직면하고 있는 어려움을 극복하자는 것은 적절한 대안이 아닙니다.

더군다나 지금은 인공지능, 자율주행, 3D 프린팅, 생명공학, 나노기술 등 폭넓은 분야에서 과학기술이 혁신을 거듭하며 사회 전반에 엄청난 변화를 예고하는 4차 산업혁명의 시대를 대비해야 하는 때입니다. 이렇게 급변하는 시대에 사는 우리는 어떻게 위기를 극복할 수 있을까요? 지금까지 해 왔던 것처럼 더 열심히 일해 노동 시간의 총량을 축적하는 방식은 더 이상 통하지 않습니다. 이제는 스스로 질문하고 답을 찾으며 창의성을 키우는 생각의 축적 교육이 필요한 때입니다. 즉, 창의성을 키우는 교육의 혁신만이 유일한 해결책입니다.

이스라엘, 독일, 싱가포르, 스웨덴, 핀란드, 노르웨이, 덴마크. 이들 7개국은 중국의 경제 성장이나 4차 산업혁명이라는 거대한 변화에도 큰 흔들림 없이 발전하고 있는 나라들입니다. 전 세계 국가들이 이들의 경쟁력을 연구하고 벤치마킹합니다. 그들의 가장 큰 차이점은 바로 오랫동안 사고력과 창의성을 중시하는 교육을 해 왔다는 점입니다.

생각하는 힘을 기르는 교육이
미래를 주도하는 인재를 만듭니다

'하브루타(chavruta)'로 알려진 유대인의 토론식 교육은 학생 둘이 짝을 이루어 질문과 토론을 하면서 깊이 있는 사고를 유도하여 다양한 시각과 견해를 갖게 하며, 이를 통해 새로운 아이디어와 해결법을 찾아내도록 이끄는 교육법입니다. "두 사람이 모이면 세 가지 의견이 나온다"는 이스라엘의 격언처럼 토론하는 과정에서 생각지도 못한 창의적인 아이디어들이 튀어나오도록 교육으로 최대한 독려하는 것입니다. 다양성과 창의성을 중요시하는 이런 교육이 노벨상을 휩쓸고 세계 경제를 쥐락펴락하는 유대인을 만든 원동력이라고 할 수 있습니다.

독일의 창의성 교육도 아주 특별합니다. EBS TV의 〈지식채널e〉에서 소개한 내용을 보면 독일은 초등학교 1년 동안 1부터 20까지 수의 덧셈과 뺄셈을 수없이 반복하는데, 계산하는 방법을 가르쳐 주지 않는다고 합니다. 손가락을 사용하든 발가락을 사용하든 아이 스스로 방법을 찾아낼 때까지 기다립니다. 시간이 걸리더라도 아이가 수의 원리를 제대로 이해하고 깨우칠 수 있도록 스스로 생각할 기회를 충분히 주는 것입니다. 생각하는 힘을 중요시하는 교육 철학이 바로 초고령 사회로 들어선 나라 가운데 유일하게 성장 잠재력이 높게 유지되고 국가 경쟁력도 계속 올라가고 있는 독일을 만든 근원입니다.

그런데 지금 우리의 교육은 어떤지요? 대학 입시를 준비하는 중·고등학교 교육은 말할 것도 없고 대학 교육조차 한 가지 정답을 좇으며 성적 경쟁에만 치중하고 있는 현실입니다. 평준화된 주입식 교육으로 빠르게 정답을 찾고 성과를 높이는 교육은 '한강의 기적'이라 불리는 세계적으로 유례없는 경제 성장을 이루는 데 중요한 역할을 했지만 다가올 미래를 대비하기 위해서는 지식을 주입하는 것이 아니라 개개인의 잠재력을 끌어내는 교육이 필요합니다.

밀턴 프리드먼을 이어 시카고학파를 이끌고 있는 노벨경제학상 수상자 로버트 루카스 교수는 〈Making a Miracle〉이라는 자신의 논문에서 한국의 비약적인 경제 성장의 배경에는 학교와 산업체 등에서 충분한 인적자본의 축적이 이루어졌기 때문이라고 말했습니다. 그러나 루카스 교수의 제자이기도 한 서울대학교 경제학과의 김세직 교수는 8%대의 고도성장을 이루던 우리의 경제성장률이 1990년대 후반부터 계속해서 하락하는 이유 역시 이 인적자본에 있다고 말합니다. 과거에는 우리가 선진국을 추격하는 모방형 경제였기 때문에 주입식 교육을 통한 모방형 인적자본의 축적이 경제 발전에 큰 기여를 했지만, 선진국을 바싹 추격하고 있는 지금은 모방형에서 창조형 인적자본으로 전환되어야 하는데 그러지 못했다는 것입니다. 그는 침체된 우리 경제의 성장 동력을 찾기 위해서는 '창의성 교육'을 통한 창조형 인재를 키워 내는 것만이 유일한 대안이라고 강조합니다.

이러한 주장은 2008년 노벨경제학상을 수상한 폴 크루그먼이 "아시아 국가들이 선진국이 되려면 땀 흘리며 일하는 경제(perspiration economy)에서 지식과 영감으로 성장하는 경제(inspiration economy)가 되어야 한다"라고 말한 것과 결국 같은 맥락입니다.

우리나라는 짧은 기간에 경제 성장을 이루면서 많은 분야가 선진화되고 경쟁력을 갖추게 되었지만, 유독 교육 분야는 이에 발맞추어 발전하지 못했습니다. 일관된 교육철학이 없이 교육제도는 계속 바뀌며 교육 분야의 경쟁력은 후퇴하여 현재 교육 분야에 커다란 구멍이 뚫려 있는 느낌입니다. 올바른 교육, 즉 창의성을 키워 내는 교육만이 현재 그리고 앞으로 다가올 난국에 대처하는 가장 현명한 방법이고 대한민국 미래의 희망일 것입니다. 머뭇거릴 시간이 없습니다. 지금 당장 다음 세대를 위해 지식과 영감을 키울 수 있는 교육으로의 전환이 필요합니다.

다행히 이러한 문제에 대한 심각성을 공유하는 서울대 교수들에 의해 우리의 교육을 바꿔 보고자 하는 움직임이 시작되었습니다.

2016년 3월, 이러한 취지에 깊이 공감하는 서울대학교 교수들이 모여 '서울대학교 창의성 교육을 위한 교수 모임'이라는 이름의 작은 모임을 만들었습니다. 창의성 교육이 국가 경쟁력을 위해 절대적으로 필요하다는 생각으로 서로 머리를 맞대고 창의성 교육에 대하여 논의하고 고민하였습니다. 창의성 교육이 절실함을 깨닫고 있던 여러 교수들은 이미 자신의 강의에서 창의성 교육을 실행하기 위해 여러 시도를 하고 있었고, 창의성 교육과 관련하여 각자가 개발한 노하우를 공유하면서 지금 서울대학교 내에 창의성 수업은 확장되어 가고 있습니다.

이들 교수들의 노력과 수고 덕분에 창의성 교육에 대한 다양한 고민과 방법들이 모이게 되었습니다. 이제 그것이 《창의 혁명》이라는 책으로 나오게 된 것에 대해 서울대 총장으로서 큰 기쁨과 함께 깊은 감사를 드립니다.

이 책에서는 '서울대학교 창의성 교육을 위한 교수 모임'에서 논의된 문제들, 즉 창의성이 무엇인지, 창의성 교육이 왜 필요한지, 창의성 교육은 어떻게 해야 하는지, 또 어떻게 창의성 교육을 널리 전파할 수 있는지, 교육자의 역할은 무엇이며, 사회에 필요한 창의성 인재는 어떻게 발굴하는지 등 차원이 다른 혁신적인 교육의 대안이 담겨 있습니다.

우리 국가의 미래는 오직 창의성에 달려 있고 그것은 교육으로 키울 수 있다는 신념이 이 책을 관통하는 교육철학입니다. 신념뿐 아니라 구체적 실행 방법과 피드백도 온전히 담겨 있습니다.

창의성 교육을 고민하는 교육 종사자들, 그리고 창의성 교육에 관심이 있는 학부모, 학생, 창의적 인재가 되고 싶은 일반인들뿐 아니라 나라의 백년대계를 생각하는 정책 입안자와 경쟁력을 키워야 할 각 분야의 리더들에게 이 책이 도움이 되리라 생각합니다. 바라건대 이 책이 불씨가 되어 '창의성 교육'이 우리 사회에서 화두가 되었으면 합니다. 그래서 각 개인이 가진 무궁무진한 창의성을 마음껏 펼치는 세상에서 또 한 번 기적을 만들어 낼 미래의 대한민국을 위해 이 책이 기여하길 소망합니다.

성 낙 인
서울대학교 총장

4차 산업혁명 시대의 유일한 희망 '창의성'

프랑스 파리 17구에 '에콜42(Ecole 42)'라는 학교가 있다. '파리' 하면 예술과 문화의 이미지가 먼저 떠오르지만, 이 학교는 프랑스의 IT 사관학교로 불리는 코딩 전문학교다. 교사, 책, 학비가 없는 이 학교에 입학하는 조건은 '코딩을 위해 태어났는가?(Born to code?)'다. 단, 나이 제한이(18~30세) 있으며, 1차 컴퓨터 능력 시험 후 4주 동안 합숙하며 팀 프로젝트를 수행하는 능력을 평가해 학생을 선발한다. 선발 기준은 창의성과 실력이다. 고등학교를 졸업하지 못한 학생부터 미국 스탠퍼드대학교 출신까지 다양한 학생들이 이곳에서 공부한다. 교육과정을 마쳐도 졸업장이나 정식 학위를 받지 못한다. 그런데도 세계 유수의 IT기업에서 이 학교의 인재들을 서로 끌어가려고 경쟁하고, 직접 스타트업을 창업하는 경우도 많다.

코딩은 컴퓨터 언어로 프로그램을 만드는 것이다. 코딩 교육이 중요한 것은 4차 산업혁명 시대를 대변하는 모든 것이 소프트웨어를 통해 구현되기 때문이다. 대니얼 서스킨드 옥스퍼드대학교 교수는 "코딩 교육은 미래에 모국어나 수학 교육만큼 중요해질 것"이라고 말했다. 코딩 교육이 나라의 경쟁력을 가를 것이란 주장도 나올 정도다.

16

요즘 세계의 교육 현장은 이렇게 4차 산업혁명에 필요한 창의적인 인재를 키워 내는 일에 집중하고 있다. 4차 산업혁명이 우리 삶을 어떻게 바꾸어 놓을지에 대한 전망이 다양한 가운데 우리 사회도 4차 산업혁명에 대비해야 한다는 목소리가 높다. 그런데 우리의 교육 현장을 떠올려 보면, 마음이 무거워지지 않을 수 없다. 아직도 교실은 50년 전과 크게 달라진 것이 없다. 선생님이 학생들에게 지식을 전달하는 일방적인 강의 형식으로 수업이 진행된다. 시험 역시 배운 지식을 얼마나 잘 암기하였는지 테스트하는 방식이다. 그동안 강의 위주의 주입식 교육은 대량생산형 산업사회에 필요한 인재를 길러 내기에는 충분한 방법이었다. 그러나 이제 지식을 많이 습득하는 것은 큰 의미가 없다는 것을 누구나 잘 알고 있다. 우리 주머니 속에 들어 있는 스마트폰만 검색해 봐도 웬만한 지식은 다 찾아볼 수 있는 세상이기 때문이다. 복잡하고 어려운 작업이나 위험한 일은 인공지능이나 로봇이 척척 해낸다. 지금은 창의적인 인적 자본을 키워 내야 할 시점이다. 우리 교육이 창의성 교육으로 변화해야 하는 이유다.

하지만 아직도 우리 학생들은 명문대에 들어가기 위한 입시 위주의 주입식 교육을 받고 있으며, 대학에 들어온 이후에는 다시 안정된 직장에 들어가기 위한 취업 준비에 몰두하고 있는 것이 우리의 암울한 교육 현실이다.

교육 종사자로서, 대학 입시에 큰 책임감을 느끼는 서울대학교의 교수로서, 우리는 많은 질문을 던졌다. 현재의 위기를 진단했고, 어떤 정책과 방법이 필요한지 살폈다. 비판과 방향성에 대한 여러 목소리를 냈지만 변화는 쉽지 않았다. 결론은 우리 자신에게로 돌아왔다. 정책이 바뀌기를 기대하고, 교육 종사자, 학부모, 학생이 변화하기만 기다리는 건 당장의 위기를 또다시 미루는 일밖에 되지 않는다고 판단했다. 인공지능으로 대표되는 4차 산업혁명 시대를 준비하는 우리에게 창의성은 유일한 희망이다. 이 명백한 의의 앞에서 우리는 더 이상 지체할 수 없었다.

'서울대학교 창의성 교육을 위한 교수 모임'은 창의성 교육이 우리에게 얼마나 중요하고 시급한 일인지 공감하고, 교수자로서 다양한 창의성 교육 방법을 모색하고 나누고 알리기 위해 시작되었다.

창의성 교육을 시도하는 일은 쉽지 않았다. 우리가 평생 익혀 왔던 교육 방법을 완전히 부수고 새로운 틀을 짜는 일이다. 어찌 보면 교육이 아니라 혁명에 가까운 일이었다. 교수자도 가장 창의적인 방법을 찾아내야 했고 더 많은 시간과 노력을 들여야 했으며 학생들은 새로운 시도에 적응하기 힘들어했다. 익숙했던 것을 파괴하고 새로운 변화의 바람 앞에 서는 것이 교수자나 학생 모두에게 쉽지는 않은 일이시만 우리가 반드시 가야 할 길이다.

교육을 통한 창의 인재 양성만이 우리의 마지막 경쟁력이다. 그것을 위해 변화의 선봉에 선 '서울대학교 창의성 교육을 위한 교수 모임'에서 나눈 고민과 시도들, 그 결과와 반응들을 모아 책으로 펴내게 되었다.

이 책에 참여한 열두 명의 저자들은 교육학, 심리학, 공학, 예술학, 경제학, 경영학 등 다양한 분야에서 창의성 교육을 실천하고 있는 전문가들로, 각 전공 분야에서 또는 서로 다른 학문의 통섭과 융합을 통해 창의성을 발현할 수 있는 구체적인 교육 방법과 결과를 소개한다.

"창의성은 전염성이 있는 인간의 속성이기에 이를 다른 사람들에게 전해야 한다"는 아인슈타인의 말처럼, 이 책은 교육자로서 창의성 교육에 대한 사명을 실천하기 위한 움직임의 시작이다.

이 책의 1부에서는 창의성 교육이 무엇이고, 왜 필요한지에 대해 살피며, 추락의 시대를 사는 대한민국 경제를 진단하고 창조적 인적 자원 개발의 필요성을 논하며, 역사 및 기업 사례를 통해 산업에서 창의적 사고의 필요성에 대해 다룬다.

2부에서는 창의성 교육이 이루어지는 실제 교육 현장의 다양한 모습을 들여다본다. 여러 전공이 융합된 과목의 수업은 어떻게 진행되는지, 또 강의를 없애 버린 강의실에서는 어떻게 창의성 교육이 이루어지고 있는지 살펴본다.

3부에서는 지금의 입시 제도가 어떻게 창의성 교육과 배치되는지, 교육은 어떻게 바뀌어야 하고 기업에서는 창의적 인재를 어떻게 분별하고 양성해야 하는지 고민해 본다.

열두 명의 저자가 창의성 교육을 위해 시도하는 방법은 각기 다르지만, 공통적으로 제시하는 대안은 몇 가지가 있다. 주입보다는 발표나 토론을 통해 학생들이 다양한 의견과 접하고 수정해 나가는 환경을 만들어 주는 것, 지적 도전을 주는 문제를 포기하지 않고 스스로 풀 수 있도록 기다려 주는 것, 어릴 때부터 손으로 직접 만들고 부수는 체험 기회를 주는 것, 글쓰기를 통해 자신의 생각을 정제하여 표현하고 주장을 논리적으로 제시할 수 있는 힘을 키워 주는 것 등이다. 제도적인 부분에서는 대입 면접에 창의성 항목 도입을 검토할 필요가 있으며, 교수자의 창의성 교육에 대한 동기 부여를 위해 강의 평가에 창의성 항목 도입도 검토되어야 한다고 제안한다.

우리는 학생들에게 자기주도적인 학습을 하고, 창의적이고 유연한 사고를 하라고 가르쳐 왔다. 그러나 정작 교수자들은 유연하게 사고하지 못했다. 그래서 이 책에서는 실제 수업에서 시도하고 있는 창의성 교육의 다양한 방법들을 나누고자 했다. 창의성 교육의 필요성을 절감하지만 정작 수업에서 어떻게 적용할지 몰랐던 이들, 생각만 하고 용기 내어 시도하지 못했던 이들에게 이 책이 도움이 되길 바란다. 그래서 학생이 바뀌고, 학부모가 바뀌고, 학교가 바뀌고,

기업이 바뀌고, 나라가 바뀌는 창의 혁명의 물결이 일어나길 기대해 본다.

'서울대학교 창의성 교육을 위한 교수 모임'은 교육 및 산업 전반에 창의성을 불어넣기 위해서 보다 더 체계적인 조직이 필요하다는 생각 하에 '한국창의성학회'로 새로 발족되었다. "교육의 가장 중요한 목표는 이전 세대가 만들어 놓은 것을 단순히 반복하는 것이 아닌 새로운 것을 만들어 낼 수 있는 인간을 길러 내는 것"이라고 말한 발달심리학자 피아제의 말처럼, 우리는 '논리적 인간'을 넘어서는 '창의적 인간'을 어떻게 길러 낼 것인가에 대해 계속해서 논의하고 실천해 갈 것이다.

신종호 · 박남규
한국창의성학회 공동회장

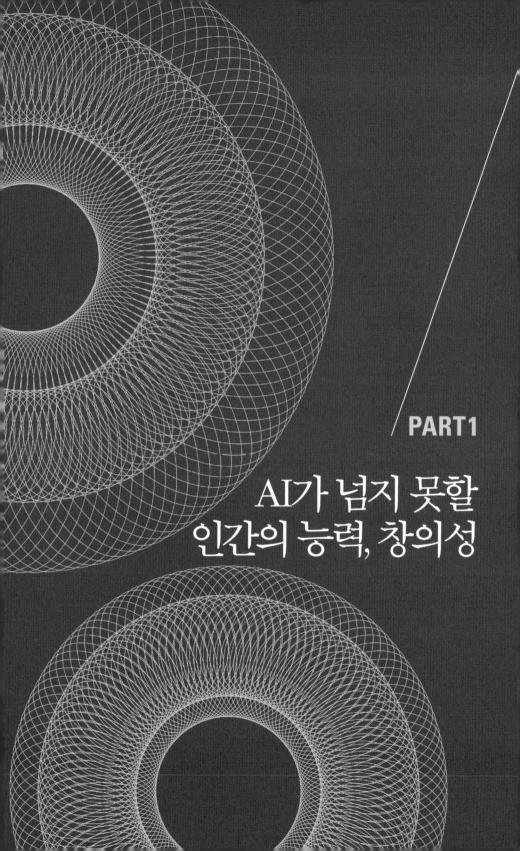

PART 1

AI가 넘지 못할
인간의 능력, 창의성

지적 도전을 주는 창의성 교육을 하면 전두연합영역 도파민 회로를 발달시킨다.
그러면 생각하는 것을 즐길 수 있게 된다. 전두연합영역 도파민 작용에 의존한
즐거움을 추구하면 생산적인 즐거움이 되고, 누릴 수 있는 즐거움과 쾌감의 양이
최대가 된다. 우리 아이들이 살아가면서 누릴 수 있는 행복의 양이
최대가 되는 것이다. 창의성 교육을 해야 하는 이유가 여기에 있다.
창의성 교육은 곧 행복 교육인 것이다.

Chapter 1

지식이 아니라
창의성을
교육해야 하는 이유

황농문 교수 (재료공학부)

스스로 생각하고
깨닫게 하는 창의성 교육

창의성이란 과연 무엇일까? 위키피디아에 의하면 동서양을 막론하고 고대에는 오늘날 창의성에 해당하는 개념이 없었다고 한다. 서양에서도 르네상스 이전까지 창의성은 인간에 의해 발휘된 것이 아닌 신이 준 영감이라고 믿었다. 창조한다는 것은 신의 영역이지 피조물인 인간이 하는 일이 아니라는 것이다. 그래서 창의성을 발휘하는 사람들이 나타나면 수호신을 통해 신의 영감이 전해진 것이라고 믿었다. 이 수호신을 고대 그리스 시대에는 '다이몬(daemon)'이라고 하였다. 소크라테스조차도 수호신 다이몬이 그에게 지혜를 알려준다고 믿었다고 한다. 이러한 수호신을 로마 시대에는 '게니어스(genius)'라고 하였다.

모든 것을 신이 창조했다고 믿었던 중세시대와 달리 인간의 가치와 가능성에 주목하기 시작한 르네상스 시대가 되면서 게니어스는 신의 영감을 전하는 수호신이 아니라 탁월한 개인 안에 존재할 수 있는 능력이라고 믿기 시작하였고, 이러한 개인을 오늘날 '천재(genius)'라고 부르게 되었다.

창의성이 영감이 아닌 탁월한 개인의 능력이라는 믿음이 보편화된 것은 17세기 후반 계몽주의 시대에 이르러서다. 그리고 1950년대에 이르러서야 어떻게 하면 평범한 인간에게서 창의성을 발달시킬 수 있을까에 대한 연구를 시작했다.

그렇다고 해서 그 사이에 창의성 교육의 역사가 전혀 없었던 것은 아니다. 현재의 교육 관점에서 볼 때 창의성 교육이라고 명명할 수 있는 사례들이 인류 역사에 남아 있다.

가장 대표적인 사례가 바로 소크라테스와 공자의 문답법이다. 소크라테스와 공자는 제자들에게 지식이나 지혜를 설명해 주는 법이 없었다. 그 대신 질문을 던져 스스로 생각하고 터득하도록 유도했다. 상대의 잘못을 지적하거나 뉘우치게 만드는 것 역시 질문을 통해 스스로 깨닫게 했다. 남이 가르쳐 주어서 얻은 지식은 오래 기억되지 않고 더 크게 발전할 수도 없다는 것을 알았기 때문이다. 이런 질문식 교육은 지금의 창의성 교육 현장에서 가장 중요하게 거론되는 방법이다. 소크라테스와 공자의 교육 방식이 사고력을 발달시키는 데 효과가 있었다는 사실은 그들의 뛰어난 제자들을 통해 확인된다. 이는 창의성 교육의 효과를 보여 주는 역사적 사례.

2천년 가까이 이어져 내려온 유대인의 토론식 교육, 하브루타도 대표적인 창의성 교육법 가운데 하나다. 성경과 탈무드를 놓고 둘씩 짝지어 치열하게 논쟁하고 토론하는 유대인 학생들의 교실은 늘 시장통처럼 시끄럽다고 한다. 상대방을 설득하기 위해서는 먼저 자신의 주장과 근거를 논리적으로 정리해야 하고, 상대의 주장과 근거를 이해하고 그에 대한 반박 주장도 미리 준비해야 한다. 그러기 위해서는 상대방이 던질 수 있는 질문들을 미리 예상하고 답을 마련해야 한다. 또 상대방의 주장을 반박할 질문도 만들어야 한다. 결국 끊임없이 생각할 수밖에 없는 것이다. 그런데 무엇보다 놀라운 것은 이런 토론이 학교에서만 이루어지는 것이 아니라 가정과 사회 곳곳에서 매우 일상적으로 벌어지고 있다는 사실이다. 이런 토론 문화가 현재까지 200명 이상의 유대인 노벨상 수상자를 배출한 결과를 만든 것이라 할 수 있다.

토론을 통해서만 생각하는 힘이 길러지는 것은 아니다. 집에서 책을 읽으면서도 얼마든지 창의성을 기를 수 있다. 19세기 영국의 철학자이자 경제학자인 존 스튜어트 밀은 정규학교에 다니지 않고 아버지에게 교육을 받았다. 그는 자서전에서 아버지로부터 받은 교육이 그 당시 정규학교에서의 전형적인 교육과 어떻게 달랐는지 다음과 같이 말했다.

"내가 받은 교육은 그런 주입식 교육이 아니었다. 아버지는 배움이 단지 기억력 훈련이 되는 것을 절대 허락하지 않았다. 아버지는 배우는 모든 단계를 이해시키려 힘썼을 뿐 아니라 가능하면 가르치기에 앞서 내가 스스로 이해하게 만들려고 노력했다. 나 스스로 해답을 찾기 위해 온 힘을 다하기 전에는 절대로 미리 알려 주지 않았다."

존 스튜어트 밀은 한 번도 자신이 천재라고 생각하지 않았다고한다. 다만 심오하고 난해한 철학 고전을 읽고 이해가 가지 않는 부분을 스스로 생각하도록 유도했던 아버지의 교육을 통해 다양한 학문을 섭렵할 수 있었고 평생 진리를 추구하고 인간의 자유와 존엄을 존중하는 사상을 발전시킬 수 있었다고 말한다.

창의적 인물들의 공통점은?

인류 역사에 한 획을 그은 위대한 업적을 이룬 인물들은 어떤 공통점을 갖고 있을까? 뉴턴은 만유인력을 어떻게 발견했느냐는 질문을 받고 "계속 그 생각만 했으니까"라고 대답했다. 아인슈타인은 "나는 몇 달이고 몇 년이고 생각하고 또 생각한다. 그러다 보면 99번은 틀리고 100번째가 되어서야 비로소 맞는 답을 얻어 낸다"라고 하였다.

이들의 말속에 포함되어 있는 의미를 더 끄집어 낼 필요가 있다. "내내 그 생각만 했으니까"라는 말은 무엇을 의미할까? 이는 뉴턴이 그 문제를 계속 풀지 못했다는 것을 의미한다. 아인슈타인이 몇 달이고 몇 년이고 생각하고 또 생각한다는 것은 20세기 천재라는 그가 몇 달이고 몇 년이고 헤매고 또 헤맸다는 것을 의미한다. 바로 이 모습이 창의성이 잉태되는 과정이다. 이러한 과정 없이 결코 창의적인 업적이 만들어지지 않는다.

뉴턴의 말에 담긴 두 번째 의미는 그가 도전한 문제가 매우 어려웠다는 것이다. 뉴턴 같은 천재가 계속 생각해도 풀리지 않을 만큼 어려운 문제였던 것이다. 뉴턴뿐 아니라 아인슈타인도 아주 어려운 문제에 도전했다는 것을 알 수 있다. 즉, 이들은 강한 도전 정신을 갖고 있는 것이다.

뉴턴의 말에 담긴 세 번째 의미는 그 어려운 문제에 도전함에 있어 쉬엄쉬엄 한 것이 아니고 끊임없이 생각했다는 것이다. 다시 말해 이들은 한결같이 놀라운 열정을 가졌다는 것이다. 어떻게 이러한 열정을 가질 수 있었을까? 이들의 열정은 주어진 문제를 풀 수 있다는 강한 믿음으로부터 온 것으로 보인다. 즉, 이들은 처음에는 답이 보이지 않더라도 계속 생각해서 답을 찾았던 수많은 경험을 통하여 아무리 어려운 문제라도 계속 생각하면 풀 수 있다는 믿음을 갖고 있었다.

창의성을 가진 사람들은 공통적으로 도전 정신과 열정을 갖고 있음을 알 수 있다. 도전정신과 열정은 창의성을 발휘하기 위한 필요조건이다. 그러면 이들의 '창의성', '도전 정신', '열정'은 어떻게 형성되었을까? 현대 뇌과학에 의하면 지적 능력은 선천적으로 주어지는 것이 아니고 후천적으로 발달시킬 수 있는 요소라고 한다. 그렇다면 뉴턴과 아인슈타인의 뇌도 후천적으로 발달되었을까? 이와 관련하여 뉴턴이 한 말을 주목할 필요가 있다.

"발견으로 가는 길은 부단한 노력에 있다. 끈질긴 집중이야말로 위대한 발견의 기초다. 나는 특별한 방법을 갖고 있는 것이 아니다. 단지 무엇에 대해 오랫동안 깊이 사고할 뿐이다. 굳센 인내와 노력 없이 천재가 된 사람은 아무도 없다." 그는 또한 "남들도 나만큼 열심히 생각한다면 비슷한 결과들을 얻었을 것이다"라고 말했다.

아인슈타인도 비슷한 맥락의 이야기를 했다.

"나는 머리가 좋은 것이 아니다. 단지 문제가 있을 때 남들보다 더 오래 생각할 뿐이다."

즉, 이들이 가진 놀라운 '창의성', '도전 정신', '열정'은 적절한 교육에 의하여 후천적으로 발달시킬 수 있다는 것이다. 그러면 어떠한 교육을 통해 이러한 능력을 키울 수 있는가?

배우지 않은 문제를 내주었을 때

초등학생에게 아직 배우지 않은 내용의 문제를 내주었다고 하자. 예를 들면 분모가 다른 분수의 합을 구하는 법을 모르는 상태에서 '1/2 + 1/4'을 구해 보라는 문제다. 이때 대부분의 학생들은 배우지 않아서 풀 수 없다고 생각한다. 그러나 포기하지 않고 계속 생각하도록 유도하면 어떻게 될까? 개인 차이는 있지만, 포기하지 않고

10~20분을 곰곰이 생각하면 영감이 떠오른다. '1/2은 2/4와 같지!' 와 같은 깨달음을 얻는 것이다. 처음에는 도저히 풀 수 없을 거라 생각했던 문제에 도전해서 성공하면 그 어느 때보다 큰 희열을 느끼게 된다.

이때 아이의 두뇌에는 어떠한 변화가 일어날까? 처음 문제를 대할 때 느꼈던 앞이 깜깜하고 막막하고 고통스러운 경험은 잊히고 강한 희열의 경험이 전두엽에 저장된다. 이러한 도전과 성공의 경험이 반복되면 어떻게 될까? 도전에 대한 고통스런 기억보다는 즐거운 기억들이 우세하여 도전을 즐기게 된다. 그뿐만 아니라 처음에는 막막한 문제라도 결국은 해결할 수 있다는 믿음이 무의식 속에 형성된다. 이러한 믿음은 열정을 만든다. 그래서 이렇게 교육받은 아이는 다른 아이들과는 확연하게 다른 성향을 갖게 된다. 어려운 문제가 주어질 때 다른 아이들은 겁을 먹고 피하려고 하는 반면 이 아이는 한번 도전해 보고 싶어 한다. 열정을 갖고 도전하여 결국 그 문제를 해결하게 된다. 이러한 경험이 선순환을 만들면서 가파른 성장을 하게 된다.

기존의 주입식 교육은 배운 문제만 풀 수 있다고 생각하는 학생을 배출하는 반면 창의성 교육은 배우지 않은 문제라도 포기하지 않고 스스로 생각해서 풀 수 있다는 믿음을 가진 학생을 배출한다. 배우지 않은 내용을 스스로 해결하도록 독려하는 창의성 교육이 이루어진다면 아이들은 어떻게 발전하게 될까? 만약 학생들이 초등학교 6년 동안 배우지 않은 내용을 스스로 해결하는 훈련을 받은 후 중학생이 되었다면, 보다 더 심오한 문제들을 해결할 수 있을 것이다. 예를 들면 파스칼이 열두 살에 해결했다고 하는 '삼각형의 내각의 합이 180도임을 증명하라'라든가, 가우스가 어린 시절 해결했다고 하는 1부터 임의의 자연수까지의 합, 즉 '1+2+3+ ⋯ +n'을 구하라든가, 뉴턴이 미분을 발견할 때 고민했던 순간속도의 문제, 즉 '속도(v)가 시간(t)의 3승으로 변화할 때 즉 $v = t^3$일 때, t = 2초에서의 순간속도를 구하라' 같은 문제들 말이다.

물론 쉽게 풀리지 않을 것이다. 몇 시간, 며칠, 심지어 몇 주일이 지나야 비로소 답을 구할 수도 있다. 하지만 미지의 문제에 도전하여 성공한 경험이 있는 아이는 오랜 시간 포기하지 않고 생각에 생각을 거듭해 결국 문제를 해결할 것이다. 즉, 그 아이는 파스칼, 가우스, 뉴턴이 가진 천재성을 가지고 있다는 뜻이다. 이처럼 창의성 교육은 자연스럽게 영재 교육 혹은 친재 교육으로 연결되며, 천재성은 얼마나 오랫동안 포기하지 않고 끈기 있게 생각할 수 있느냐에 달려 있다.

어떤 교육이 '헝가리 현상'을 만들었나?

특정 기간에 특정 장소에서 다수의 뛰어난 창의적 인재가 배출되는 경우가 있다. 이러한 경우는 어떠한 교육이 어떠한 효과를 나타내었는지에 대한 상관관계를 도출할 수 있기 때문에 대단히 중요한 의미를 갖는다.

1900년대 초 헝가리에서 전 세계 교육학자들을 놀라게 만든 일이 일어났다. 1차 세계대전 전후로 약 20년 동안 헝가리 부다페스트에서 무려 18명의 천재적 과학자와 수학자가 배출된 것이다. 이 중 노벨상 수상자만 7명이었고 울프상 수상자가 2명이었다. 교육학자들은 이 일을 '헝가리 현상(Hungarian Phenomenon)'이라고 부르며 그 원인을 분석했다. 어떻게 이런 기적 같은 교육적 성취가 가능했을까? 여러 요인이 있겠지만 학자들은 그 시기에 있었던 두 가지가 커다란 역할을 했을 것으로 보았다.

하나는 일종의 수학경시대회인 '외트뵈시 경시대회(Eötvös Contests)'다. 고교 마지막 과정에 오픈북 형태로 치러진 이 시험은 주어진 시간에 얼마나 많은 정답을 맞히느냐가 아니라 문제 풀이 과정이 창의적이고 논리적인가를 기준으로 1등을 선발했다고 한다. 지식의 양이 아니라 깊이를 테스트하는 시험이었던 것이다. 또 하나는 〈쾨말(KöMal)〉이라는 고등학생 대상의 수학 저널이다. 〈쾨말〉에는 매달 난이도가 각기 다른 6~8개의 수학 문제가 실렸는데, 시간에 구애받지 않고 문제 풀이에 매달려 답을 찾는 재미에 푹 빠진 학생들이 매달 〈쾨말〉 출간을 애타게 기다렸다고 한다.

한 가지 흥미로운 것은 수학 저널 〈쾨말〉이 교육부 주관으로 만들어진 것이 아니라 부다페스트 루터학교의 수학 교사였던 라츠가 20년 동안 발행한 것이라는 사실이다. 초기에는 개인 비용으로 제작비를 부담했다고 한다.

　라츠가 가르친 학생들 중에는 헝가리 태생으로 핵 분열 개념을 최초로 발견한 레오 실라르드, 수소폭탄의 아버지라 불리는 에드워드 텔러, 현대 컴퓨터 이론의 아버지라 불리며 수학·물리학·공학·경제학·계산화학·기상학·심리학·정치학 등 여러 분야에서 천재적인 재능을 발휘한 존 폰 노이만, 유진 위그너와 같은 인물들이 있다. 그 중 이론물리학에 많은 업적을 남기고 노벨물리학상을 수상한 유진 위그너는 고등학교를 졸업한 지 60년이 지난 후에도 라츠 선생의 사진을 연구실 벽에 걸어 둘 정도로 그를 존경하고, 자신이 과학자로 큰 성공을 거둘 수 있었던 것은 모두 라츠 선생의 덕분이라고 이야기했다. 라츠 선생의 노력은 교육 시스템 전체가 바뀌지 않아도, 한 사람의 창의적인 행동이 얼마나 많은 사람을 창의적인 길로 이끌 수 있는지 보여 주는 중요한 사례라고 볼 수 있다.

　또 하나 주목할 만한 요인은 이때 배출된 대부분의 뛰어난 과학자와 수학자들이 유대인이었다는 것이다. 어린 시절 받은 하브루타 교육이 바탕을 이룬 상태에서 외트뵈시 경시대회와 〈쾨말〉을 통한 지적 도전이 이어져 역사상 가장 많은 천재를 배출한 영재교육이 이루어진 것이다. 헝가리 현상은 어릴 때부터 고난도 문제에 도전하며 스스로 생각하는 힘을 키우게 하는 것이 두뇌 발달에 얼마나 큰 영향을 끼치는지 잘 보여 준다.

이름	출생년도	주요 업적
페예르(L. Fejér)	1880	발산 급수와 특이적분 이론 창시자 중의 한 명
리에스(F. Riesz)	1880	함수 해석 창시자 중의 한 명
폰 카르만 (T. von Kármán)	1881	현대 공기역학과 초음속 비행의 창시자
하르(A. Haar)	1885	그의 이름을 딴 Haar 측도는 위상군에서 핵심 개념 중의 하나임
헤베시 (G.de Hevesy)	1885	원소 하프늄(Hf) 발견, 노벨화학상(1943년)
포여(G. Pólya)	1887	수학 교육에서 문제 해결 방법을 스스로 발견하게 하는 발견적 교수법의 창시자, Pólya 계수 정리
센트죄르지 (A. Szent-Györgyi)	1893	비타민C 발견, 노벨생리의학상(1937년)
실라르드 (L. Szilard)	1898	선형가속기 특허 출원, 전자현미경 발명, 핵분열 발견, 원자폭탄 설계
베케시 (G. von Békésy)	1899	달팽이관의 원리 규명, 노벨생리의학상(1961년)
가보르(D. Gábor)	1900	홀로그래피 창시자, 노벨물리학상(1971년)
위그너 (E. P. Wigner)	1902	원자핵 이론 개발, 노벨물리학상(1963년)
폰 노이만(J. von Neumann)	1903	컴퓨터와 게임이론 창시자. 집합론에서 원자폭탄 설계까지 다양한 업적
텔러(E. Teller)	1908	수소폭탄 발명
에르되시(P. Erdös)	1913	미해결된 수학 문제를 찾아 전 세계를 누비는 방랑수학자, 미해결수학 문제 다수 해결, 울프상(1983년)
하사니 (J.C. Harsányi)	1920	게임이론 발전에 기여, 노벨경제학상 (1994년)
케메니 (J.G. Kemeny)	1926	베이직 프로그램 언어 창시자
럭스(P.D. Lax)	1926	적분가능계와 유체역학 연구에 기여, 울프상(1987년)
올라(G. A. Oláh)	1927	탄소양이온 발견, 노벨화학상(1994년)

[표 1-1] '헝가리 현상'으로 탄생한 저명한 학자들
(출처: Ling Siu Hing, 〈The Hungarian Phenomenon〉, 《數學教育》 12, 2002, pp.48-56)

미래를 대비한
국가 경쟁력을 키우려면

창의성 교육은 반드시 이루어져야 한다. 창의성 교육을 통해 인생을 살면서 반드시 필요한 능력을 쌓을 수 있기 때문이다. 창의성 교육이란 일종의 지적 도전 경험을 쌓는 수련이다. '처음에는 도저히 못할 줄 알았는데 포기하지 않고 계속 생각했더니 해결했다!'라는 뿌듯한 경험을 수없이 반복하게 된다.

학교를 졸업하고 사회에 나가면 이제까지 학교에서 배우지 않았던 문제들이 쏟아진다. 이런 상황에서 창의성 교육을 받지 않은 사람은 조금 생각해 보다가 답이 보이지 않으면 생각해도 소용없다고 판단하고 금세 포기한다. 그러나 창의성 교육을 받은 사람은 다르다. 학창 시절에 답이 보이지 않는 문제를 수백 번, 아니 수천 번 도전해서 해결한 경험이 있기 때문에 앞이 깜깜한 문제가 주어져도 위축되지 않는다. '처음에는 다 그래. 아무리 생각해도 안 풀릴 것 같지만 한 시간을 생각하면 달라지고 하루를 생각하면 더 달라지고 일주일을 생각하면 완전히 달라져. 그러면 처음에는 보이지 않던 것들이 보이게 돼. 그렇게 새로운 아이디어가 나오게 돼 있어. 나는 이런 일을 수백 번 경험했어!'라는 용기 있는 태도를 보인다.

기업체 인사 담당자들에 의하면, 회사에서 중요한 문제들을 해결하고 회사 발전에 기여하는 인재들은 일류대학을 나온 소위 스펙 좋은 사람이 아니라고 한다. 회사가 필요로 하는 인재들은 창의성과 도전 정신, 열정을 가진 사람이라는 것이다. 그러나 지금 우리는 이런 인재를 키우는 교육을 하지 못하고 있다. 창의성 교육이 제대로 이루어진다면 국민 전체를 창의성, 도전 정신, 열정을 가진 인재로 변화시킬 수 있다. 이것이 곧 국가 경쟁력인 것이다.

창의성 교육이 문화로 뿌리 내린 이스라엘은 세계 최대의 창업 국가이기도 하다. 이스라엘 사람들은 '실패로부터 배운다'라는 강한 신념을 가지고 있다. 실패를 경험해 본 사람이 그렇지 않은 사람보다 낫다고 생각하고, 실패는 불명예의 대상이거나 창피한 것이 아니라 모험하고 위험을 감수할 수 있다는 증거로 간주한다. 실패를 통해 배우려는 의지가 있는 사람에게 실패는 오히려 다음 단계로 발전하기 위한 기회가 된다는 것이다. 유대인들은 그 바탕에 '후츠파' 정신이 있다고 말한다. '후츠파'란 당돌함, 뻔뻔함, 담대함 등을 뜻하는 말로, 형식과 권위에 얽매이지 않고 서슴없이 질문하고 도전하는 정신을 가리킨다.

필요한 정보는 인터넷을 통해 얼마든지 쉽고 빠르게 찾을 수 있는 시대에 머릿속에 암기한 지식은 효용 가치가 작을 수밖에 없다. 배운 것을 끊임없이 응용하고, 낡은 것은 버리고, 낯선 것으로 새롭게 창조할 수 있어야 한다. 그래야 미래를 대비하는 국가 경쟁력을 가질 수 있다. 미래학자 엘빈 토플러가 한국을 방문했을 때 "한국 학생들은 미래에 필요하지 않은 지식과 존재하지 않을 직업을 위해 매일 15시간씩 낭비하고 있다"라며 우리 교육의 문제점을 지적한 적이 있다. 엘빈 토플러의 그 말을 아프게 돌아봐야 한다.

교육 방식이 내 아이의
두뇌 능력을 결정한다

　교육의 효과는 수십 년 후에 나타나기 때문에 아무리 좋은 방식이라고 해도 제도로서 정착시키는 데는 굳은 신념과 노력이 필요하다. 만약 교육 방식과 두뇌 발달 사이의 상관관계를 과학적으로 확인한다면 창의성 교육을 활성화시키는 데 도움이 되리라 생각한다. 이를 위해 먼저 우리 두뇌가 어떠한 원리로 발달하는지를 이해할 필요가 있다.

　신경과학자 토마스 울시 박사는 외부 자극이 뇌에 미치는 영향을 알아보기 위해 생후 2~3일이 된 생쥐의 수염을 제거하고 그것이 뇌세포에 어떠한 영향을 주는지 조사하였다. 각 수염의 촉각은 해당되는 뇌세포와 뉴런을 통해 연결되어 있다. [그림 1-1]은 그 결과를 보여 준다. [그림 1-1]에서 a에서 d까지 각각 두 개의 뇌세포 그림이 있는데, 왼쪽 뇌세포는 초기의 변화를 나타내고 오른쪽 뇌세포는 시간이 흐른 후의 변화를 나타낸다.

　[그림 1-1]에서의 a는 수염을 제거하지 않은 경우로 뇌세포는 모두 정상이다. b는 중앙의 수염을 제거한 경우로, 이 수염에 해당하는 뇌세포는 없어지고 나중에는 주변 뇌세포가 발달해 없어진 부위를 메우고 있음을 보여 준다. c는 수염을 세로로 제거한 경우로, 제거된 수염에 해당하는 뇌세포는 없어지고 주변 뇌세포가 발달해 이 부위를 메운다. d는 수염을 모두 제거할 경우 그에 해당하는 대뇌감각

피질의 모든 뇌세포가 사멸되는 것을 보여 준다. 이 실험을 통해 제거된 수염에 해당하는 뇌세포는 퇴화하고 그 옆에 있는 뇌세포는 더 발달한다는 결론을 얻을 수 있다.

마찬가지로 우리 뇌의 운영체계는 사용하지 않는 뇌세포를 퇴화시키고 사용빈도가 높은 뇌세포를 더욱 발달시킨다는 사실을 알 수 있다. 즉, 이는 우리 뇌가 '도전과 응전'에 의하여 발달된다는 것을 말해 준다.

오늘날 우리는 시냅스 가소성(synapse plasticity)을 통해 뇌의 후천성에 대해 명확히 이해할 수 있게 되었다. 뇌세포 간에 주고받는 정보의 양과 질에 따라 시냅스가 새로 만들어지기도 하고 없어지기도 한다는 사실이다.

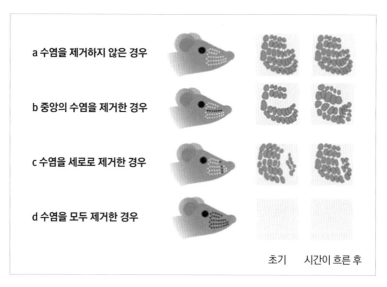

[그림 1-1] 쥐의 수염과 그에 해당하는 감각피질의 뇌세포의 변화

재능이 뛰어나다는 것은 뛰어난 재능을 발휘할 수 있도록 시냅스 배선이 이루어졌음을 의미한다. 시냅스 밀도는 생후 12개월 전후로 가장 많고 만 3~4세가 되면 급격히 감소한다. 나이가 들수록 시냅스 밀도는 점점 떨어져서 만 3세에는 약 1,000조 개의 시냅스가 존재하지만 어른이 되면 절반 가까이 줄어든다. 처음에는 연결이 제멋대로 이루어져 있지만 그 뒤로 쓰이지 않는 시냅스는 사라지고 쓰이는 시냅스는 더 발달한다. 시냅스 배선은 생존과 번식의 확률을 올리기 위한 기본적인 틀을 갖고 있지만, 대부분의 시냅스는 사용하면 할수록 발달하고 사용하지 않으면 퇴화된다.

시냅스가 생후 12개월 전후로 가장 많다는 사실은 이때 어떠한 재능도 발달시킬 수 있는 무한한 가능성을 가지고 있다는 것을 의미한다. 태어나서 세상을 경험하기 전에는 생존에 필요한 능력이 무엇인지 알 수 없다. 한국에서 태어난다면 한국어 능력이, 미국에서 태어난다면 영어 능력이 필요하다. 축구 선수로 성장하려면 축구 능력이, 음악가로 성장하려면 음악적 능력이 필요하다. 그런데 우리 뇌는 이를 미리 알 수 없다. 따라서 태어날 때는 어떠한 능력이든 습득할 수 있는 가능성을 열어 두고, 성장하면서 생존에 필요한 능력이 무엇인지 파악해 가면서 그 능력을 집중적으로 발달시키는 운영체계를 갖고 있는 것이다. 어릴 때 시냅스가 많다는 사실은 그 시절의 경험과 조기교육이 시냅스 발달에 커다란 영향을 미친다는 것을 의미하기도 한다.

사용 빈도가 높은 시냅스는 계속 발달되고 사용되지 않는 시냅스는 퇴화한다는 것은 다시 말하면, 우리가 특정한 재능을 발달시키기 위해서는 그것을 뇌에게 요구해야 한다는 뜻이다. 우리 뇌는 결코 요구되지 않은 재능을 스스로 발달시키지 않는다.

우리의 요구를 뇌에게 전달하는 방식은 입력(input)에 의하여 결정된다. 입력은 듣는 것, 보는 것, 느끼는 것, 생각하는 것을 포함한 총체적인 우리의 경험이다. 가령 축구를 열심히 하면 우리 뇌는 축구가 생존에 중요한 것이라고 해석하고 축구 능력을 발달시킬 것이다. 암기를 열심히 한다면 이는 뇌에게 암기 능력을 발달시키라고 요구하는 것이고, 지적 도전을 열심히 한다면 이는 뇌에게 두뇌를 발달시키라고 요구하는 것이다.

단지 입력의 방식과 종류가 다를 뿐, 주입식 교육도 입력이고 창의성 교육도 입력이다. 주입식 교육을 하면 우리 뇌는 암기 능력을 발달시키고, 창의성 교육을 하면 창의적인 사고력과 문제 해결 능력을 발달시킨다. 그런데 예나 지금이나 예측할 수 없는 인생을 살아가는 데 가장 필요한 능력은 난관에 부딪혔을 때 스스로 문제를 해결하는 능력이다. 따라서 두뇌를 발달시켜 하나를 가르치면 열 가지를 깨닫는 인재로 키우는 창의성 교육이 급변하는 미래를 살아갈 아이들에게 더 적합하다는 것은 분명하다.

지적 재능이 전적으로 선천적이라면 주입식 교육이 나쁠 것이 없다. 선천적으로 열등한 아이는 뛰어난 영재들이 쌓아 놓은 지식을 이해하고 암기해서 따라가면 되기 때문이다. 그러나 창의성을 포함한 여러 지적 재능이 후천적으로 발달시킬 수 있는 능력임이 뇌과학에 의하여 명확히 밝혀진 지금, 주입식 교육은 아이를 영재로 발달시키는 길을 가로막는, 어쩌면 아이에게 독이 될 수 있는 교육임을 알 수 있다.

이러한 면에서 주입식 교육을 창의성 교육으로 바꾸는 일은, 아무리 수업을 열심히 듣고 공부해도 창의성과는 거리가 멀어질 수밖에 없었던 아이를 뛰어난 창의성을 가진 영재로 성장시키는 일이 되는 것이다.

성공하고 싶다면
전두엽을 발달시키라

창의성 교육은 전두엽을 발달시킨다. 이 주제를 다루기에 앞서 왜 전두엽 발달이 중요한지에 대해 먼저 알아보려고 한다. 전두엽에 치명적인 손상을 입은 후 성격이 완전히 바뀌어 버린 피니어스 게이지의 이야기는 뇌과학계에서 가장 유명한 전두엽 연구 사례로 손꼽힌다.

1848년 미국 버몬트 주 캐번디시 근처에서 철로 설치를 위하여 발파 작업을 하던 피니어스 게이지는 잘못 매설된 폭발물로 인해 굵기 3cm 길이 1m의 쇠막대가 왼쪽 뺨을 통과해 왼쪽 눈을 지나 전두엽을 완전히 관통하는 끔찍한 사고를 당한다. 치명적인 사고였지만 그는 극적으로 살아남았고 사고 이후 11년을 더 살았다. 지금도 하버드대학교 의과대학에는 두개골에 구멍이 뚫린 게이지의 두개골과 쇠막대가 전시되어 있다.

당시 25세로 철도 건설 감독관으로 일하던 그는 다정다감하고 책임감 강한 지혜로운 남편이자 아버지였고, 훌륭한 인격과 능력을 갖춰 동료들의 신망이 두터웠던 사람이었다. 또한 높은 도덕심과 신앙심을 가진 기독교인이기도 했다.

그러나 사고 후 그의 인격과 성격은 완전히 달라졌다. 감정 기복이 심해져 자주 화를 냈으며 사회 규범에 무관심하고 가정과 직장에서 무책임하게 행동하기 시작했다. 끈기나 시간을 요구하는 숙련 작업에서의 효율도 크게 떨어져 결국 회사에서 쫓겨나고 말았다. 특히 도덕성이 가장 하락했다. 반대로 성욕은 걷잡을 수 없이 증가해서 그는 부인과 가족을 버리고 방탕한 생활을 하였다.

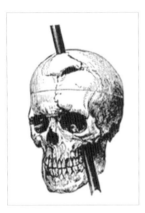

[그림 1-2] 피니어스 게이지의
두개골과 쇠막대

게이지의 치료를 담당했던 의사 마틴 할로는 게이지의 변화가 전두엽의 손상 때문이라고 결론을 내렸다. 전두엽이 손상되면서 이성적인 능력과 동물적인 욕구 간의 균형이 파괴되었다는 것이다. 피니어스 게이지의 사례를 통해 학자들은 전두엽이 인간의 감정을 조절하고 이성적으로 사고하게 하는 능력, 즉 인간을 인간답게 만드는 기능을 한다는 것을 알게 되었다. 신체와 사고를 관장하는 뇌의 다양한 기능을 전두엽이 고등 기관으로서 조절하는 것이다.

심리학자인 데이비드 월시 박사는 저서《10대들의 사생활》에서 청소년기에는 전전두엽 피질이 계속해서 변화하는 시기를 맞는데, 청소년들이 충동적이고 변덕스러우며 무례한 행동을 보이는 것은 이러한 영향 때문이라고 분석하였고, 이를 '피니어스 게이지 증후군'이라 부르기도 하였다.

신경과 전문의인 나덕렬 교수는 자신의 책《앞쪽형 인간》에서 전두엽이 발달한 사람과 그렇지 않은 사람의 특징을 상세하게 다루었다. 이 책에 따르면 앞쪽 뇌 즉, 전두엽의 발달이 성공적인 삶에 결정적인 역할을 한다고 한다. 뇌는 앞쪽 뇌와 뒤쪽 뇌로 나뉘는데, 뒤쪽 뇌는 인간의 희로애락을 담당하는 곳으로 충동과 욕구를 느끼고 감각을 통해 정보를 받아들이고 저장한다. 반면 앞쪽 뇌는 뒤쪽 뇌에 저장된 정보를 종합하고 편집하는데, 크게 계획 센터, 동기 센터, 충동 억제 센터로 나뉜다. 계획 센터에서 상황을 종합적으로 판단하고 계획하면, 동기 센터에서는 이를 행동으로 옮겨 실천하게 하고, 충동 억제 센터에서는 충동이나 욕구를 조절한다. 그래서 전두엽이 발달한 사람은 미래의 더 큰 행복을 위해서 현재의 유혹을 견디는 만족 지연 능력이 뛰어나다.

어릴 때는 뒤쪽 뇌가 발달하기 때문에 충동적이고 여러 면에서 미완성된 인간의 특징을 보인다. 그런데 어른이 되어서도 앞쪽 뇌가 발달하지 못하면, 그들은 소위 철이 들지 않은 행동으로 주위 사람들을 안타깝게 하고 경우에 따라서는 동물적 충동을 억제하지 못해 우발적 범죄 행위를 저지를 수도 있다고 한다.

앞쪽 뇌가 발달하지 못한 뒤쪽형 인간은 부를 축적하거나 성공적인 삶을 살기 어렵다. 인내심이 부족하고 자기통제력이 약하기 때문이다. 이런 사람들에게 어려운 수학 문제를 주면 해답지부터 찾아본다. 문제 해결 의지가 약해 남들이 하는 대로 따라하려고만 한다. 이런 사람은 엄청난 재력을 갖게 된다고 해도 결코 오래 유지하지 못한다. 복권에 당첨되거나 카지노에서 잭팟을 터뜨려 하루아침에 백만장자가 되었지만 몇 년 만에 재산을 탕진하고 전보다 못한 삶을 살게 된 사람들의 이야기를 종종 신문에서 보았을 것이다. 전두엽이 발달하지 않은 뒤쪽형 인간에게 갑작스런 부는 충동을 극대화시키는 독으로 작용될 수 있다.

요즘 현대인들은 생각하기를 싫어하고 충동이나 욕구에 자기 자신을 내맡겨 버리려는 경향이 있다. 나 교수는 그 원인이 앞쪽 뇌를 쓰지 않는 환경 때문이라고 말한다. TV와 인터넷, 온라인 게임과 같은 자극에 노출될수록 앞쪽 뇌를 발달시키기가 어렵다는 것이다. 따라서 나 교수는 앞쪽형 인간이 되려면 텔레비전을 끄고 신문이나 책을 읽어야 하며, 읽기보다는 쓰기를, 듣기보다는 발표를 하라고 권한다. 적절한 단어와 표현 찾기, 그림 그리기, 조립하기 등의 창작 활동도 도움이 된다. 즉, 전두엽을 발달시키기 위해서는 주입식 교육보다는 창의성 교육을 해야 한다는 말이다.

창의성 교육은 생각하는 것을 즐기게 한다

나는 강의 시간에 질문식 수업을 통한 창의성 교육을 하는데 학생들로부터 대체로 수업이 재미있고 즐겁다는 피드백을 받는다. 그 이유는 뇌과학으로 설명할 수 있다.

우리 뇌에는 도파민이라는 쾌감 물질이 존재한다. 도파민은 궁극적으로 생존과 번식의 확률을 올리기 위한 화학물질이기 때문에 식욕이나 성욕과 깊은 관계가 있다. 우리가 초콜릿과 아이스크림을 좋아하는 것도 이를 먹으면 도파민이 분비되기 때문이다. 이러한 고칼로리 음식이 다른 음식보다 더 많은 도파민을 분비시키는 이유는 고칼로리 음식이 생존에 더 유리하기 때문이다. 물론 갈증이 날 때는 물만 마셔도 도파민이 분비된다. 또한 매력적인 이성에게 끌리거나 낯선 곳을 여행하고 새로운 것에 끌리는 것도 도파민의 분비 때문이다. 영화 관람, 독서, 스포츠 경기 관람 등 각종 취미 활동도 도파민 분비를 유도한다.

우리 뇌의 도파민 회로는 장소에 따라 작용이 다르다. 대표적으로 복측피개영역(ventral tegmental area), 측좌핵(nucleus accumbens), 전두연합영역(frontal association area) 이렇게 세 개의 장소가 있다. 복측피개영역은 식욕이나 성욕 같은 일회성 쾌락을 관장한다. 필로폰, 코카인 같은 환각제, 모르핀 같은 마약, 술, 담배, 인터넷 등에 중독될 때, 격렬한 사랑에 빠질 때 복측피개영역에서 도파민이 과도하게 분비되어 활성화된다. 측좌핵은 '의욕적 목표 추구'나 '기대 보상' 시스템을 관장한다. 우리가 월드컵 축구를 재미있게 본다면 측좌핵의 도파민 분비가 활발해져 이 부분이 활성화되기 때문이다. 마지막으로 전두연합영역은 생각하고 학습하고 추론하고 계획을 세울 뿐 아니라 의욕과 감정을 지배하는 뇌의 최고 중추 기능을 한다. 우리 몸의 최고경영자인 셈이다. 전두연합영역의 도파민 회로는 사고의 즐거움을 느낄 수 있게 한다.

뇌의학 전문가 서유헌 교수가 쓴 《뇌의 비밀》에 의하면 전두연합영역의 도파민 회로는 복측피개영역이나 측좌핵과는 달리 도파민 과잉을 억제시키는 자가수용체가 없다. 따라서 이 부위의 신경계가 활성화되면 보다 쉽게 도파민이 분비되어 정보 전달이 더욱 원활해지고 창의적 생각이 활발하게 이루어진다. 즉, 머리는 쓰면 쓸수록 좋아지는 것이다. 이런 의미에서 전두연합영역의 도파민 신경계는 창의성의 본산이라고 말할 수 있다. 이 신경계의 발달 여부가 그 사회의 문화 척도를 결정한다고 해도 과언이 아니다.

쾌감 중추인 복측피개영역에서 시작된 도파민 회로는 측좌핵을 경유하여 전두연합영역으로 연결된다. 복측피개영역의 도파민 회로는 태어날 때부터 비교적 잘 발달되어 있다. 측좌핵의 도파민 회로는 선천적으로는 발달되어 있지 않지만 이를 발달시키려고 노력하면 상대적으로 쉽게 발달시킬 수 있다. 그러나 전두연합영역의 도파민 회로를 발달시키려면 아주 많은 노력을 해야 한다. 생각하는 즐거움을 발달시키기가 가장 어려운 것이다.

《피터팬》을 쓴 제임스 배리는 "행복의 비밀은 자신이 좋아하는 일을 하는 것이 아니고 자신이 하는 일을 좋아하는 것이다"라고 했다. 자신이 좋아하는 일을 통하여 행복을 추구하다 보면, 누릴 수 있는 행복의 양이 그다지 많지 않다. 그러나 자신이 하는 일 혹은 해야 할 일을 좋아함으로써 행복을 추구하면 누릴 수 있는 행복의 양이 무한대가 되고 일상에서 행복을 누릴 수 있게 된다.

자신이 좋아하는 일을 한다는 것은 주로 복측피개영역이나 측좌핵의 도파민 회로에 의한 즐거움을 추구하는 것이고, 자신이 해야할 일을 좋아한다는 것은 전두연합영역 도파민 회로의 즐거움을 추구하는 것이다. 즐거움을 복측피개영역 도파민 회로에 의존하면 누릴 수 있는 즐거움의 양이 많지 않다. 주목할 점은 복측피개영역 도파민 작용과 관련된 쾌락을 추구하다 보면 파멸적으로 될 수 있기 때문에 오히려 억제해야 하는 경우가 많다. 측좌핵의 도파민 작용은 건전한 취미 활동의 즐거움이기는 하나 소모적이라는 단점이 있다.

지적 도전을 주는 창의성 교육을 하면 전두연합영역의 도파민 회로를 발달시킨다. 그러면 생각하는 것을 즐길 수 있게 된다. 전두연합영역의 도파민 작용에 의존한 즐거움을 추구하면 생산적인 즐거움이 되고 누릴 수 있는 즐거움과 쾌감의 양이 최대가 된다. 우리 아이들이 살아가면서 누릴 수 있는 행복의 양이 최대가 되는 것이다. 창의성 교육을 해야 하는 이유가 여기에 있다. 창의성 교육은 곧 행복 교육인 것이다.

국가 경쟁력이 높은 선진국일수록 사람들이 즐거움과 행복을 전두연합영역의 도파민 작용에 더 많이 의존하는 것으로 나타난다. 어쩌면 후진국, 중진국, 선진국을 국민 소득으로 구분하는 것보다 그 나라의 국민들이 즐거움을 뇌의 어느 부위의 도파민 작용에 주로 의존하느냐로 구분하는 것이 더 합리적일지도 모른다. 즐거움을 복측 피개영역 도파민 작용에 의존하는 사람들이 많으면 후진국이고, 측좌핵 도파민 작용에 의존하는 사람들이 많으면 중진국이고, 전두연합영역 도파민 작용에 의존하는 사람들이 많으면 선진국인 것이다. 이런 관점에서 보면 우리가 선진국으로 가기 위해서 노력해야 할 가장 높은 우선순위는 창의성 교육일 것이다.

우리는 매일 밤 잠들 때 천재의 뇌를 갖는다

위대한 발견이나 발명이 수면 중에 얻은 아이디어를 통해 이루어졌다는 일화는 매우 다양하다. 아인슈타인은 머리맡에 늘 펜과 노트를 두고 잤는데, 꿈에서 자신이 씨름하던 문제에 대한 유용한 정보를 얻으면 잊기 전에 기록하기 위해서였다. 물리학자인 닐스 보어도 꿈에서 태양계의 모습을 떠올리고 이를 참조하여 원자 구조 이론을 완성했는데, 이는 현대 물리학의 기초가 되었다. 화학자 프리드리히 케쿨레는 꿈에서 영감을 얻어 벤젠의 분자 구조가 육각 고리 모양으로 되어 있음을 알아 냈다. 원소의 주기율표를 만든 멘델레예프도 꿈속에서 주기율표 작성에 필요한 아이디어를 발견했으며, 재봉틀을 발명한 엘리어스 하우는 바늘을 어떻게 만들 것인가 고민하던 중 꿈속에서 바늘 끝에 구멍을 뚫는 아이디어를 얻었다고 한다. 모차르트 역시 꿈에서 작곡에 대한 영감을 얻었다고 말한 바가 있으며, 괴테도 과학적인 문제의 해결책이나 시의 영감을 꿈에서 얻었다고 하였다.

처음에는 풀리지 않던 문제가 계속 생각하면 풀리게 되는 이유는 무엇일까? 자나 깨나 골똘히 생각하다 보면 기적처럼 아이디어가 떠오르는 원리는 무엇일까? 이를 이해하려면 우리의 의식이 어떻게 작동하는지 알아야 한다. 이를 위해 의식을 극장의 무대에 비유한 인지심리학자 버나드 바스 교수의 의식의 '통합 작업공간 이론(global workspace theory)'을 참고해 보자.

이 이론에서는 우리가 선택적으로 주의를 기울이고 있는 의식을 무대 위에서 조명을 받고 있는 주인공이라고 설정한다. 무대 위에 올라 있지만 조명을 받지 못하고 있는 조연들은 조명을 받고 있는 의식이나 행위에 영향을 주는 활성화된 암묵 기억이다. 조명이 비추지 않는 곳에서 무대를 바라보는 관객은 무의식, 장기 기억이다. 그리고 무대 뒤에서 무대를 관찰하고 조명의 위치를 조정하고 배우들에게 행동을 지시하는 감독은 평소에는 의식하지 못하지만 의식의 주체가 되는 메타인지라고 할 수 있다.

무대 위에 오를 수 있는 용량, 즉 의식할 수 있는 작업 기억의 용량은 매우 작다. 그러나 무대 밖에서 무대를 바라보는 관객에 해당하는 장기 기억은 어려서부터 지금까지 내가 경험하고 배운 모든 기억이므로 용량이 엄청나게 크다. 무대에서 주인공이 펼치는 공연은 의식의 내용에 해당되는데 이것은 무의식 혹은 장기 기억에 생방송으로 중계된다. 따라서 무의식 혹은 장기 기억은 무대 위의 의식의 내용을 관찰할 수 있다. 그러나 어두운 곳에 있는 무의식끼리는 서로가 잘 보이지 않으므로 소통하기가 어렵다.

무의식 중에서도 무대 가까이 있는 무의식은 주인공을 자세히 관찰할 수 있지만, 무대와 멀리 있는 무의식은 무대 위 주인공이 무엇을 하는지 알 수 없을 것이다. 그러나 공연이 오래 지속되면 멀리 있는 무의식도 그 주인공이 무엇을 하는지 알 수 있게 된다.

무대 위의 의식의 내용이 실시간으로 무의식에 중계된다는 것은 의식의 내용이 무의식에 영향을 미친다는 것을 의미한다. 즉, 의식의 내용이 내가 어떤 사람이 되느냐에 중요한 영향을 미치는 것이다. 의식의 무대 위에 어떠한 내용을 올릴 것인가는 '자극의 경쟁'에 의해서 결정된다고 알려져 있다. 즉, 자극의 세기가 큰 내용이 무대를 차지하는 것이다. 자신의 의식을 통제하지 못하고 의식의 무대가 늘 자신이 원치 않는 내용으로 채워져 있으면, 자기 인생을 자기가 원하는 방향으로 이끌어 갈 수 없을 것이다. 자신의 능력을 통제할 수 있으면 자신이 원하는 내용을 무대 위로 올리고 원하지 않는 내용을 끌어내릴 수 있다. 이는 무대 위 조명을 비추고 총괄 감독하는 메타인지 능력과 관련된다.

그렇다면 왜 문제를 계속해서 생각하면 문제를 해결할 아이디어를 얻을 수 있는가? 계속 생각한다는 것은 그 문제를 의식의 무대에 올려놓는 것이다. 그러면 무대 가까이 있는 무의식이 무대 위 주인공인 의식을 보고 자신에게 그 문제에 도움이 되는 내용이 있으면 무대 위로 올라갈 것이다. 이는 해당 장기 기억이 인출되는 것이고, 이를 통해 아이디어가 떠오르는 것이다. 즉, 문제가 쉽게 풀린다는 것은 무대 가까이에 있는 장기 기억이 인출되는 것이고, 문제가 어려워서 아무리 생각해도 풀리지 않는 것은 장기 기억이 무대와 아주 멀리 떨어져 있다는 것이다. 따라서 그 문제가 무대 위에 서 있는 시간이 아주 길어야만 멀리 떨어진 장기 기억을 소환할 수 있을 것이다.

이처럼 통합작업공간 이론에 의하면, 문제를 풀려면 그 문제를 푸는 데 도움이 되는 장기 기억을 인출해야 하고, 어려운 문제를 풀려면 그 문제를 의식의 무대 위에 충분히 오랜 시간 올려 두어야 한다. 문제를 잘 풀고 아이디어를 잘 낸다는 것은 문제 해결과 관련된 장기 기억의 인출이 빠른 것으로, 이는 물론 교육과 훈련에 의해 발달한다.

이러한 장기 기억의 인출 능력은 잠이 들면 불연속적으로 상승한다. 이를 이해하기 위해서는 잠이 들 때 우리 뇌가 어떻게 달라지는지 이해할 필요가 있다. 이는 하버드대학교 수면센터의 앨런 홉슨이 쓴《꿈》에 잘 설명되어 있다. 깨어 있을 때는 전두엽이 활성화된다. 그리고 기억을 저장하는 데 필요한 도파민, 세로토닌, 노르에피네프린과 같은 물질이 분비되어 기억의 저장을 돕는다. 반면 깨어 있을 때는 장기 기억으로부터 기억을 인출하는 능력은 현저히 떨어진다.

그러나 잠이 들면 상황이 역전된다. 우선 잠이 들면 기억을 저장하는 능력이 현저히 떨어진다. 앞에서 말한 도파민, 세로토닌, 노르에피네프린과 같은 물질의 양이 수면 중에는 감소하기 때문이다. 우리는 렘(REM, Rapid Eye Movement) 수면 중에 항상 꿈을 꾸는데, 아침에 일어나면 무슨 꿈을 꿨는지 다 잊어버리고, 깨어나기 직전에 꾼 꿈만 기억한다고 알려져 있는 것도 이 때문이다. 잠을 자는 동안 우리의 기억 저장 능력은 백치에 가깝다.

기억의 인출과 관련된 신경전달물질로 아세틸콜린이라는 것이 있다. 이 물질은 수면 중에 증가하는데, 특히 렘수면 중에 최대가 된다. 잠이 들면 전두엽이 비활성화되어 전두엽에 의하여 억제되었던 감정의 뇌와 장기 기억이 활성화되고 아세틸콜린의 분비가 많아져 의식의 깊은 곳까지 접근할 수 있게 되어 문제 해결과 관련된 장기 기억들이 보다 쉽게 연결된다. 즉, 장기 기억의 인출 능력이 현저히 높아지는 것이다. 창의적인 아이디어나 문제 해결은 결국 장기 기억의 인출에 관한 문제이므로, 잠들 때 무의식의 서로 다른 정보가 유연하게 연결되면서 창의성이 고양되는 것이다.

따라서 우리는 매일 밤 잠이 들 때 천재의 뇌를 갖는다. 그런데 문제는 잠이 들면 전두엽이 비활성화되면서 문제의식이 없어진다는 것이다. 그래서 필자는 몰입을 주장한 바 있다. 오랜 시간 한 문제에 대해 깊이 있게 생각하면 잠이 들어서도 그 문제를 풀려는 생각을 하게 되고, 그러면 꿈속에서도 이 문제와 관련된 장기 기억이 연결되고 인출되어 창의적인 아이디어가 만들어질 수 있다고 본다. 다만 잠든 상태에서는 기억의 저장 능력이 저하되므로 아침에 일어나면 잠잘 때 떠올랐던 생각들을 대부분 기억하지 못한다. 그런데 가끔 낮에 아이디어들이 불쑥 생각나는 일이 있는데, 사람들은 이것을 우연이라고 생각하지만 필자는 이것이 잠이 든 상태에서 얻은 아이디어가 문득 생각난 것이라고 본다.

잠이 든 상태에서 창의성이 고양된다는 것은 최근 뇌과학 연구에서 정설이 되었다. 다만 창의성을 발현하는 데 어떠한 수면 단계가 중요한가에 대해서는 이견이 있어 보인다. 수면과학자 사라 매드닉 교수는 렘수면시 창의적인 문제 해결 능력이 극대화된다고 주장하는 반면, 신경과학자 잰 본 교수는 수면의 전반부에 창의성이 극대화된다고 주장한다. 깨어 있는 동안의 학습 활동에 의해 얻어진 단기 기억이 장기 기억으로 변환되는 것은 꿈을 꾸지 않는 논렘(non-REM) 수면 중에 일어나는데, 이러한 변환의 대부분은 전반부 수면 중에 일어난다는 것이다.

잰 본 교수의 주장은 나의 몰입 경험과 일치한다. 아이디어가 가장 많이 떠오를 때가 서너 시간 자고 깨어났을 때이고, 다시 잠이 들어 아침에 일어나면 아이디어가 그다지 많이 떠오르지 않는다. 창의적인 아이디어를 얻고자 한다면 약 일주일간 오로지 그 생각만 해야 한다. 그러면 그 이후부터는 잠을 자면서도 그 생각을 하게 되므로, 그런 상태에서 잠자리에 든 후 서너 시간 후에 일어나도록 자명종을 맞춰 놓을 것을 제안한다.

엔트로피 법칙에 맞서
문명사회의 일원으로 산다는 것

　자연 현상이나 생명 현상이 예외 없이 자연법칙을 따르듯이 우리의 삶 역시 우리가 원하는 방향으로 흘러가는 것이 아니라 정확하게 자연법칙대로 흘러간다. 이러한 법칙을 올바로 이해하고 활용할 때 비로소 우리가 원하는 방향으로 삶을 통제할 수 있다. 이 법칙 중의 하나가 바로 아인슈타인이 모든 과학에서 가장 중요한 법칙이며 마지막까지도 뒤집히지 않을 물리법칙이라고 말한 '엔트로피 법칙'이다. 엔트로피 법칙은 수많은 천재들의 합작품으로 인류에게 남겨진 위대한 유산이다. 이 소중한 유산을 잘 활용하는 것은 이 시대를 살아가는 우리의 몫이다. 이 법칙이 그토록 중요한 이유는 유용성과 보편타당성 때문이다. 엔트로피 법칙은 시공을 초월해 어떠한 상황에서도 예외 없이 성립한다.

　엔트로피는 '무질서한 정도'를 나타낸다. 기체 원자의 '무질서한 정도'가 액체의 경우보다 더 높으므로 기체가 액체보다 엔트로피가 더 높다. 또한 액체 원자의 '무질서한 정도'가 고체의 경우보다 더 높으므로 액체가 고체보다 엔트로피가 더 높다.

　생명현상은 엔트로피가 부분적으로 감소하는 현상이고 이러한 경향은 하등동물에서 고등동물로 올라갈수록 더 심해진다. 고등동물로 갈수록 정보 처리 능력이 발달해서 엔트로피를 낮출 수 있는 능력이 증가되는 것이다. 인간이 다른 하등동물보다 정보 처리 능력이 발달했기 때문에 가장 낮은 엔트로피 상태를 구현할 수 있다. 특히 고도의 정보 처리를 요구하는 창의성은 인간이 할 수 있는 가장 낮은 엔트로피 상태를 구현하는 행위 중에 하나다.

집안을 정리하지 않으면 어질러진다. 이는 엔트로피가 증가된 상태다. 시간이 지난다고 어질러진 집안이 저절로 정돈되지는 않는다. 누군가는 청소라는 노력을 통하여 집안을 질서정연한 상태, 즉 엔트로피가 감소된 상태를 만들 수 있다. 이처럼 엔트로피를 낮추려면 노력이 필요하다.

의식이 산만한 상태는 엔트로피가 높은 상태이고, 고도로 집중된 상태는 엔트로피가 낮은 상태다. 우리가 무언가를 생각하거나 집중한다는 것은 엔트로피를 감소시키는 방향으로 진행하는 것이다. 이는 마치 저절로 흩어지는 연기를 한곳으로 모으는 일과 같이 어려운 일이다. 따라서 사람이 필요한 무언가에 집중한다는 것은 인간이 할 수 있는 가장 어려운 정신활동 중 하나다.

고도로 발달한 문명의 혜택을 누린다는 것은 엔트로피가 대단히 낮은 사회에 살고 있는 것이다. 이런 사회에서 살아가려면 우리도 고도로 낮은 엔트로피를 구현할 수 있어야 한다. 그런데 엔트로피 법칙 때문에 우리는 본질적으로 산만해지는 경향이 있다. 그래서 게을러질 수밖에 없고 해야 할 일을 제때에 하지 못하며 결국 후회하는 삶을 반복하게 되는 것이다. 이것이 삶의 문제의 핵심이다.

우리가 본능적으로 갖고 있는 엔트로피가 증가하는 경향, 즉 이기적이고 서로 헐뜯고 질서를 어기고 안이하고 게으른 성향은 혼탁하고 경쟁력이 없는 사회를 만들 것이다. 이러한 경향에서 벗어나 서로 돕고 질서를 지키고 분발하고 부지런하여 살기 좋고 경쟁력 있는 엔트로피가 낮은 선진 사회를 만들기 위해서는 올바른 교육 외에 다른 방법이 없다. 이것이 교육의 본질적인 역할이다.

우리가 산만함에서 벗어나 스스로 엔트로피를 낮출 수 있는 능력을 배양하지 않으면 필연적으로 힘겨운 삶을 살 수밖에 없다. 스스로 엔트로피를 낮출 수 없으면, 다시 말해 필요한 것에 스스로 집중할 수 없으면 항상 쫓기는 삶을 살게 되고 수동적인 삶을 살게 된다.

엔트로피가 대단히 낮은 문명사회에 사는 것이 너무 버거우면 아프리카의 원시 부족 사회처럼 문명과는 동떨어진, 그래서 상대적으로 엔트로피가 높은 곳에서 살아야 한다. 그러나 문명의 혜택을 누리는 생활을 영위하려면 반드시 필요한 것에 스스로 집중할 수 있는 능력을 길러야 한다. 그리고 필요한 것에 스스로 집중할 수 있는 능력을 길러 주는 교육이 바로 창의성 교육이다.

주체적이고
행복한 삶을 사는 방법

엔트로피 법칙을 표현할 수 있는 방법은 다양한데 그중 대표적인 것이 세상은 확률적으로 진행한다는 것이다. 엔트로피 법칙은 우리가 원하는 변화를 이끌어 내기 위해서는 그 변화가 일어날 확률을 높이는 방향으로 노력하는 것 외에 다른 방도가 없음을 명백하게 말해 준다. 따라서 목표를 성취하기 위해서는 그 변화가 일어날 확률에 영향을 주는 요소가 무엇인지 가려내서 그 요소에 집중적인 노력을 하는 것이 엔트로피 법칙에 입각한 과학적이고 체계적인 접근이다. 가령 내가 공부를 잘하고 싶다면 그렇게 될 확률을 높이기 위해 무엇을 해야 하는지 가려내고, 그것에 노력을 집중해야 한다.

우리는 자신의 판단에 의해 삶을 만들어 간다. 지금 이 순간을 어떻게 보낼까에 대한 판단, 어떤 진로를 택할까에 대한 판단, 어느 배우자를 선택할 것인가에 대한 판단 등등. 수많은 판단을 어떻게 내리느냐에 따라 삶의 경로가 달라진다. 결국 내 삶은 내가 내린 판단이 누적된 결과다. 따라서 성공적인 삶을 살기 위해서는 좋은 판단을 내릴 확률, 즉 판단력이 좋아야 한다. 이를 위해서는 고민의 질을 높이고 사고하는 힘을 기르기 위해 노력해야 한다.

바둑 대결을 한다고 생각해 보자. 바둑은 바둑알을 놓을 때마다 얼마나 좋은 판단을 하느냐가 승패를 가른다. 바둑을 잘 두는 사람은 주어진 시간에 보다 좋은 판단을 한다. 그리고 중요한 판단을 해야 할 때는 오래 생각할 수 있는 능력도 필요하다. 두 프로기사 A와 B가 막상막하의 실력으로 대국을 벌이고 있는데 결정적인 순간, A에게는 생각할 시간이 1분 주어지고 B에게는 10분이 주어진다면 과연 누가 이길까? 당연히 B가 이길 확률이 훨씬 높다. 생각할 시간이 증가하면 판단력도 좋아지기 때문이다.

물론 오래 집중해서 생각하는 능력이 없는 사람이라면 아무리 많은 시간이 주어져도 생각을 하지 않을 것이므로 좋은 판단을 내리기 힘들 것이다. 그러나 창의성 교육을 받은 사람은 스스로 생각하며 지식을 깨우치는 경험을 수없이 반복했기 때문에 자신에게 주어진 시간을 모두 사용해서 생각하고 좋은 판단을 내릴 확률이 높다.

창의성 교육을 받지 못한 사람은 즉흥적인 판단력도 떨어지거니와 장시간 생각할 수 있는 능력도 없다. 생각하고 집중하는 것은 엔트로피를 낮추는 행위여서 어린 시절부터 훈련하지 않으면 대단히 어려운 행위이기 때문이다. 그래서 중요한 판단을 내려야 하는 상황에서도 자신에게 주어진 제한 시간을 채 사용하지 못하고 섣부른 판단을 한다. 결과적으로 인생의 바둑을 둠에 있어 창의성 교육을 받은 사람과 주입식 교육을 받은 사람의 경쟁력 차이는 엄청나게 벌어진다.

창의성 교육은 개인의 경쟁력뿐 아니라 국가의 경쟁력을 높이는 일이기도 하다. 국가의 경쟁력은 구성원 모두의 판단을 더한 결과라고 할 수 있기 때문이다. 창의성 교육을 받은 국민들의 판단의 총합은 창의성 교육을 받지 않은 국민들의 판단의 총합보다 압도적으로 더 우수할 것이다. 그래서 창의성 교육을 시키지 않는 국가가 창의성 교육을 시키는 국가를 따라잡기는 거의 불가능한 것이다.

하루하루 더 나은 삶을 선택하고, 자신의 아이디어를 실현시키기 위해 도전하며 성공적인 삶을 사는 사람으로 우리 아이들을 키우고 싶다면 더 이상 창의성 교육을 미뤄서는 안 될 것이다. 창의성 교육은 수동적인 삶에서 벗어나 주체적이고 행복한 삶을 살 확률을 획기적으로 높이는 가장 확실한 방법이다.

Chapter 2

추락의 시대, 창의성과 경쟁을 말하다

김세직 교수 (경제학부)

장기성장률의 지속적 추락이
가져온 우리 경제의 위기

1960년대부터 30여 년간 평균 7~8% 이상으로 고도성장해 오던 우리 경제는 1990년대 중반 이후 경제의 장기성장 추세를 나타내는 장기성장률이 20년 넘게 지속적으로 하락하는 성장 추락의 시대에 처해 있다.

성장률이 장기간에 걸쳐 지속적으로 추락하는 경우, 성장률이 매우 낮은 수준까지 떨어진 뒤에야 뒤늦게 경제 위기가 체감되는 경향이 있다. 우리나라도 최근 장기성장률이 2%대까지 떨어지면서 성장 추락에 따른 잠재적 위기가 나타나기 시작했다. 기업 생산성 하락과 주요 산업들의 경쟁력 약화 속에 조선·해운업은 이미 부실이 드러났고, 심각한 청년 실업과 일자리 문제 등이 급격히 부상하면서 마침내 국민들이 위기감을 느끼기 시작했다.

향후 장기성장률이 더욱 추락하여 이러한 잠재적 위기가 더욱 심각한 수준으로 드러나 국민들의 고통이 가중될 가능성을 배제할 수 없다. 따라서 거시경제의 측면에서 장기성장률이 지속적으로 추락하는 위기를 막아 내는 것이 현재 우리 경제의 핵심 과제다.

앞으로 더욱 심각해질 가능성이 높은 경제 위기의 본질은 무엇이며 우리는 어떻게 대응해야 하는가? 경제 위기를 극복할 수 있는 적절한 대응책을 찾으려면 먼저 위기의 본질부터 명확하게 인식해야 한다.

현재 우리의 경제 위기는 한마디로 '성장 위기'다. 대내외의 단기적 충격으로 인해 급작스럽게 발생한 일시적 위기가 아니라, 한국 경제 내부에서 20년 간 꾸준하게 지속되어 온 장기성장률 추락이 마침내 그 실체를 드러냄에 따른 위기다.

지난 20년 간 한국 거시경제의 움직임은 필자의 졸고 〈한국경제: 성장 위기와 구조 개혁〉에서 제시한 '5년 1%의 법칙'으로 요약된다. 우리나라 장기성장률이 매 5년마다 1% 포인트씩 하락하는 추세를 보여 왔다는 이 법칙은 [표 2-1]에서 볼 수 있듯이, 정부가 바뀌는 것과 상관없이 일어났다. 10년 이동평균 성장률로 계산한 장기성장률은 김영삼 정부 시절 6%대에서 김대중 정부 시절 5%, 노무현 정부 시절 4%, 이명박 정부 시절 3%, 박근혜 정부 시절 2%대로, 보수나 진보 정권 상관없이 규칙적으로 추락해 왔다.

20년 넘게 지속된 성장 추락에도 불구하고, 아쉽게도 그동안 어느

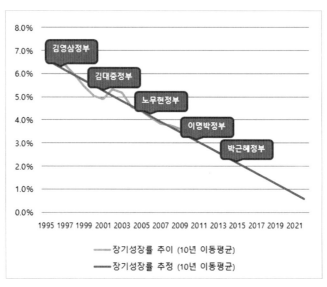

[표 2-1] 5년 1% 하락의 법칙
(출처: 김세직, 〈한국경제: 성장 위기와 구조 개혁〉, 《경제논집》 2016년 6월)

정부도 장기성장률 하락을 이끈 근본적 원인을 찾아내어 이를 극복하는 구조 개혁을 제대로 추진하지 못했다. 그 대신 여러 정부에 걸쳐 과도한 단기 경기 부양 정책에만 의존함으로써, 성장 하락 추세를 저지하는 데 무력하였다.

다가오는 제로 성장의 시대, 무엇을 구조 개혁해야 하는가

5년 1% 장기성장률 하락 추세를 지금이라도 막아 내지 못한다면,

문재인 정부에서는 장기성장률이 1%를 기록하고, 차기 정부에서는 장기성장률이 0%대로 진입하여 '제로 성장'에 빠질 가능성을 배제할 수 없다. 장기성장률이 0%대에 근접하면 1998년 경제위기 때와 같은 마이너스 성장률로 인한 총체적 위기에 처할 가능성이 매우 우려된다.

장기성장률이 지속적으로 하락하는 성장 위기의 시기에는 총수요 확장을 통한 경기 부양책이 성장률 장기 하락 추세를 역전시키는 데 효과가 없을 뿐 아니라 오히려 문제만 키울 수도 있다. 성장률의 장기적 하락은 수요 측면보다는 생산 측면의 제약이 원인이기 때문에 총수요 확장 정책은 장기 하락 추세의 저지를 위해서는 별로 효과적이지 않다. 과도한 투자 부양책은 오히려 부실 투자와 부실 채권의 누적을 불러일으켜서 금융 위기의 가능성만 높일 수 있다. 지난 15년간 우리나라의 투자 효율성은 급격하게 떨어져 왔음에도 총 투자는 GDP 대비 평균 30% 정도의 높은 수준으로 유지되어 왔다. 이는 그동안 무리한 경기 부양책으로 과잉 투자가 이루어져 왔고, 그 결과 투자 부실로 인한 금융 위기가 닥치게 될 위험성이 높아졌음을 의미할 수 있다.

총수요를 늘리는 경기 부양책이 효과가 없다면, 장기성장률 추락을 막기 위해 무엇을 해야 할까? 성장 추락을 일으킨 근본적, 구조적 원인을 찾아내어 이를 해결하기 위한 진정한 구조 개혁을 추진하는 것만이 유일한 방법일 것이다.

최근 위기감을 느껴 구조 개혁의 필요성을 외치는 목소리가 높아지고 있지만, 정작 '무엇을 구조 개혁해야 하는가'에 대한 핵심은 아직 비껴가고 있다. 정확한 진단에 의거하지 않은 지엽적이고 잘못된 해결책을 구조 개혁이라 착각해서는 안 된다. 심지어 구제 금융과 이를 통한 경기 부양까지 구조 개혁 혹은 구조 조정이라는 이름으로 포장하여 추진하다가 시간만 허비하는 우를 범하지 말아야 한다. 성장 위기의 원인이 구조적 취약성에 있는 경우, 섣부르게 이루어진 경기 부양이나 구제 금융은 도덕적 해이를 유발하고 진정한 구조 개혁을 지연시켜서 근본적 문제 해결에 오히려 걸림돌이 될 가능성이 높다.

모방형 인적자본에서 창조형 인적자본으로

우리나라의 장기성장률이 추락하게 된 근본적, 구조적 원인은 무엇일까? 그 원인을 정확하게 진단하기 위해서는 장기성장률이 추락하기 시작한 1990년대 중반 전후에 이루어진 우리나라 성장 동력 구조의 변화를 이해해야 한다.

졸고 〈*Income Distribution and Growth under a Synthesis Model of Endogenous and Neoclassical Growth*〉에 따르면, 한국 경제의 성장 동력 구조는 1960년대부터 30여 년간 '내생적 성장 레짐'이었다가, 1990년대 초·중반 이후부터 '신고전파 성장 레짐'으로 바뀐다.

즉, 1960~80년대의 고도성장기에는 근로자에 내재된 기술과 지식 같은 인적자본(human capital)과 기계나 건물 같은 물적자본(physical capital)이 함께 경제 성장을 이끄는 구조였다. 이 시기에는 교육을 통한 인적자본의 축적과, 투자를 통한 물적자본의 축적이 동시에 빠른 속도로 일어남으로써 7%가 넘는 고도의 경제성장률을 장기간 지속할 수 있었다. 1980년대 말 등장한 내생적 성장 이론의 이론가들은 인적자본과 물적자본이 동시에 빠른 속도로 축적되면 지속적인 고도성장을 이룰 수 있음을 논증하였는데 우리 경제가 바로 이러한 성장 패턴을 보였다. 지속적 고도성장의 결과, 1950년대만 해도 1인당 국민 소득이 필리핀보다 낮은 수준이었던 우리나라는 1990년대 후반에는 1인당 국민 소득이 2만 달러에 근접하기에 이르렀다.

이러한 지속적 고도성장의 배경에는 기존의 선진 기술이나 지식, 제도를 본뜨며 습득하는 '모방형 인적자본'이 주요 원동력으로 작용했다. 그리고 모방형 인적자본을 효율적으로 축적하는 데에는 교육 제도, 특히 반복과 암기 학습을 중시하는 주입식 교육 체제와 입시 제도가 중요한 역할을 하였다. 서울대 재료공학부 황농문 교수의 저서 《공부하는 힘》에서도 우리나라가 기술 프런티어 가까이 접근할 수 있게 된 이유를 모방형 인적자본의 축적에서 찾는다. 특히 국내 대학들이 대학원 중심제로 바뀌면서 대량으로 배출된 석·박사 인적자본의 축적이 반도체, 디스플레이, 통신, 철강, 조선, 자동차 분야에서 세계적인 기술 프런티어에 접근하는 것을 가능하게 하였다고 설명한다. 이러한 모방형 인적자본 육성을 통해 일부 산업에서는 리버스 엔지니어링(reverse engineering) 즉, 완성된 제품을 분석하여 설계와 기술을 파악해 나가면서 세계 우위의 기술을 모방하여 격차를 줄여 갈 수 있었던 것이다.

그러나 1990년대에 들어서면서 우리 경제가 세계의 기술 프론티어에 근접하게 됨에 따라, 모방형 인적자본에 의한 경제성장이 점점 어려워지게 되었다. 그동안 선진국의 발전된 기술을 배우고 베끼면서 모방형 인적자본을 키워 이들과의 기술 격차를 줄일 수 있었지만, 이제는 이들에 앞서 세계 우위에 서기 위해서는 결국 독자적인 기술로 승부해야 하는 단계에 접어들었기 때문이다. 따라서 기술 모방에 의존해 인적자본의 역량을 키워 온 우리로서는 결국 한계에 부딪히게 된 것이다.

그 결과 1960~80년대 성장의 엔진이었던 인적자본의 역할이 급격하게 약화되면서, 이후부터 우리나라는 투자를 통한 물적자본의 축적에만 주로 의존하게 되었다. 신고전파 성장 이론에 따르면, 이렇게 경제성장이 물적자본에만 의존하게 되면, 소위 '자본의 한계 생산 체감의 법칙'이 작동하게 되어 성장률이 0% 수준까지 지속적으로 추락한다. 자본의 한계 생산 체감의 법칙이란 기계와 같은 자본재를 한 단위 더 투입했을 때 이에 따라 늘어나는 생산량 증가분이 투입되는 기계수를 늘릴수록 점점 줄어든다는 법칙이다. 예를 들어, 어떤 사람이 컴퓨터 없이 일하다가 컴퓨터 하나를 새로 구입하여 일하면 그전에 비해 훨씬 많은 생산을 해낼 수 있다. 그러나 이 사람이 컴퓨터를 추가적으로 한 대 더 구입하여 두 대로 일하는 경우 생산량 증가분은 컴퓨터 한 대로 일할 때에 비해 현저히 줄어든다는 법칙이다.

이렇게 인적자원의 성장에 정체가 일어나면서 기술 진보가 더뎌지고 물적자본 투자에 주로 의존하게 되면서, 우리 경제는 신고전파 성장 이론에서의 이행기처럼 경제성장률이 점점 하락하는 시기를 맞게 된 것이다.

결국 인적자본의 성장 지체와 그에 따른 장기성장률의 하락을 막기 위해서는 세상에 없던 것을 새로이 생각하고 만들어 내는 '창조형 인적자본'이 필요한 시기가 이미 20년 전에 도래하였던 것이다. 그러나 안타깝게도 한국 경제는 지난 20년에 걸쳐 창조형 인적자본의 축적과 이를 통한 기술 진보를 성장 동력으로 하는 체제로 전환하지 못하고 있다.

이렇게 창조형 인적자본 축적이 성장동력이 되는 체제로 전환하지 못하면서 인적자원의 성장은 정체되고 기술 진보가 이루어지지 못한 것이 현재 우리가 직면한 장기성장률 추락의 근본적, 구조적 원인인 것이다.

그렇다면 한국 경제는 왜 새로운 성장 동력의 체제로 전환하지 못하고 있는 것일까? 여기에는 두 가지 구조적 요인이 있다. 하나는 기업이나 근로자의 '창의성'을 뒷받침해 주는 제도적 인프라의 부족이고, 또 하나는 자본주의 '경쟁' 체제의 급속한 약화 때문이다. 따라서 장기성장률 추락의 근본적 원인을 해결하기 위한 구조 개혁은 두 가지 구조적 요인, 즉 창의성과 경쟁 인프라의 취약성을 극복하는 '창의성 개혁'과 '경쟁 개혁'을 축으로 하여 이루어져야 한다.

인식의 대전환을 통한
창의성 인프라 도입이 필요

경제가 발전할수록 지속 가능한 성장을 위해서는 적정 시점에 인적자본의 질적인 전환, 특히 모방형 인적자본에서 창조형 인적자본으로의 전환이 이루어져야 한다. 더욱이 최근 알파고와 인공지능으로 상징되는 노동절약적 기술의 눈부신 발전과 아이디어 경쟁 체제의 심화가 대졸 수준의 지식노동자들이 가진 모방형 인적자본의 대부분을 무용지물로 만들어 감에 따라 창조형 인적자본의 중요성은 더욱 커지고 있다.

그러나 우리나라의 교육제도는 아직도 주입식 교육을 통해 선진 지식을 반복 암기, 주입하는 데서 크게 벗어나지 못하고 있으며, 노동시장에서의 창조형 인적자본에 대한 보상 문화 및 시스템도 구태를 탈피하지 못하고 있어 창의성을 중시하고 이를 지지해 줄 사회적 기반이 매우 취약한 상태다.

먼저 교육제도를 살펴보면, 아직도 모방형 인적자본의 양산에 적합한 교육 방식에서 벗어나지 못하고 있다. 초·중·고뿐 아니라 대학에서도 여전히 교사/교수 중심의 강의식 수업이 주를 이루고 있다. 대학 입시를 비롯한 학생 평가에서도 창의적 역량이 있는 학생보다는 문제 풀이를 반복하고 많은 지식을 암기한 학생이 높은 점수를 받기에 유리하다. 현재의 이러한 교육제도 아래에서는 학생들이 스스로 창의성을 키울 인센티브가 강하지 않다.

이에 교육제도를 창조형 인적자본 축적에 적합한 형태로 전환하는 구조 개혁이 무엇보다 시급하다. 이를 위해 첫째, 학생들이 스스로 생각하는 훈련을 가능하게 하는 '리서치 수업'과 '토론식 수업'을 결합한 '창조형 수업'을 적극적으로 도입하는 것이 필요하다.

둘째, 학생들이 스스로 질문하고 스스로 해법을 생각하는 능력을 계발할 수 있도록 정답이 없는 '열린 문제'나 답을 찾는 것이 아닌 질문을 하게 하는 '질문 문제'와 같은 창조형 문제들을 교육과정 및 시험 제도에 도입해야 한다.

셋째, 학생들을 평가하는 시스템에서 창의성을 중요한 평가 기준으로 삼고, 이를 위해 구체적 평가 기준과 방법을 개발하고 확립하는 것이 필요하다.

넷째, 단순 모방의 폐해와 무분별한 복제 및 표절 등에 대한 경각심을 심어 주면서 창의성의 가치를 일깨우고 내면화할 수 있는 내용을 교육과정의 중요한 요소로 도입하는 것이 필요하다.

학생들에 대한 학교에서의 창의성 교육과 함께, 기존의 기업가나 근로자에 대한 '창의성 재교육' 또한 매우 중요하다. 학교에서 창의성을 교육받은 학생들이 근로자나 기업가가 되어 한국 경제를 이끌기만 기다리기에는 한국 경제에 시간이 많지 않다. 따라서 학교 교육을 마치고 생산에 투입되어 있는 기업가나 근로자들의 창의성을 증진시키는 교육이 매우 절실하다.

더해서, 창의성 계발 인프라를 위한 교육 개혁이 현실성 없는 논의나 구호에 그치지 않도록 범국민적 지지를 결집해 강력하게 실행할 수 있는 주체로서 범국가적 차원의 '창의성 교육 개혁 기구'를 설치할 필요가 있다.

한편 노동 시장 혹은 아이디어 시장에서 창의성 인프라를 살펴보면, 현재 새로운 아이디어나 발상 혹은 기술을 보호하거나 보상해 주는 문화나 법 제도가 지극히 취약하다. 새로운 아이디어나 제품을 처음 생각해 내고 개발하는 사람의 입장에서는 막대한 노력과 시간, 비용이 든다. 그러나 그 아이디어를 이해하고 이용하는 입장에서는 비교할 수 없을 정도로 적은 노력과 시간, 비용이 든다. 이런 까닭에 창의성을 보호하는 문화나 법제도가 제대로 갖추어져 있지 않은 우리나라의 경우에 누구나 남의 아이디어를 도용할 유혹이 쉽게 생길 수 있다. 그 결과 심지어 전문가라 불리는 사람들조차도 남의 아이디어를 마치 자기 아이디어인 것처럼 주장하는 것이 사회적으로 만연되어 있다. 이런 사회에서는 아무도 새로운 아이디어를 만들어 내고자 애쓰지 않게 되고, 그 결과 자신만의 새로운 아이디어를 낼 수 있는 진정한 전문가들은 나타나지 않고, 이렇게 창의성이 사라진 경제는 더 이상 성장의 활력을 잃게 된다.

따라서 다른 사람의 아이디어를 보호해 주고 그에 대해 적절히 보상해 주는 문화와 제도적 장치를 도입하는 것이 시급하다. 무엇보다 다른 사람의 창의적인 아이디어를 표절하거나 도용하는 사람은 '도둑'이라는 국민적 인식과 문화가 자리 잡아야 하고 이를 법 제도가 뒷받침해 주어야 한다. 정부부터 민간이나 학자의 의견을 구할 때 공짜로 하지 말고 그 아이디어의 가치에 합당한 보상을 지불하는 시스템을 만들어야 한다. 창의성을 존중해 주지 않고 제대로 보호해 주지도 않으면서 창조형 인적자본의 축적과 기술 진보를 기대하는 것은 연목구어, 즉 나무에 올라가서 물고기를 얻으려 하는 것과 같다고 할 수 있다.

창의성을 촉진하는 인프라가 그동안 발달하지 못한 원인 중 하나는 과거 모방형 인적자본 시대의 유산이 강하게 남아 있기 때문이다. 과거 모방형 인적자본 축적 능력이 뛰어난 인물들이 우리나라 각 분야에 리더로 자리 잡아 왔고 이들이 법 제도와 문화 형성에 중요한 역할을 해 왔다. 그러나 모방형 인적자본으로 성공한 리더들이 모방형 인적자본 시대에 형성된 그들의 인식을 크게 전환시켜 그들의 자산인 모방형 인적자본을 희생해 가며 창의성 인프라를 촉진시키는 개혁에 앞장서기를 기대하기는 쉽지 않고 그러할 인센티브도 약하였다.

따라서 제대로 된 창의성 인프라 도입을 위해서는 과거 모방형 인적자본 시대에 모방형 인적자본 축적을 통해 정책을 만들고 이끄는 위치에 오른 인물들이 아니라, 창조형 인적자본을 갖춘 창의적인 인물들을 찾아내어 이들로 하여금 개혁을 이끌도록 하는 것이 매우 중요하다. 이런 점에서 국민들이 선거 등을 통해 리더를 선택할 때 창의적인 리더를 선택하는 것은 창의성 개혁을 위해 매우 중요한 일이다.

공정한 경쟁 체제 확립으로
자본주의의 효율성과 역동성 회복

자본주의 체제의 효율성과 역동성의 핵심은 '경쟁'이다. 경쟁을 통해 보다 창의적인 인재나 기업을 선별함으로써 창조형 인적자본의 축적과 기술 진보를 보다 효율적으로 유도할 수 있다.

창조형 인적자본 축적을 위한 자본주의 경쟁 체제가 제대로 작동하기 위해서는 보다 많은 참가자가 경쟁에 참여하여 공정한 경쟁을 하는 것이 필수적이다. 자본주의는 더 많은 참가자가, 그리고 계속해서 새로운 참가자들이 경쟁에 합류해 자신들의 능력을 겨룰 때 더욱더 우수한 인재 또는 기업을 선별해 낼 수 있게 된다. 그렇게 선별된 대상에 더 많은 자원을 배분해 줌으로써 자본주의 체제 자체의 효율성과 역동성을 높일 수 있다.

그러나 우리나라는 지난 20년간 실질적인 경쟁 참여자의 풀(pool)이 점점 좁아져서 경쟁 체제가 급속히 약화되어 왔다. 그 결과 잠재적으로 더 창의적인 인재나 기업이 실제 자원 배분에서는 배제되어, 경제의 생산성과 창조형 인적자본의 성장 가능성이 점점 축소되어 왔다.

먼저 인적자본 선별의 주요 관문인 대학 입시 경쟁을 살펴보면, 학생 본연의 잠재력이나 창의성보다 부모의 경제력이 더욱 중요한 역할을 한다는 연구 결과들이 나오고 있다. 이는 실질적인 인재 경쟁의 풀이 점점 축소되고 있음을 의미한다. 예를 들어 등록금이 일반 고등학교에 비해 몇 배나 되는 외국어고등학교와 과학고등학교에서 서울대학교로 진학하는 확률은 일반고와 비교할 때 열 배 이상, 수십 배에 이르고, 서울시 일반고 내에서도 어느 '구'에 소재하느냐에 따라 서울대 입학 확률이 열 배 이상 차이가 난다.

만약 학생들이 교육을 통해 축적하는 진짜 인적자본, 즉 진짜 능력이 부모의 경제력과 상관없이 본인의 치열한 노력과 타고난 잠재력에 의해 결정된다면, 부모의 경제력이나 거주지가 어느 '구'이냐에 관계없이 인적자본은 비슷한 분포를 보일 것이다. 따라서 '구'별로 학생들이 서울대에 입학할 확률이 크게 차이가 나지 않아야 정상적인 경쟁 체제라고 할 수 있으나, 안타깝게도 현실을 보면 실제 입학 확률이 부모 경제력에 따라 '구'별로 열 배까지 차이가 난다.

이는 대학 입시의 인재 경쟁의 풀이 표면적으로는 모든 학생으로 이루어져 있지만, 실질적으로는 고비용의 사교육이나 특수목적고 등에 접근할 만한 높은 경제력을 가진 부모의 자녀들에게 보다 넓게 열려 있음을 의미할 수 있다. 부모 경제력에 따른 이러한 경쟁 체제 훼손이 인적 자원의 배분을 왜곡해 경제 성장의 잠재력을 훼손시킬 위험성을 내포하고 있다.

다음으로 기술을 보유한 기업 및 기업가 간의 경쟁을 살펴보아도, 실질적 경쟁에 참여할 수 있는 참여자의 수와 범위가 점점 축소되어 왔다. 과거 1960~90년대에는 많은 기업이 치열하게 경쟁하였고, 그 결과 보다 우수한 기술이나 뛰어난 기업가를 가진 기업이 경쟁에서 승리하여 대기업으로 성장하였을 가능성이 높다. 그러나 2000년 이

후, 이미 대기업으로 성장한 일부 기업들이 시장에서 독과점적 지위를 점점 더 강화함에 따라 실질적으로 경쟁할 수 있는 기업의 풀은 오히려 제한되게 되었다.

예를 들어, 지난 15년간 30대 그룹은 계열사를 평균 21개에서 36개로 급속히 늘리며 평균 자산을 네 배 이상으로 팽창시켰다. 최근 들어서는 이들 중에서도 상위 4개 그룹이 하위 그룹들보다 훨씬 빠른 자산 증대 속도를 보이고 있다. 이는 시장에서의 실질적 경쟁이 점점 더 소수의 기업 집단 간 경쟁으로 좁혀져 왔음을 의미한다.

이에 따라 새로운 창업가들이 출현하여 대기업으로 성장하기가 점점 더 어려워졌다. 그 결과 스티브 잡스, 마크 저커버그 등 새로운 창업가들이 끊임없이 등장하여 기술 진보를 이끄는 미국과 달리, 우리나라의 기업 생태계는 급속하게 활력이 약화되고 있다.

우리나라 자본주의의 역동성과 효율성을 높이기 위해 그동안 취약해진 사회 곳곳의 경쟁 체제를 재확립하는 것이 중요하다. 경쟁 체제의 회복을 위해 무엇보다도 필요한 것은 실질적인 경쟁 참여자의 수를 최대화하는 것이다. 이를테면 국가대표 운동선수를 뽑기 위한 선발이 일부 지역이나 계층에만 국한되지 않고 전국으로 범위가 확대되어야 하는 것과 같은 이치다.

이를 위해서는 잠재적 경쟁 참여자들이 그 능력이 뛰어남에도 기존에 쌓아 놓은 독과점적 권리나 축적된 부가 없음으로 인해 경쟁에서 불리해지는 것을 방지하는 것이 필요하다. 그리하여 능력만으로 경쟁이 이루어지도록 보장하는 구조 개혁이 절실하다. 이를 위해 학생들이 누구나 부모의 경제력과 상관없이 자신의 능력만으로 실질적인 경쟁에 참여할 수 있도록 해 주는 방향으로의 입시제도 개혁이 필요하다. 그리고 창의적인 아이디어나 우수한 잠재력을 가진 창업가 혹은 대기업 직원이나 중소기업이 실질적인 경쟁에 참여하여 대기업 또는 대기업을 이끄는 기업가나 기업 총수로 성장하는 것을 가능하게 하는 다양한 개혁 방안이 마련되어야 한다.

획기적 교육 개혁만이 위기 극복의 길

우리나라 장기성장률의 추락 현상이 일시적인 것이 아니라 장기적 추세임은 이미 10년 전에도 장기성장률 데이터를 보면 명확하게 드러나고 있었다. 더불어, 성장률 추락의 원인이 인적자본 축적에 의한 문제 때문임은 경제학 특히 경제 성장 이론의 입장에서는 명확하였다. 이에 필자는 2007년 서울대 경제학과 학술지《경제논집》에 실린 김세직·정운찬 공저의 정책 논문 〈미래 성장 동력으로서의 창조형 인적자본과 이를 위한 교육 개혁〉에서 당시 우리나라 경제 문제의 핵심을 성장률의 추락 현상으로 파악하고, 그 원인과 해결책을 제시한 바 있었다. 특히 성장 동력 회복을 위해서는 창조형 인적자본을 육성하는 교육 개혁을 조속히 실행해야 함을 강조하였다. 그리고 입시제도, 수업 방식, 교과과정, 시험 방식의 개혁을 포함한 다양한 교육 개혁 방안들을 제시하였다.

그러나 지난 10년 동안 어떤 정부나 언론도 성장 추락 현상 및 그 원인 분석, 그리고 경제성장 이론에 입각한 해결책의 중요성에 주목하지 않았다. 교육은 과거의 주입식·암기식 교육제도가 답습되었고, 학생들의 창의성을 키워 주는 방향으로의 획기적인 교육 개혁은 전혀 이루어지지 않았다. 그러는 사이에 장기성장률은 4%대에서 2%대로 더욱 추락하였고, 앞으로 이 추세가 지속되어 0%대까지 추락할 가능성을 우려해야만 하는 상황이 되고 말았다.

성장 추락이 장기 추세임이 명확해지기 시작한 10년 전부터라도 이에 대응하여 교육 개혁을 포함한 '창의성 구조 개혁'을 각 정부가 정책의 최우선 순위에 놓고 추진하였다면, 장기성장률을 2% 포인트나 까먹은 채 제로 성장을 걱정해야만 하는 현재의 성장 위기 상황을 피할 수 있었을지도 모른다.

그러나 '늦었다고 생각할 때가 가장 빠른 때'다. 늦었지만 지금이라도 창의성 구조 개혁과 경쟁 구조 개혁을 두 축으로 하는 과감한 구조 개혁을 통해 성장 위기를 극복하기 위한 커다란 일보를 내디뎌야 할 때다.

Chapter 3

창의성,
불가능을 가능하게
바꾸는 원동력

박남규 교수 (경영학과)

나라를 구한
창의적 인적자원의 위력

천연자원이 절대적으로 부족한 우리나라가 미국, 일본, 중국과 같은 국가들과 경쟁할 때 내세울 수 있는 유일한 희망이자 무기는 창의성이다. 삼성은 애플보다 연구 개발비를 훨씬 많이 쓰지만 영업 이익률은 애플에 뒤처진다. 무조건 열심히 하는 것보다, 자원의 위력보다, 소비자의 삶에 가치를 창출하는 창의적 사고를 통해 성과를 내야 하는 것이다. 이처럼 새로운 가치 창출을 통한 경쟁이 더욱 심화된 오늘날 창의적 인적자원은 미래 산업의 주역이 되기 위한 필수 조건이 되었다.

창의성의 위력은 오늘날만 중요시되는 것은 아니다. 우리의 역사를 돌아보면 나라의 존폐를 가를 만큼 위협적이었던 외세의 침략 때마다 우리를 지킨 것은 재화가 아니라 창의적 인적자원이었다. 그 대표적인 예가 살수대첩(612년), 귀주대첩(1018년), 한산대첩(1592년) 이다.

우리에 비해 최소 수십 배 이상의 강력한 군사력으로 밀고 온 외세의 침략 앞에 우리의 승리는 전혀 불가능해 보였다. 막대한 병력과 장비로 물적 공세를 퍼부을 때 우리가 내세울 수 있었던 것은 우리의 유일한 희망이었던 인적자원 즉, 강력한 리더십의 을지문덕, 강감찬, 그리고 이순신 장군이었다. 살수대첩, 귀주대첩, 한산대첩을 분석해 보면 도저히 불가능했던 전쟁에서 승리할 수 있었던 완벽한 삼박자를 찾을 수 있다.

첫째, 국가적 위기 상황이었지만, 위기에 굴복하지 않는 창의적인 리더가 있었다. 이들은 적들이 상상하지 못한 전략으로, 지혜 앞에 불가능이란 없다는 강력한 신념을 보여 주었다. 특히 강감찬 장군은 유달리 체구가 작았지만, 고려를 침략한 10만 거란군을 무찌를 수 있을 만큼 다양한 지혜들이 있었음을 역사적 기록을 통해 소상히 알 수 있다.

둘째, 환경을 철저하게 분석하여 적들이 생각지 못한 방식으로 활용하였다. 수나라 황제 양제가 612년 고구려를 침략할 때 동원한 군사는 113만 명이 넘었고, 군량 및 물자 수송에 동원된 인력이 그의 약 2배 정도였으니 사실상 거의 300만 명으로, 그 당시로서는 세계 최대 규모의 원정군이었다. 을지문덕 장군은 수세로는 불리함을 인정하고, 대신 그들의 경로를 파악하여 철저한 지형 분석을 통해 전쟁의 주도권을 가져온다. 수나라 군대가 살수를 건널 때 인위적으로 빠른 급류를 만들고 배후에서 공격하여 적의 주력 부대를 대다수 수장시켰고, 살아서 돌아간 병력은 겨우 수천 명에 불과했다.

셋째, 이제까지 없던 전혀 새로운 전략을 구상하여 전쟁을 승리로 이끌었다. 세계 3대 해전으로 기록되는 한산대첩에서 이순신 장군은 세계 해전사에서 유례가 없던 학익진을 펼쳐 수적으로 불리했던 전세를 완전히 뒤집었다. 조선을 침략한 왜군과의 해상 전투에서 이순신 장군은 조선 함대 5, 6척으로 적의 선봉을 쫓아가 급습한 후 거짓 후퇴하여 한산도로 유인한 후에 학익진을 구사하여 일본 함대 76척 중 59척을 격파하는 전과를 올린 것이다.

이처럼 불가능을 가능하게 만든 역사에는 창의적 인적자원, 즉 창의적인 리더와 치밀한 환경 분석과 창조 전략의 중요성에 대한 명확한 교훈이 담겨 있다. 앞에서 다룬 세 전투만 보더라도 창의적 인적자원이 가진 위력을 가늠할 수 있을 것이다. 역사 속 전술에서뿐 아니라 오늘날 경쟁 사회에서도 창의적 인적자원을 통해 유일무이한 성과를 내고 있는 사례를 소개한다.

무에서 유를
만드는 창의성

만약 누군가 쓰레기에서 황금을 캔다고 한다면 당신은 믿을 수 있겠는가? 이제까지 듣지도 보지도 못했던 일이지만, 이를 가능하게 만드는 사람들이 있다. 바로 '쓰레기에서 황금을 캐는 기업'이라는 별명을 가진 에코에너지홀딩스다. 이 회사는 쓰레기 매립장에서 발생하는 혐기성 메탄가스를 활용하여 다양한 부가가치를 창조하면서, 동종 기업 대비 5배에 가까운 영업이익을 창출하고 있다.

에코에너지홀딩스가 만들어 낸 부가가치를 살펴보면, 먼저 메탄가스가 대기로 배출될 가능성을 원천적으로 봉쇄하였다는 점이다. 메탄가스가 지구온난화에 미치는 영향은 이산화탄소보다 20배 이상 높다. 또한 대기 중으로 배출되던 다양한 매립가스를 포집·이송·농축하여 전기를 생산하는 발전 원료로 활용하여 에너지로 전환시켰으며, 매립장에서 발생하는 악취를 제거하여 폐기물 매립장을 생태공원, 온실, 골프장과 같은 다양한 친환경 시설로 재창조하였다. 이외에도 지역 사회가 친환경 시설에 대한 운영권을 가질 수 있도록 해서 지역 주민들이 여기서 창출되는 부가 가치를 공유할 수 있도록 하였다.

에코에너지는 하루에 1억 5,000만 원어치 이상의 전기를 한국전력에 판매하지만, 자연적으로 발생하는 메탄가스를 발전 원료로 사용하기 때문에 매출 원가가 거의 '0원'에 가까워 매출액 전체가 말 그대로 영업이익이 되는 신기한 구조를 가지고 있다. 에코에너지가 유기성 폐기물을 활용하여 발전하는 시설은 세계 최대인 50메가와트 규모로, 연간 3억 8,000만 킬로와트의 전기(약 11만 가구가 1년간 사용할 수 있는 규모)를 생산하고 있다.

에코에너지홀딩스의 시작은 산업용 기계의 부품이었던 노즐이었다. 그 당시에는 노즐을 해외에서 수입했는데, 이들은 해외에서 노즐 제조 기술을 배워 국내에서 직접 제작 및 생산하기 시작했다. 아울러 시멘트 업자들의 고민거리였던 분진 문제에 착안하여, 분진 제거기를 개조한 기술을 제품에 접목한 것이 친환경 기술 사업의 시작이었다. 이후 악취까지 잡는 기술로 확대하여 매립가스 포집 기술을 개발하였고 독보적인 기술 특허를 확보한다.

창의적인 리더가 거래처의 작은 불만도 흘려듣지 않고 개선하고자 하는 의지를 가지고 연구하였고, 더 나은 기술을 얻기 위해 투자한 결과 오늘날 쓰레기에서 황금을 캐는 기업이 탄생할 수 있었던 것이다.

상상을 현실로 바꾸는 창의성

여행을 떠나는 사람들이 가장 먼저 준비하는 물품은 좋은 풍경과 추억을 기록으로 남길 수 있는 사진기다. 그런데 소리를 찍는 카메라가 있다고 한다면 믿을 수 있는가? 창의성을 활용하면 눈에 보이지 않는 소리를 찍을 수 있는 카메라를 만드는 일도 얼마든지 가능해진다. 불과 20여 명의 개발자로 세계 시장을 개척하고 있는 한국의 중소기업 에스엠인스트루먼트가 바로 그 주인공이다.

에스엠인스트루먼트는 소음·진동 계측기 전문 업체로, 소리에서 발생하는 파장을 전자신호로 잡아서 등고선과 서로 다른 색깔을 활용해서 시각화하는 휴대용 음향 카메라를 개발하였다. 소리를 찍는 카메라를 개발하겠다는 도깨비 같은 착상에서 창업을 시작했던 에스엠인스트루먼트는 기존의 음향 카메라가 가진 단점을 창의적으로 보완하여, 부피와 가격은 낮추고 소프트웨어 성능은 높인 제품으로 세계적으로 인정받는 기술력을 자랑한다. 특히 여러 소음 중에서도 사용자가 원하는 소음만 선택해서 측정할 수 있는 '이음 측정 특허기술'은 전 세계적으로도 유일하다. 이제는 휴대용 음향 카메라를 야외로 가지고 나가서 아이들이 찾고 싶어 하는 개구리나 매미까지도 쉽게 찾을 수 있도록 만든 것이다.

상상 속에서만 가능할 것 같은 음향 카메라는 현실 세계의 다양한 문제점을 해결할 뿐만 아니라 새로운 혁신을 가능하게 하고 있다. 가장 먼저 활용되고 있는 분야는 자동차의 소음 및 잡음 문제를 해결하는 것이다. 자동차를 구매한 경험이 있는 사람이라면, 구입한 지 얼마 되지 않은 자동차에서 이상한 잡음이 들리는 것이 얼마나 신경이 거슬리는 일인지 공감할 것이다. 잡음 문제는 서비스센터에서도 찾아내기가 매우 어렵다. 하지만 이제 음향 카메라로 한 번 촬영하기만 하면, 잡음이 발생하는 장소와 소음 정도까지 눈으로 쉽게 확인할 수 있다.

가전제품을 개발하는 과정에서도 소음 문제는 매우 중요한 사안이다. 특히 세탁기와 냉장고 같은 경우에는 제품에서 발생하는 본

원적인 소음을 얼마나 줄이느냐가 고품질을 결정하는 의미 있는 척도다. 에스엠인스트루먼트의 음향 카메라는 제품 개발 과정에서 발생하는 모든 소음의 위치 및 크기를 시각화시켜서 제품의 본원적인 소음을 최소화시킬 수 있는 다양한 방안을 제시하고 있다.

항공기와 발전기에 사용되는 엔진 부품을 개발하는 과정에서도 음향 카메라는 매우 중요한 역할을 수행할 수 있다. 매우 높은 정밀성을 요구하는 부품 설계 및 제작 과정에서 소음 위치 및 크기를 측정하여 기술 개발에 소요되는 시간을 혁신적으로 단축시킬 수 있기 때문이다.

특히 지형적인 접근성이 매우 열악한 풍력발전기의 운전 상태를 실시간으로 관리할 수 있는 가능성을 개척하였다. 풍력발전기를 효율적으로 운영하기 위해서는 풍력 터빈 내부에서 발생하는 진동, 온도, 출력 등과 같은 모든 자료를 실시간으로 측정하여 풍력 터빈의 이상 발생 여부를 사전에 진단하는 것이 매우 중요하다. 음향 카메라는 이제 풍력 터빈에서 발생하는 소음의 위치 및 크기를 실시간으로 측정하여 이상 여부가 발생할 가능성을 사전적으로 예측할 수 있도록 하였다.

이 사례 또한 기존의 시장에서 창의성을 접목하여 완전히 새로운 기술 개발로 더 나은 제품을 출시한 인적자원의 위력을 보여 준다.

고정관념을 예술로
승화시키는 창의성

　창의성의 위력을 보여 주는 또 다른 사례는 오스트리아의 임대주택이다. 최근에 가중되는 주택난 때문에 한국에서도 상당히 많은 임대주택들을 짓고 있다. 대다수의 임대주택들은 적은 예산 때문에 공간도 작고, 천편일률적인 모양을 가지고 있을 뿐만 아니라, 아파트의 조경이나 외관에 대한 투자는 쉽게 엄두조차 내기 어려운 것이 현실이다.

　그렇다면 임대주택은 항상 이런 방식으로만 지어야 하는 것일까? 제한된 예산으로 보다 많은 사람에게 저가형 주택 혹은 임대주택을 최대한 많이 공급하면서도 도시의 모습을 보다 예술적으로 승화시킬 수 있는 대안은 없을까? 예를 들어, 한 사람의 통치자를 위한 왕궁보다도 훨씬 멋지고 화려한 임대주택을 건축해서 더 많은 사람이 행복하게 사는 것은 정말 불가능한 것일까?

　창의성을 활용하면 얼마든지 가능한 일이다. 1986년에 오스트리아의 수도 빈에서는 실제로 왕궁 같은 서민용 임대주택을 건축하는 데 성공하였다. 가구당 평균 건축비는 1억 원 정도 소요되었지만, 전 세계 관광객들의 발길이 끊이지 않을 정도의 관광 명소로도 성공한 예술적인 디자인의 건물이다. 52개의 임대주택은 강렬한 색채와 서로 다른 모양의 창틀, 둥근 탑, 다양한 모양의 곡선으로 이루어진 복도 등 아파트 하나하나가 마치 예술 작품처럼 고유한 모양과 독특

[그림 3-1] 훈데르트바서가 건축한 임대주택 '훈데르트바서 하우스'
(출처: https://pxhere.com/en/photo/398221)

한 색깔들을 가지고 있다. 임대주택 단지 내부에는 두 개의 유치원
과 온실공원, 병원과 상점들이 잘 빚어진 조각처럼 설계되어 있으며,
다른 주거공간과 예술적인 조화를 이루고 있다. 그뿐만 아니라 아파
트와 아파트 사이에 있는 좁은 여유 공간에 무려 440평방미터의 녹
지 공간을 조성하여, 주민들이 수많은 나무와 함께 호흡하면서 생활
하고 있다. 계절이 바뀔 때마다 나무들의 색깔이 변화하기 때문에,
계절별로 아파트의 전체적인 색깔도 자연스럽게 변화하는 그야말로
건물이 예술 작품 그 자체다.

　좋은 건축물을 만들기 위해서는 반드시 고급 자재를 사용해야
한다는 고정관념을 깨고, 가장 값싼 벽돌과 콘크리트만 사용했지만,

경제적 가치로 환산하기 어려울 정도의 높은 예술적 가치를 창조하였다. 건축한 지 이미 40년 정도의 시간이 흘렀지만, 이렇게 낡은 아파트에 입주하고 싶어 하는 서민들이 아직도 1년 이상 즐거운 마음으로 대기하고 있다. 특히 오스트리아 수도 빈을 방문하는 관광객들에게는 반드시 들러야 하는 관광명소가 되었다. 이 모든 것은 적은 예산을 활용해서 건축해야 하는 서민용 임대주택이지만 현대를 살아가는 모든 사람이 살아 보고 싶어 할 정도의 가장 이상적인 주거 공간을 창조하려고 노력했던 훈데르트바서라는 창의적인 건축가가 있었기 때문에 가능한 일이었다.

미국에서 가장 혁신적인 대학

세계에서 가장 혁신적인 대학으로 손꼽히는 미국 애리조나주립대학교는 불과 십수 년 전만 해도 미국에서 거의 주목을 받지 못하던 학교였다. 하지만 2002년 부임한 마이클 크로우 총장의 사상 유례 없는 혁신으로 2012년부터 혁신적인 대학으로 거듭나기 시작해, 2017년에는 스탠퍼드대학교, MIT 등 유수의 대학을 제치고 미국 혁신 대학 순위 1위에 올랐다.

혁신의 시작은 80여 개의 전공을 통폐합하고 20여 개의 전공을 신설한 것이었다. 교수진들의 큰 반발이 있었지만, 실생활에서 일어나는 문제를 해결하는 능력을 키울 수 있는 교육을 실현한다는 철학을 가지고, 서로 이질적인 학문을 융합해 세계에서 유일한 전공을 만들어 내고 기존의 강의 중심의 교육에서 벗어나 새로운 수업 방식을 도입하였다.

가장 혁신적으로 꼽히는 과목이 '지구에 생명체가 없다면?(What would earth be without life?)'이다. 이 독특한 과목은 정답이 없는 질문 하나를 해결하기 위해 한 학기 동안 교수와 학생이 동등한 입장에서 답을 찾아 나가는 수업이다. 교수는 답을 알려 주는 역할이 아니라 질문을 던져 학생들의 호기심을 자극하고, 토론을 통해 답을 찾도록 안내한다. 이 과정에서 학생들의 기발한 상상력이 발휘되고 문제 해결력이 길러진다.

이 과목을 전공하는 학부가 '지구와 우주 탐사학부'인데, 다양한 전공을 융합하고 문제 해결력을 키우는 훈련을 받은 이 학부 학생들은 미국항공우주국 나사와 우주 탐사 프로젝트를 진행하기도 한다.

새로운 산업혁명이 시작될 때마다 주요 이슈는 새로운 기술에 필요한 인력을 어떻게 길러 내는가 하는 것이다. 애리조나주립대학교의 졸업생이 실리콘밸리에서 다섯 번째로 많다고 한다. 애리조나주립대학교는 학생들이 나중에 어떤 분야에서 활동하게 될지 고려하면서 교육하고 있다는 의미도 된다. 사회의 필요를 그때그때 신속하게 파악해야 대학의 커리큘럼에 유연하게 반영할 수 있다. 이에 따라 빠르게 새로운 과목을 신설하기도 하고, 새로운 기술과 시장의 변화에 따라 과목을 재조정할 수도 있다. 4차 산업혁명 시대에는 지금까지와는 완전히 다른 노동력이 필요하다. 이를 위한 가장 좋은 해결책은 대학이 변하는 것이다.

한계를 뛰어넘을 수 있는 창조적 전략

창의성을 키우고 이를 접목시키기 위해서는 기존의 일이나 방식을 단순히 반복해서는 안 된다. 앞에서 보았던 세 번의 전쟁이나 건축가 훈데르트바서처럼 어려움에 굴복하지 않고 그 한계를 인정하고, 그것을 뛰어넘을 수 있는 여지를 찾아야 한다. 예산이 부족하면 싸구려 집밖에 지을 수 없다는 생각에 갇혀 있다면 기존의 방식에서 한 발짝도 나아가지 못한다. 쓰레기에서 황금을 캐는 것과 같은 불가능해 보이는 목표를 꿈꿀 수 있어야만 창의성을 활용하기 위한 첫 출발을 할 수 있다.

우리가 만날 경쟁 사회에서는 모든 여건이 완벽하거나 여유롭지 않다. 그러나 그러한 환경을 철저하게 분석하고 창조적 전략을 구사한 인물들이 경쟁 사회를 리드한다. 지금 우리가 해야 할 일은 우리의 한계에 넘어지지 말고, 남들이 보지 못하는 목표를 찾고, 불가능해 보이는 목표를 설정하고, 그것을 뛰어넘을 수 있는 창의성을 발휘하는 것이다.

PART2

창의성 교육으로
예측 못 할 미래를 대비하다

이 시대에 창의성이 더욱 강조되는 것은 비슷한 것으로부터의 차별화다.
호기심이 그 변화의 동력이며 추진력이 혁신으로 다다르게 한다.
혁신을 일으키기 위해서는 창의적인 아이디어가 필요하고,
창의적인 아이디어는 다양한 시각의 융합과 도전적 실천에 의해 이루어진다.
새로운 눈으로 시대의 흐름을 읽고 빅데이터를 분석해 새로운 가치를 창출하기 위해
융합팀이 운영된다. 혁신이란 항상 모험적이고 반복적인 실패 속에서 나온다.

Chapter4

인공지능 시대에
존재 의미가 없어진
지식 제일의 교육

신종호 교수 (교육학과)

지식 활용을 넘어
지식 창출이 요구되는 시대

인공지능으로 대변되는 오늘날의 사회 변화를 우리는 4차 산업혁명 시대라고 한다. 4차 산업혁명 시대를 살아가는 인간에게 필요한 능력은 많이 아는 것(지식)을 넘어서 아는 것을 활용하는 능력(사고)임이 분명하다. 하지만 이전 시대에도 교육에서는 지식보다는 사고의 중요성을 강조해 왔다. 아인슈타인도 "교육의 목적은 지식을 전달하는 것이 아니라 사고하는 능력을 계발하는 것이다"라는 말을 통해 생각하는 교육의 중요성을 강조한 바 있다. 그러나 이제는 단순히 지식을 활용하는 능력을 넘어서 지식을 새롭게 창출하는 능력이 필요한 시기로의 변화가 일고 있는 것이다.

따라서 교육에서도 지식을 배우는 것, 그리고 이를 문제 해결에 활용하는 것을 넘어서 기존 지식을 소재로 새로운 결과를 창출하는 능력을 키우는 것으로 패러다임이 바뀌어야 한다. 교육이 미래 사회의 변화를 반영하지 못하거나 단순히 뒤쫓는 기능만 수행하는 경우 그 사회의 미래는 여전히 과거에 종속될 수 있기 때문이다.

사회를 변화시키는 주체인 인간, 그 인간을 변화시키는 주체인 교육이 변해야만 미래의 시대적 변화를 받아들일 수 있는 준비가 되어 있다고 할 수 있다. 따라서 미래 인재에게 요구되는 능력인 창의성을 키우기 위한 교육과 관련하여, 현재 우리 교육의 실제는 어떠한지, 그리고 창의성을 키우기 위한 교육의 모습은 어떠해야 하는지에 대한 진지한 논의와 시도, 지속적 평가가 절실히 필요한 시점이다.

2차 산업시대에 머물러 있는 우리 교육

우리 교육은 창의성 교육을 성공적으로 할 수 있는 문화와 시스템을 갖추고 있다고 할 수 있는가? 냉철하게 말해 현재 우리 교육은 2차 산업혁명 시대에 머물러 있다고 해도 과언이 아니다. 아직까지도 교육 현장은 우리나라 근대화 교육이 시작되었던 1900년대 초반과 비교해 물리적 환경의 변화를 제외하고 지식 중심의 교수 학습 활동과 이에 대한 평가가 지배적 패러다임으로 자리 잡고 있는 것이 현실이다. 우리의 창의성 교육을 저해하는 요인들은 무엇인가?

우리 교육은 권위에 의존하는 교육 문화를 가지고 있다. 잘 알다시피 권위에 의존하는 마음이나 이를 용인하는 문화는 절대 창의적 인재 양성에 도움이 되지 않는다. 우리 교육은 아직까지 교수자와 교과서의 권위가 매우 강하게 자리하고 있다. 교수자가 수업에서 말한 이야기나 교수자의 생각은 학생들이 도전할 수 없는 절대적 진리로 받아들여진다. 교과서에 실린 내용 역시 성경 말씀처럼 변하지 않는 절대 진리처럼 받아들여지는 것이 우리의 현실이다.

예를 들어 2014년도 대학수학능력시험 세계지리 8번 문항과 관련해 "2014년 NAFTA와 EU의 경제 규모 변화를 고려할 때 정답이 없다"는 이의 신청이 있었다. 하지만 당시 한국교육과정평가원은 고등학교 2종 교과서 내용에 근거해 출제했고, 이 내용이 교과서에 실려 있다는 이유만으로 무리하게 정답으로 확정했다가 이후 법원 결정에 의해 모두 정답으로 처리하는 어처구니없는 사태가 벌어졌다. 교과서의 권위가 우리의 교육 현장에 얼마나 위협적으로 자리 잡고 있는지 단적으로 보여 주는 사회적 사건이라 생각한다.

이 같은 권위 의존 문화가 우리 교육에 강하게 뿌리내리게 된 것은 지식 중심의 평가 시스템과 무관하지 않다. 학교 현장에서 수행평가 등을 통해 지식 중심 평가에서 벗어나려는 움직임이 있긴 하지만, 수업에서의 주요 평가나 대학입학시험에서 지필고사가 차지하는 비중은 여전히 높은 편이다. 지식 중심의 평가는 본인의 생각이나 새로운 시도보다는, 그동안 배운 것을 얼마나 충실하게 기억하고 있느냐를 평가하기 때문에 창의성 교육을 저해하는 주된 요인임에 틀림없다.

이러한 '지식 제일'의 교육이 인공지능으로 대표되는 4차 산업혁명 시대에는 더 이상 의미가 없음은 자명하다. 미국 최고의 인기 퀴즈쇼인 〈제퍼디(Jeopardy)〉에 등장한 IBM 인공지능 왓슨은 역대 최고 상금 수상자와 가장 많은 횟수를 승리한 우승자 2명과의 세 번에 걸친 대결에서 모두 압도적인 승리를 거두었다. 기존 지식을 이용해 주어진 문제에 답을 찾아내는 능력은 더 이상 인간의 고유하면서도 뛰어난 능력이라고 할 수 없는 시기가 된 것이다.

수업 현장을 살펴보더라도 교육의 중심이 학생에게 있기보다는 교수자에게 있는 것을 확연히 확인할 수 있다. 수업의 주체가 학생이 아니라는 것은 학생의 역할이 능동적인 생산자가 아닌 수동적인 수용자라는 것을 단적으로 보여 준다. 학생들에게 수동적인 '학습 스펀지' 역할만 강요하는 환경에서는 절대 적극적인 창의적 생산자로서의 능력을 키워 줄 수 없다. 우리 학생들을 지식의 수동적 수용자로서 길들이는 과정이 현재의 학교 교육이라고 한다면 과언일까? 수동적 수용자로 길들여지도록 미래 세대를 방치하고 있는 교육 현실에서 교육자로서 우리는 무거운 책임을 느끼고 반성해야 할 것이다.

연역적 수업은 그만! 귀납적 수업으로의 전환

권위에 의존하는 교육 문화와 수동적 존재로서의 학생의 모습이 잘 드러나는 교육 방법이 바로 연역적 방식으로 이루어지는 수업이다. 연역적 사고와 마찬가지로 연역적 접근에 기반한 수업은, 일반적인 이론이나 원칙에 대한 설명이 우선되고 이후 이를 뒷받침하는 구체적 사례나 현상 등을 다루는 방식으로 진행된다. 연역적 수업에서는 이론과 원칙에 대한 교수자의 체계적 설명이 수업의 핵심이며, 뒤따르는 사례와 현상 등에 대한 설명은 학생들이 이론과 원칙을 이해하는 데 도움을 주는 보조적인 기능을 수행한다. 따라서 연역적 수업은 일반적으로 교수자 중심으로 진행되며, 강의가 주된 교수법이 될 수밖에 없다. 이때 학생의 역할은 교수자의 설명을 정확하게 이해하고 기억하는 것이 주가 되며, 이를 위해서는 자신의 주관적 생각이나 의심, 그리고 질문 등을 가능한 한 피해야 한다.

이러한 수업이 학생들에게 어떤 학습 경험을 주는지는 구체적으로 설명하지 않아도 될 것 같다. 한마디로 연역적 수업에서 학생들은 배우는 내용에 대해 비판적으로 생각하고, 이를 교수자나 다른 학생들과 논의하고, 제3의 대안적 설명이 있을지 등에 대해 스스로 깊이 성찰해 보는 경험을 갖기는 어려울 것이다. 그저 집중해 수업을 따라가는 것이 가장 좋은 학습법이라는 생각을 내면화하게 되는 것이다.

연역적 수업의 대안은 무엇인가? 필자는 귀납적 수업을 통해 학생들의 창의적 사고와 태도를 키워야 한다고 본다. 연역적 수업과 달리 귀납적 수업은 문제·사례·현상 등을 다루는 데서 시작하며, 구체적인 문제·사례·현상 등에 대한 분석과 논의를 통해 그 안에 숨겨진 원리·이론 등을 학생 스스로 발견하거나 생각해 내도록 하는 수업이기 때문에 창의성 교육에 더 효과적이다.

귀납적 수업에서는 학생들이 수동적으로 이론이나 원리를 받아들이는 대신 스스로 '작은 학자'가 되어 원리나 이론을 만들어 내는 경험을 하게 된다. 이처럼 학습 결과를 스스로 생성해 내는 경험인 '생성 경험(generation experience)'을 통해 생각하는 능력을 강화시켜 나갈 뿐 아니라 나아가 결과를 만들어 내는 능력인 '산출 능력(ability to produce outcomes)'을 키워 나갈 수 있다.

창의성의 기본은 새로운 변화를 가져올 수 있는 결과물을 만들어 내는 것이기에 귀납적 수업을 통한 학습 경험은 창의적 역량을 기르는 데 중요한 기반이 될 수 있다. 학생들이 학습하는 방식이나 맥락은 실제 상황에서의 문제 해결이나 과제 수행 과정과 가능한 한 같아야 한다. 학습과 현실에서 마주하는 실제 상황이 분리된다면 '살아 있는' 학습이 아닌 '죽은' 학습이 될 수밖에 없다. 귀납적 수업에서는 학습 결과를 실제 상황에서 활용할 수 있도록 하기 위해 가능한 한 실제 상황과 유사한 맥락과 방식으로 수업이 구성, 운영되기에 학생들이 살아 있는 학습 경험을 갖도록 돕는 수업 전략이라 할 수 있다.

귀납적 수업의 적용 1: 수업 전 과제로 생각 유도하기

귀납적 수업을 실제 어떻게 운영할 수 있는지 필자가 교육학과 수업에서 적용하고 있는 방법을 중심으로 소개하고자 한다. 먼저 매주 수업 시간마다 "생각해 봅시다!"라는 수업 활동을 과제로 제시한다.

이 활동은 다음 수업 시간에 배울 주요 내용과 관련하여 미리 생각해 보면 도움이 될 수 있는 질문으로 구성한다. 질문을 구성할 때 고려하는 원칙은 이 질문에 대해 미리 생각해 봄으로써 본 수업의 핵심 내용을 스스로 이해할 수 있도록 하는 것이다.

이번 주 수업에서 다룰 내용이 인간의 성격과 사회성에 대한 내용이라면, 1주 전 수업 시간에 [그림 4-1]과 같은 질문을 학생들에게 제시한다. 문제의 이해를 돕기 위해 학생들에게 사람의 성격을 구성하는 여러 요인을 소개하고, 그중에 핵심 요인을 하나만 선택하라고 한다. 예를 들면 대인관계, 성실성, 내적 성찰 등이 사람의 성격을 이루는 핵심 요인으로 고려될 수 있는데, 학생들에게 각자 개인적으로 제일 중요하다고 생각하는 것 하나를 선택하도록 안내한다. 다음으로 왜 그 요인이 사람의 성격을 이루는 가장 핵심 요인이라고 생

[그림 4-1] "생각해 봅시다!" 활동 사례

102

각하는지 그 근거와, 사람의 연령이 증가함에 따라 중요하다고 생각 되는 성격 요인이 어떻게 바뀔 수 있는지, 이러한 변화 과정에 영향을 미칠 수 있는 사회적 요인이 무엇인지 등 자신만의 성격 이론을 만들어 다음 수업 전까지 정리해 이를 간략한 보고서로 작성해 수업 전까지 제출하도록 한다.

이처럼 수업 전에 과제를 제시하는 이유는 본 수업에서 심리학자 에릭 에릭슨의 성격 이론을 다루기 전에, 에릭슨이 자신의 이론을 자신의 경험과 철학을 바탕으로 만든 것처럼 학생들도 유사한 고민 과 노력을 수업 전에 하게 하여, 작은 학자로서 자신만의 이론을 창 출하는 경험을 하도록 만들려는 것이다. 또한 이를 통해 에릭슨의 성격 이론을 단순한 지식으로 받아들이는 것이 아니라 개인의 삶을 이해할 수 있는 하나의 생각의 틀로서 살아 있는 학습 경험을 하도 록 하기 위해서다.

실제 에릭슨은 사람의 성격을 구성하는 핵심 요인으로 '자기 이 해'를 강조했고, 이를 중심으로 사람의 성격이 연령에 따라 어떻게 변화하고, 이 과정에 영향을 미치는 사회적 요인이 무엇인지를 중심 으로 자신의 이론을 만들었다. "생각해 봅시다!" 활동을 통해 학생들 은 에릭슨과 같은 학자가 되어 연구자의 고민과 노력을 체험하면서 이론의 생성 과정을 경험하게 되고, 본 수업에서도 에릭슨의 성격 이론에 대한 수동적 학습이 아니라 살아 있는 학습을 할 수 있는 마 음의 준비를 갖추게 된다.

귀납적 수업의 적용 2: 수업 중 갈등 상황에 몰아넣는 질문 던지기

수업 중에도 학생들의 생성적 사고(generative thinking) 활동을 촉진할 수 있는 귀납적 수업 활동을 계획하여 운영한다. 수업 중 제시되는 과제는 학생들의 인지적 갈등이나 호기심을 유발할 수 있는 내용으로 구성되며, 학생이 인지적 갈등을 스스로 해결하는 과정을 경험하면서 자신의 제한된 생각이나 모순을 극복하는 사고 능력을 키우도록 하는 것이 그 목적이다.

예를 들면 호기심이나 흥미 등의 내재적 동기를 갖고 활동하는 개인에게 금전이나 특권 등의 외재적 보상을 제공하면 어떤 결과가 나타날 수 있는지에 대한 이론과 원리를 배우는 수업이라면 이에 대해 설명하기 전에 먼저 학생들에게 내재적 동기와 외재적 보상에 대해 인지적 갈등을 유발할 수 있는 사례들을 단계적으로 제시하고, 이를

생각해 봅시다!

❖보상은 내재적 동기를 증가시킬까, 아니면 감소시킬까?
  ▪ 개인적 생각은?
  ▪ 다음 연구결과는 어떻게 설명할 수 있을까요?
    • (사례 1) Stanford대학의 Lepper 교수 연구 소개
      – 미술 그리기를 좋아하는 아동들을 대상
        » 그림을 잘 그리면 상을 주겠다고 선생님이 약속하고 상을 준 집단
        » 이전과 동일하게 아무 상도 주지 않은 집단
    • Lepper 교수의 연구결과는 모든 상황에 일반화될 수 있을까?

[그림 4-2] 수업 중반 인지적 갈등 해결을 중심으로 한 활동 사례 1

통해 외재적 보상과 내재적 동기에 대한 이론과 원리를 스스로 생각해 내도록 수업 활동을 구성할 수 있다.

[그림 4-2]와 같이 보상이 내재적 동기를 증가시킬지, 감소시킬지에 대한 질문을 던진다. 첫 단계에서는 개인적인 생각을 묻고, 두 번째 단계에서는 스탠퍼드대학교 마크 레퍼 교수와 동료들의 연구에 대해 소개한다. 그림 그리기를 좋아하는 아이들을 대상으로 그림을 잘 그리면 상을 주겠다고 약속하고 상을 준 집단과, 상에 대한 언급도 하지 않고 상도 주지 않은 집단 중 어느 쪽에 더 동기부여가 되었을지 생각해 보는 것이다.

일반적으로 사람들이 좋아하는 일을 열심히 하는 것에 대해 외재적 보상을 주면 그 일에 대한 내재적 동기가 더 높아질 것으로 기대할 수 있다. 하지만 레퍼와 동료들의 연구 결과는 일반적 기대와는 달리 외재적 보상이 내재적 동기를 낮추는 것으로 나타났다. 상을 주겠다고 약속한 집단의 아이들은 시간이 지날수록 그리기에 대한 흥미도가 떨어지는 모습을 보였다. 왜 이러한 일이 일어나는지에 대해 학생들로 하여금 스스로 생각해 보게 한다.

마찬가지로 [그림 4-3]의 왼쪽에 있는 정원에서 뛰노는 아이들과 할아버지의 이야기도 외재적 보상이 내재적 동기를 감소시킨 경우다. 할아버지는 아이들이 정원에서 시끄럽게 뛰놀자 아이들에게 매일 이 정원에 와서 놀면 10센트씩 주겠다고 제안한다. 아이들은 매일 와서 뛰놀고 10센트씩 받아갔다. 그리고 일주일 후 할아버지는 아이들에게 이번엔 5센트만 주겠다고 하자, 아이들은 더 이상 정원에 와서 놀지 않았다.

학생들이 이러한 사례를 놓고 고민하고 논의하는 과정을 통해 외재적 보상이 내재적 동기를 낮추는 이유를 스스로 생각해 내도록 한 다음에는 [그림 4-3]의 오른쪽 경우처럼 외재적 보상이 내재적 동기를 낮추지 않는 다른 사례들에 대해 설명한다. 즉, 프로선수의 경우 연봉 인상 같은 외재적 보상이 운동에 대한 열정 등의 내재적 동기를 높일 수 있다는 사례다. 이때 학생들은 왜 레퍼의 주장이 모든 사례에 통하지 않는지에 대해 다시 생각해 보게 된다. 외재적 보상이 내재적 동기에 완전히 상반된 영향을 주는 것을 보면서 학생들은 왜 이런 일이 발생하게 되는지에 대한 인지적 갈등을 경험하게 되고, 이를 해결하는 인지적 변화 경험을 통해 더 재미있고 유익한 학습 경험을 갖게 되는 것이다.

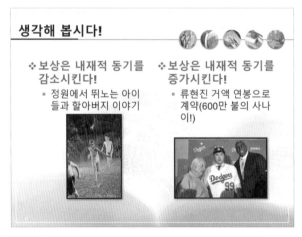

[그림 4-3] 수업 중반 인지적 갈등 해결을 중심으로 한 활동 사례 2

이 활동을 통해 학생들은 외재적 보상이 개인에게 통제의 기능으로 작용하는지, 인정의 기능으로 작용하는지에 따라 내재적 동기가 낮아질 수도 있고 그렇지 않을 수도 있다는 것을 스스로 확인하게 된다. 외재적 보상이 내재적 동기에 미치는 영향에 대한 이론을 교수자가 학생들에게 일방적으로 설명하는 것보다 사례를 중심으로 한 일종의 지적 탐색 및 갈등 해결 과정을 거침으로써 학생 스스로 그 원리를 터득할 수 있게 된다.

귀납적 수업의 적용 3: 앞으로 배울 내용에 대해 미리 질문 받기

마지막으로 학생들에게 앞으로 배울 수업 내용에 관한 질문을 미리 받아 활용하는 귀납적 수업 방법이다. 학생들에게 수업 내용과 관련하여 평소에 자신이 궁금했던 문제, 현상, 사례에 대해 미리 질문을 보내라고 요청한다. 교수자인 필자가 하는 일은 학생들이 보낸 질문들을 종합하고, 이를 수업 내용과 하나의 스토리로 연결해 활용하는 것이다. 수업 내용을 먼저 설명하는 것이 아니라 앞서 학생들이 제시한 질문들을 전체 학생들과 공유하고 이에 대해 같이 생각하고 논의하는 시간을 갖는다. 논의를 통해 수업에서 다루어질 내용과 학생들의 논의 내용이 어떻게 관련될 수 있는지에 대해 다루게 된다. 이 같은 방식은 학생들이 고민한 질문들을 중심으로 수업을 진행하기 때문에 학생들이 수업 내용과 자신과의 관련성을 높이 지각하고, 이를 통해 더 깊은 사고가 가능해진다는 장점을 갖는다.

창의성 교육은 학생들이 왜 이 내용을 자신이 배워야 하는지에 대한 질문에 답해 줄 수 있는 교육이어야 한다. '왜'를 중심으로 한 학습 경험을 통해 학생들은 자신이 배운 것을 실제 상황이나 문제에 적극적으로 연결시키려는 동기를 갖게 되며, 나아가 새로운 상황에서 적극적으로 스스로 질문하고 그 질문에 대한 답과 해결책을 탐색하고자 하는 기본 마음가짐을 강하게 기를 수 있는 것이다.

이 같은 사례 중심의 귀납적 수업에 대한 학생들의 반응은 배우고 생각하는 활동이 추상적인 것이 아니라 구체적으로 느껴져 훨씬 재미있다는 것이다. 또한 실제 사례를 중심으로 이론이나 원리들을 배우게 되어, 배운 내용을 어떻게 실제 문제나 현상에 적용할 수 있는지에 대한 심리적 부담이 많이 줄었다는 반응도 있다. 이 밖에도 사례 중심의 학습이 보다 깊은 학습 경험을 주었으며, 어떤 현상을 볼 때 내가 배운 내용과 어떻게 관련될 수 있을지에 스스로 더 많은 생각을 하게 된다고도 하였다.

교육 환경이 창의적이어야 교육도 창의적일 수 있다

창의성을 키우는 교육이 수업 현장에서 가능하려면 교육 환경 자체가 창의성 교육을 촉진할 수 있도록 만들어져야 한다. 이를 위해 창의성 연구자이자 컨설턴트인 커스티 그로브스는 창의성을 촉진하는 환경을 위한 네 가지 특성을 제안한다.

첫째, 창의성을 촉진하는 환경은 사람들을 자극할 수 있어야 한다 (stimulate: space for inspiration). 공간 구성이 사람들에게 영감을 줄 수 있는 다양한 자극을 제공하도록 만들어져야 한다는 것이다.

둘째, 창의성을 촉진하는 환경은 자유로운 생각이 가능하도록 여유로운 환경이어야 한다(reflect: space to think). 시간에 쫓기거나 갑갑한 환경에서는 절대 자유로운 사고가 불가능하다.

셋째, 창의성을 촉진하는 환경은 사람들 간의 공유를 촉진하는 환경이어야 한다(collaborate: space to share). 창의성을 촉진하는 환경은 다른 사람들과의 토론과 협력을 촉진할 수 있어야 하며, 이를 통해 집단 창의성과 개인 창의성도 신장될 수 있다는 것이다.

넷째, 창의성을 촉진하는 환경은 자유롭게 탐색하고 즐기는 환경이어야 한다(play: space to connect and explore). 놀이하는 것처럼 즐거운 마음으로 다양한 가능성을 탐색하고 이를 연결시키는 활동을 촉진할 수 있을 때 창의적 수행이 증가될 수 있다.

우리의 수업 현장은 어떠한가? 개인적으로 우리의 교육 환경은 그로브스가 제안한 창의적 환경 특성과 완전히 반대되는 특성을 갖고 있다고 생각한다. 우리의 교육 환경은 생각을 자극하기보다 개인의 자율적 생각을 둔감하게 만들고 가두는 환경이다(desensitize: space for confinement). 또한 우리의 교육 환경은 사고와 성찰을 촉진하기보다 지식에 대한 단순한 기억을 강조하는 환경이다(remember: space to memorize). 우리 대학의 교육 환경은 협력과 토의를 강조하기보다는 경쟁과 생존을 강조하는 환경이다(compete: space to

survive). 마지막으로 우리의 교육 환경은 놀이를 하듯 다양한 가능성
을 탐색하기보다 그냥 열심히 일하는 것을 강조하는 환경이다(work:
space to study hard). 이러한 교육 환경에서 창의성 교육은 거의 불가
능하다.

환경은 사람들에게 마음가짐과 행동에 영향을 미치는 살아 있는
존재다. 창의적 환경이 창의적 사고와 행동을 촉진하며, 창의적 인재
도 이를 통해 길러진다.

창의 교육의 중심은 '강의'가 아니라 '토론과 글쓰기'

박주용 교수 (심리학과)

창의적 인재를
키워 내지 못하는 교육

우리나라 교육의 가장 큰 문제점으로 꼽히는 것은 자기 주도적
으로 공부하고 깊이 생각할 줄 아는 인재를 키워 내지 못한다는 점
이다. 우리나라 학생들은 배워야 할 내용이 주어지면 학습 내용을 이
해하고 암기하는 수준의 공부는 잘하는 편이다. 그 덕분에 국제학업
성취도평가(Programme for International Student Assessment: PISA)나 수
학·과학성취도국제비교(Trends in International Mathematics and Science
Study: TIMSS)와 같은 국제 간 성취도 비교에서 상위권을 유지하고
있다. 그러나 안타깝게도 공부에 대한 흥미는 물론 학교생활에서의
만족도는 거의 최하위권에 머무른다. 우리나라 학생들은 배워야 할
내용이 상대적으로 많은 편이어서 배운 내용에 대해 깊게 생각해 볼

시간이 없다. 깊이 생각하는 과정 없이 많은 학습량을 소화하다 보니 질문을 제기하거나 비판하거나 대안을 찾는 경험을 하지 못한다.

지금까지는 스스로 생각하는 인재로 키우지 못하는 교육이어도 큰 문제가 없어 보였다. 우리보다 앞선 나라의 지식과 기술을 배워 와서 덜 자고 덜 놀면서 열심히 일하여 생산단가를 낮추는 방식으로 우리의 경쟁력을 확보할 수 있었기 때문이다. 지금은 사양세가 되어 버린 조선업, 중동 특수를 불러 왔던 건설업, 현재의 주력 산업이라 할 수 있는 자동차 산업과 반도체와 스마트폰 등은 우리가 개발한 것이 아니다. 다른 나라에서 개발한 기술을 빨리 배워서, 값싼 노동 력을 활용하여 잠시 동안 비교 우위를 확보했기 때문에 경제적 이익 을 챙길 수 있었다. 그런데 이 비교 우위가 최근 중국, 인도, 혹은 베 트남 등과 같은 나라에 의해 도전받고 있다. 반면에 우리는 삶의 질 에 대한 관심이 높아졌고, 경제협력개발기구(OECD) 내의 다른 국가 들과 비교하면 이미 충분히 장시간 일하고 있기 때문에 '더 열심히 하자'는 구호는 더 이상 효과가 없다.

자기주도적으로 공부하고 생각하는 인재가 왜 중요해졌을까? 이 들이 만들어 내는 고급 지식과 기술이 사회 발전의 원동력이 되기 때문이다. 우리는 창의적인 질문과 창의적인 답안이 절실한 복잡한 시대에 살고 있다. 석기 시대에서 청동기 시대로, 청동기 시대에서 철기 시대로 변하면서 문명의 주도권도 계속해서 바뀌었다. 항해술 이 발달하면서 동·서양의 교류에서 주도권을 잡은 나라가 무역을 통해 많은 부를 축적할 수 있었다. 보다 최근에는 교통과 통신의 발달로 국가 간 경계가 예전보다 불분명해진 가운데 기업 간에 무한 경쟁이 이루어지고 있다.

이전에는 국가라는 울타리 안에서 보호받으며 유지되는 기업이 있었지만 이제 이익을 내지 못하는 기업은 사라질 수밖에 없다. 사람들은 더 이상 질이 나빠도 국산 제품이라는 이유로 사지 않는다. 어디에서 만들어졌든 상관하지 않고 가격 대비 성능 좋은 제품을 찾아 구매한다. 인터넷 상점을 통해 전 세계에서 생산되는 제품이나 제공되는 서비스를 쉽게 구입할 수 있다. 거꾸로 우리도 좋은 아이디어나 상품이 있으면 예전보다 쉽게 이들을 해외에 팔 수 있게 되었다. 내가 만든 애플리케이션을 전 세계 사람들에게 팔 수 있다. 한때 우리나라의 주요 인적 자원이었던 건설 노동자들은 이제 중국이나 동남아시아의 외국인으로 대체되면서 외화 벌이의 핵심 산업이 외화 유출의 한 요인으로 뒤바뀌었다. 이런 상황에서 우리의 과제는 이제 무엇을 만들어 팔아야 할지, 어떤 서비스를 제공해서 수익을 높일 수 있을지 찾아내는 것이다.

그렇다면 우리나라의 국가 경쟁력은 어느 정도일까? 스위스 로잔에 위치한 국제경영개발원의 2017년 국가 경쟁력 순위보고서에 따르면 우리나라는 조사 대상국 63개국 가운데 29위다. 우리나라, 일본, 그리고 대만은 지난 2016년에도 각각 29위, 26위, 14위를 차지했다. 가장 두드러진 변화는 중국으로 2016년 25위에서 2017년에는 18위로 7단계나 상승하였다. 또 다른 간접적인 국가 경쟁력 비교는 미국 경제 전문지 〈포춘(Fortune)〉에서 선정하는 500대 기업의 숫자를 이용하는 것이다. 500대 기업에 이름을 올린 한국 기업의 수는 지난 20여 년간 12~17개 정도다. 미국, 일본, 독일 등과 비교했을 때 우리는 재벌 중심 기업이고, 신생 기업의 진입이 거의 없다. 매출 규모 대신 기업이 만들어 내는 부가가치를 놓고 보면 경쟁력은 더 낮아진다. 들이는 노력에 비해 효율이 낮기 때문이다.

경쟁력을 올리기 위해 우리는 어떻게 변화해야 할까? 정부는 부패를 줄이고 기업도 지배 구조와 운영 방식을 더 민주적이고 투명하게 하려는 노력을 기울여야 한다. 다른 한편으로는 지금이라도 자기 주도적으로 공부하고 생각하는 인재를 양성하는 방안과 이에 따른 제도를 정비해야 한다. 이 글에서는 전자는 다른 전문가들에게 맡기고 후자에 초점을 두겠다. 핵심 주장은 기존의 강의 중심 수업을 토론과 글쓰기 중심 수업으로 바꾸자는 것이다.

토론식 수업으로 바꾸어야 하는 이유

수업을 토론 중심으로 바꾸어야 할 이유는 많지만, 그중 서로 연관된 다음 세 가지만 살펴보자.

우선 강의는 그리 효과적인 교수법이 아니다. 강의를 뜻하는 영어 'lecture'의 어원은 책을 읽어 준다는 라틴어에서 비롯되었다. 기록으로 남아 있는 문어는 기원전 3100년 경의 고대 수메르어로, 구어

보다 훨씬 나중에 출현한 비교적 최근의 문화적 산물이다. 글을 사용하게 되면서 지식의 축적이 더 쉬워졌고 인쇄술의 발달로 오늘날과 같은 문명을 이룰 수 있었다. 인쇄술이 발달하기 전에는 일일이 써야 했기 때문에 책을 만들기 어려웠고, 이에 교수들은 소수의 중요한 글을 읽어 주고 그 의미를 설명해 주는 방식으로 많은 학생을 가르쳤다. 그렇지만 오늘날에는 컴퓨터를 이용하면 누구나 쉽게 책을 만들 수 있고, 누구나 자신의 강의를 동영상으로 찍어 게시할 수 있게 되었다. 게다가 최고 수준의 강의가 대중들에게 무료로 공개되고 있다. 따라서 '강의가 여전히 필요한가'라는 질문이 자연스럽게 제기되지 않을 수 없다.

수업 방식을 ICAP(상호작용 Interactive, 구성 Constructive, 능동 Active, 수동 Passive)라는 네 가지 모형으로 설명한 인지 및 학습과학자인 미셰린 치의 연구를 통해, 강의가 효과적인 교수법이 아님을 살펴보자.

'수동(Passive)'은 강의를 듣거나 다른 활동을 하지 않으면서 책을 읽거나 비디오를 보는 활동이 해당되는데, 학습 자료에 대한 이해 수준이 가장 낮은 것으로 나타났다. 이를 지지하는 한 연구 결과는 MIT 미디어랩의 피카드 교수와 동료들에 의해 밝혀졌다. 이들은 피부 전도 반응을 통해 교감신경계의 활동을 기록할 수 있는 장치를 개발하였다. 이 장치는 손목 밴드 형태로 착용하는데, 이 장치를 이용하여 연구자들은 실험 참여자의 행동을 일주일 동안 기록하였다. 우리의 몸은 각성이나 긴장 등을 하면 교감신경계가 활성화되는데, 관찰 기록을 분석한 결과, 숙제를 하거나 공부를 하거나 시험을 볼 때는 집중하고 긴장하였지만, 강의를 들을 때는 신경 활성화의 수준이 TV를 시청하거나 집안일을 할 때와 큰 차이를 보이지 않았다. 즉, 미셰린 치가 수동적 학습으로 분류한 수업 형태가 실제로도 긴장도가 낮게 나와 '수동'이라고 할 만한 근거가 있다는 것이다.

'능동(Active)'은 학습과 관련이 있는 외적인 움직임 혹은 물리적 조작이 이루어지는 학습 활동이다. 예를 들어 강의를 들으며 따라 말하거나 책을 읽으며 밑줄을 긋거나 비디오를 보며 멈추거나 빨리 감기 혹은 되감기와 같은 조작을 가하는 것이다.

'구성(Constructive)'은 개념도를 그리거나 질문을 던지거나 사례들을 비교 또는 대조하는 등 학습자가 어떤 결과물을 만들어 내는 학습 활동이다.

마지막으로 '상호작용(Interactive)'은 각 사람이 구성적 활동을 하면서 충분한 교류가 일어나는 활동이다. 상호작용 활동의 이상적인 산물은 서로 대화를 통해 어느 누구도 생각하지 못했던 새로운 아이디어를 도출하는 것이다.

미셰린 치는 학습 활동을 네 가지로 구분하는 동시에 각 활동에 따른 인지적 과정의 산물인 지식의 변화를 각각 저장, 통합, 추리, 공동-추리라고 특징지었다. 또한 학습 자료에 대한 이해 수준이 수동 모형에서 가장 낮고, 상호작용 모형에서 가장 높다고(수동<능동<구성<상호작용 순) 주장하면서 그 경험적 증거를 제시하였다.

토론 중심 수업으로 바꾸어야 할 두 번째 이유는 정보통신 기술의 발달과 지식의 공공재 개념이 확산되면서 강의 내용에 대한 접근이 그 어느 때보다 쉬워졌기 때문이다. 코세라(www.coursera.org)나 EdX(www.edx.org)와 같은 광역 온라인 개방 강좌는 물론 TED 등을 통해 명문 대학의 강의와 최고의 석학들의 강연을 무료로 들을 수 있다. 이들 중 일부 강의는 여러 언어로 자막을 제공하여 영어를 못하는 사람도 들을 수 있다. 유튜브를 통해 필요한 자료를 찾을 수 있고, 자신이 직접 강의를 찍어 올릴 수도 있다. 관심 주제가 비슷한 경우 개개인이 비슷한 수준의 강의를 만드는 대신, 가장 자신 있는 부분을 강의하고 그 내용을 공유하게 할 수도 있다. 요컨대 요즘 시대에는 교수자가 강의를 하지 않거나 최소화할 수 있는 방법이 있다는 것이다. 수업 시간에 강의를 하지 않으면 무엇을 해야 할까? 이 질문에 대한 답은 다음에서 볼 세 번째 이유에서 찾을 수 있다.

토론 중심 수업으로 바꾸어야 할 세 번째 이유는 토론이 제대로 이루어지면 학습은 물론 사고가 향상되기 때문이다. 앞서 미셰린 치의 연구에서도 간략하게 소개했듯이 토론은 학습은 물론 사고를 촉진시키는 중요한 활동이다. 토론을 통해 브레인스토밍보다 더 창의적인 아이디어를 생성할 수 있다. 심리학자 케빈 던바 교수는 과학자의 주요 발견도 주로 토론을 통해 이루어진다고 하였다. 그는 네 곳의 분자생물학연구소에 비디오카메라를 설치하고 연구원들의 모습을 기록하고 이를 분석했다. 그 결과 연구원들이 개별적으로 실험하고 연구할 때보다 정기적으로 모여 자유롭게 연구 결과를 두고 토론하는 과정에서 중요한 발견이 이루어진다는 것을 알아냈다. 또한 연구소 구성원이 다양한 배경을 가지고 있고, 운영 방식이 민주적일

수록 더 우수한 성과를 낸다는 것도 발견했다. 세계적인 애니메이션 스튜디오인 픽사의 설립자 에드 캣멀은 컴퓨터 공학을 전공한 후 애니메이션 영화 제작에 젊음을 바쳤는데, 그는 저서 《창의성을 지휘하라》에서 픽사의 성공 요인으로 비판적 토론을 꼽았다.

인지과학자 휴고 메르시에와 댄 스퍼버의 연구에 따르면 사고와 추리는 논증을 위해 개발되어 왔다고 주장한다. 기존의 심리학에서는 인간이 추론이나 논리를 갖추게 되는 것은 진리를 찾기 위해서라고 가정해 왔지만, 이들은 다른 사람을 설득시키는 것이 일차적이라고 보았다. 추상적인 내용에 대해 고립된 상황에서는 제시된 사고 과제에 대한 수행도가 낮지만, 구체적인 논쟁 상황에서는 자신에게 유리한 방향으로 논리적이고 비판적으로 추리한다는 것이다.

이상의 여러 연구 결과는, 우리나라 교육 제도에서는 물론 기업 문화에서 보이는 여러 한계의 원인 중 하나가 토론 문화의 부재로 볼 수 있음을 시사한다. 리더나 오너가 방향성을 설정하면 강한 추진력이 발휘되지만, 리더나 오너뿐 아니라 구성원 전체의 폭넓은 사고와 비판이 결여되고, 그 결과 좋은 아이디어를 찾는 데 불리해진다. 따라서 지금이라도 토론 문화를 활성화시키려는 노력을 기울여야 한다. 우리에게 그런 전통과 문화가 없는 상황에서 어떻게 토론 문화를 정착시킬 수 있을지 찾는 것에서 혁신이 시작될 것이다.

왜 우리 교육에서는 토론이 잘 활성화되지 않았을까? 그 이유 중의 하나는 우리나라의 역사적 배경에서 찾을 수 있다. 그동안 우리나라는 단기적으로 좋은 성과를 내기 위해 썼던 방법이 어느 정도 성공을 거두었다. 우리는 독립 후 얼마 지나지 않아 전쟁을 겪었고 그 폐허 속에서 경제 발전을 이루기 위해 열심히 배워 따라가는 전략을 택하여, 땀 흘려 노력한 결과 어느 정도 성공을 이루었다.

그런데 성공한 혁신은 다음 혁신의 걸림돌이 되기 쉬울 뿐만 아니라, 한 번의 성공에 안주하면 바로 뒤처질 수 있는 게 오늘날의 현실이다. 어느 정도 수준에 이르면 다시금 우리의 현 상태를 직시하고 장기적인 계획을 세워야 하는데, 안타깝게도 우리는 보여 주기 식의 정책을 지속해 왔다. 교육 정책도 그중 하나다. 예를 들어 국제 간 성취도 비교에서의 높은 성취 결과가 단기적으로는 우리에게 성공으로 보일 수 있지만, 학생들의 학습에 대한 흥미도가 낮다는 것은 장기적으로 실패를 예측하게 한다.

몇 년 째 이런 상황인데도 이를 개선하기 위한 구체적인 방안을 찾아보기 힘들다. 방안을 찾으려면 증거에 기반을 두어 의심하고 따져 보는 탐구 활동이 선행되어야 하는데, 아직은 이런 활동이 활발하다고 말하기 어렵다. 그나마 다행인 것은 교육을 염려하는 학자들이 이런 상황을 타개하기 위해 교육에 변화를 줄 수 있는 방안을 모색하기 시작했다는 것이다.

글쓰기의 중요성

토론이 자신의 생각을 발화를 통해 전개하는 활동이라면 논증적

글은 이를 문자나 기호로 하는 활동이다. 녹음기의 발명으로 발화를 포착할 수 있게 되기 전까지는, 사람들은 자신의 생각을 글을 통해 기록하고 다른 사람들에게 전달하였다. 글은 생각을 정리할 수 있게 해 줄 뿐만 아니라 생각을 보다 정교하게 다듬을 수 있게 해 주는 도구다. 글을 써야 생각의 한계가 드러나게 되고, 그 한계를 극복할 수 있는 새로운 생각을 할 수 있다. 이런 맥락에서 저널리스트이자 작가 윌리엄 진서는 글쓰기를 '종이 위에서 생각하는 행위'로, 심리학자 피아제는 "글을 쓰지 않으면 생각할 수 없다"고 각각 표현하였다. 실제로 중세 대학의 삼과(trivium), 즉 오늘날의 교양 과목에 해당하는 과목은 문법, 논리, 수사학이었는데 모두 글쓰기와 연관이 있다. 이런 전통은 주요 교육 선진국의 명문 교육 기관들에서 지속되고 있는데 이들 기관에서는 글쓰기를 매우 중요시한다. 졸업 요건 가운데 하나가 말하고 글쓰는 수업을 4개 이상 듣도록 하는 MIT는 그 대표적인 예다.

이처럼 중요한 글쓰기가 우리나라에서는 제대로 대접받지 못하고 있다. 글쓰기가 필수 과목으로 정해진 대학이 많지 않고, 있다 하더라도 한두 과목에 그친다. 대학생을 대상으로 한, 어느 전국 규모 설문 조사에서는 대학 교육의 효과를 알아보기 위해 자기 보고 설문을 진행하였다. 이 설문은 명료하고 효과적으로 글쓰기, 명료하고 효과적으로 말하기 등을 포함하여 19개 영역을 조사하도록 되어 있다. 각 영역에 대해 변화 없음, 조금 향상, 향상, 매우 향상의 네 가지 수준으로 응답하도록 하였는데, 평균 응답 비율은 각각 19.2%, 37.5%,

32.6%, 10.6%이었다. 네 가지 수준을 둘씩 묶어 향상이 '미미하다'와 '크다'로 구분하면 '미미하다'가 56.7%, '크다'가 43.4%가 된다. 세부 성과 중 글쓰기와 말하기가 크게 향상되었다는 응답이 각각 36.3% 와 37%로 평균보다 낮았다. 이 결과는 현재 대학에서의 글쓰기 교육이 효과적으로 이루어지지 않고 있음을 보여 준다.

이런 상황을 개선하려면 먼저 수업과 관련된 시간과 활동 가운데 글쓰기가 포함되도록 하고, 쓴 글을 평가하여 성적에 반영하는 방법을 고려할 필요가 있다. 글의 발문은 자료를 해석하거나 비판 혹은 새로운 대안을 제시하게 하여 고차적인 사고를 촉진시켜야 한다. 그런 발문을 만드는 방법은, 논란의 여지가 있기는 하지만, 교육학자인 벤자민 블룸의 교육 목표 분류학을 이용할 수 있다. 그는 교육 목표의 수준을 기억, 이해, 적용, 분석, 비판, 창의성, 평가로 구분하였다. 이 구분을 이용하여 고차적 사고를 촉진하는 발문을 만드는 방법은, 기억이나 이해를 묻는 발문을 최소화하고, 적용, 분석, 비판, 창의성, 평가를 하게 하는 발문을 많이 사용하는 것이다. 과목의 특성에 따른 차이를 고려하여 글쓰기의 양을 정하고 발문을 만들어야 하지만, 이공대생들은 물론 예체능 전공생에게도 글쓰기 능력이 중요하다는 점은 분명하다.

학생들에게 수업과 관련된 글을 쓰게 하고 이를 평가하여 성적에 반영하면, 교수(instruction)와 평가를 자연스럽게 일치시킬 수 있다. 또한 위에서 언급한 것처럼 '적용하라, 분석하라, 비판하라, 새로운 방법 혹은 아이디어를 제시하라, 평가하라'와 같은 동사를 사용하면,

고차적 사고를 촉진할 수 있는 평가 문항을 만들어 낼 수 있다. 고차적 사고를 촉진하는 문항이 사용되어야 하는 이유는, 그런 문항들이 성취도를 높일 뿐만 아니라 학습 동기도 고양시키기 때문이다. 이런 고차적인 문항은 선택형보다는 논술식에 더 적합하다.

논술에 의한 평가는 교수자에게 큰 부담으로 다가올 수 있다. 이 부담을 더는 한 방법은 학생들로 하여금 스스로 그리고 서로 간에 평가하게 하는 것이다. 학생 평가의 신뢰도와 타당도를 높이기 위해서는, 채점 기준은 물론 채점 샘플을 제공하는 것이 바람직하다. 그리고 학생들의 평가에 대해 간헐적으로 교수자가 피드백을 제공함으로써, 교수자의 부담을 최소화하면서 학생들이 더 진지하고 정확하게 평가하도록 유도할 수 있다. 평가 결과에 대해 이의가 제기될 경우 가능한 한 투명한 절차를 통해 조정해 가는 것도 중요하다. 이런 조정 과정 자체가 더 좋은 평가에 대해 함께 생각하는 시간이 될 수 있기 때문이다. 이상의 여러 노력을 통해 평가에 대한 신뢰가 구축되면, 학생들은 교수자로부터도 배우지만 글쓰기, 토론, 평가를 통해 다른 동료들로부터도 배울 수 있게 된다.

영국의 철학자이자 법조인이었던 베이컨이 일찍이 간파하였듯, "독서는 해박한 사람을, 토론은 준비된 사람을, 그리고 글쓰기는 정확한 사람을 만든다." 제대로 된 교육은 이 세 활동이 균형을 이루어야 하는데 현재의 우리 교육에는 토론과 글쓰기가 빠져 있다. 이들이 빠진 독서 혹은 강의는 얼마나 효과가 있을까? "배우되 생각하지 않으면 남는 게 없고, 생각하되 배우지 않으면 위험하다(學而不思則罔

思而不學則殆)"라는 논어의 가르침에 비추어 보면, 어렵지 않게, 남는 게 없다는 결론에 도달하게 된다.

테크놀로지를 이용한
토론과 글쓰기 중심 수업 :
클래스프렙 시스템

수업이 강의 대신 토론과 글쓰기를 중심으로 바뀌어야 할 많은 근거가 있음에도 여전히 우리의 교실과 강의실은 강의 중심이다. 그 이유는 진도를 나가야 한다는 강박관념과 함께 또한 토론과 글쓰기를 활성화하는 방법을 잘 모르기 때문이다.

필자는 토론과 글쓰기 중심이 이루어질 수 있도록 하기 위해 웹기반 동료 평가 시스템을 개발하였다. '클래스프렙(classprep)'으로 명명된 이 시스템은 지난 4년간 수업에서 실제 활용해 왔다. 클래스프렙은 예습을 위해 동료 평가를 사용한다. 사실 예습은 교수자에 의해 강조되기는 하지만 학생들이 실제로 예습했는지를 확인하기가 어려워 그 중요성에 비해 널리 사용되지 않는 학습 활동 중 하나다.

클래스프렙 활용 수업의 구체적 방법은 네 가지다. 먼저, 교수자가 해당 자료와 그에 대한 질문을 제시하면, 학생들은 그 자료를 읽고 A4용지 한 쪽 분량의 글을 써서 게시한다. 두 번째로 자료를 읽고 논증적으로 글을 쓰는 과정에서 생긴 궁금증이나 어려움을 남긴다.

세 번째로 다른 학생들이 올린 글을 3~6개 정도 읽고, 채점 기준에 따라 그 글에 대한 평가와 점수를 남긴다. 네 번째로 다른 학생이 나에게 남긴 코멘트와 채점 결과를 보내 주는데, 글을 쓴 학생은 동료들이 해 준 코멘트가 자신에게 얼마나 도움이 되었는지 답변을 남긴다.

이 모든 활동은 익명으로 진행되며 컴퓨터에 의해 관리되고 결과물은 모두 데이터로 기록된다. 이 시스템을 통해 학생들은 깊이 있는 예습을 하고, 동시에 교수자는 학생들의 예습 상황을 확인할 수 있다. 교수자는 학생들이 두 번째 단계에서 올린 질문을 정리하여 이를 수업 시간에 토론을 위한 질문으로 활용한다. 결과적으로 수업 시간에 강의 비중을 줄이고 그 대신 학생들 간 그리고 학생과 교수 간의 토론 시간을 확보할 수 있다.

이 시스템을 사용하여 수업을 진행하는 교수들이 있기는 하지만 아직은 극소수다. 필자는 클래스프렙을 학부와 대학원 수업에서 활용해 왔는데, 학생들의 몰입도를 높이기 위해 동료 평가 및 점수를 단지 수집하는 데 그치지 않고 성적에 직접 반영하였다. 대부분의 선행 연구에서는 동료 평가 결과를 점수에 반영하더라도 과제 자체가 간헐적으로 주어졌기 때문에 그 비중이 그리 높지 않았다. 하지만 필자는 강의계획서에 성적 산출 방법이 '동료 평가 50%, 기말 보고서 점수 50%'임을 명시하고, 매주 과제를 하게 한 후 그 기준대로 성적을 산출하였다.

클래스프렙 수업
사례와 효과

  이런 방식의 수업과 성적 평가에 대해 끝까지 수강한 학생들의 반응은 전반적으로 긍정적이었다. 100여 명이 수강 신청을 했지만 50명만 수강을 완료한 한 수업에서, 40명의 학생들이 수업 방식 평가에 대한 설문에 참여하였다. 글쓰기가 내용 이해와 사고를 얼마만큼 향상시켰는지 묻는 문항에 대해 5점 만점에 각각 4.0과 3.7점으로 응답하였다. 글쓰기에 걸리는 시간은 평균 세 시간을 넘지 않았다.

  예습을 위해 요구되는 네 가지 활동, 즉 글쓰기, 질문 올리기, 동료 평가, 동료 평가에 대한 답변 중에서 글쓰기가 가장 어렵다고 반응하였고, 그 다음으로 어려워한 것은 질문 올리기였다. 질문 올리기에서는 이해 관련 질문, 토론을 위한 질문 그리고 아무도 던지지 않을 것 같은 질문 등 세 범주로 구분된 질문을 각각 하나씩 올려야 하는데, 이를 어려워했다는 점은 눈여겨볼 만하다. 질문이 얼마나 중요한지 배우거나 경험하지 못했기 때문으로 보이는데, 우리 교육에서 시급하게 개선해야 할 부분이다.

  실제 수업에서의 사례를 소개하면 다음과 같다. 이 사례는 "심리학: 인간의 이해"라는 과목에서 얻어진 자료다. 학생들은 해당 주에 지능에 대해 배웠는데 교재에 나온 지능을 다루는 자료와 함께 과학 잡지 〈사이언스〉에 실렸던 스텐버그의 논문을 읽고, "수능을 지능검사로 대체해야 한다"라는 주장에 대한 자신의 의견을 제시하도록 과제를 내 주었다. 이 과제에는 다음과 같은 평가 기준이 제시되었다.

◎ **글을 쓸 때와 동료 평가를 할 때의 참고 기준**

A. 통찰(비판, 활용, 혹은 후속 연구 제안)

7 더 이상 좋은 통찰을 해낼 수 없다.

6 높은 수준의 비판, 활용 혹은 후속 연구 제안이다.

5 통찰을 찾아보기 어렵지만 새로운 비판, 활용 혹은 후속 연구 제안이다.

4 고민한 흔적이 있지만 누구나 제시할 수 있는 비판, 활용 혹은 후속 연구 제안이다.

3 자료에 대한 숙고 없이도 쓸 수 있는 통념이나 상식이다.

2 엉뚱한 답이거나 아이디어나 관점을 찾아볼 수 없다.

1 통찰이 전혀 없다.

B. 글의 형식

7 더 이상 잘 쓸 수 없다.

6 흠잡을 데가 없이 잘 쓴 글이다.

5 한두 군데 매끄럽지 못한 부분이 있지만 잘 쓴 글이다.

4 크게 문제되는 곳이 없지만 잘 썼다는 느낌도 없는 글이다.

3 적어도 한두 군데 무슨 말인지 알 수 없는 부분이 있다.

2 전체적으로 흐름을 찾기 어렵고 이해가 잘 안 되는 글이다.

1 표절 의혹이 있다.

이 과제에 대해 한 수강생이 쓴 글은 다음과 같다.

"2020년 교육 개편안이 발표되면서 또다시 입시계가 술렁이고 있다. 이번 개정의 주요 안건은 문·이과 통합교육 … 수능의 대안으로써의 지능 검사는 이보다 더 큰 문제를 내포하고 있다. 첫째로, 학교 수업의 의의가 묘연해진다. … 둘째로, 지능 검사의 한계가 너무 명확하다. 우선 일반적인 방식으로 IQ 검사를 시행한다고 했을 때, IQ 검사가 측정할 수 있는 영역의 한계 때문에라도 측정되는 지능의 신뢰도에 제약이 많을 수밖에 없다. 여러 가지 대안적인 시험 방식이 제시되었지만, 이러한 시험들마저도 측정하는 대상과 실제 역량이 어느 정도 관계가 있다는 것만이 입증될 뿐…."

이 글에 대해 동료 학생들이 써 준 점수와 코멘트는 다음과 같다.

학생 가: 4점. IQ 지수의 한계를 언급하며 이 검사가 수능을 대체할 수 없다고 하였는데, 막상 현행 수능과의 비교 및 대조가 부족하여 아쉬웠습니다. 주제 자체가 수능과 지능 검사의 비교인데, 수능이 이러한 단점을 지닌 지능 지수에 비하여 어떤 면에서 더 우세한지 언급한다면 더 좋을 것 같습니다.

학생 나: 5점. 지능 검사의 적용이 불러 올 폐해나 그 자체로서의 문제점을 언급하면서 그 한계를 명확히 드러낸 것이 좋았다고

생각합니다. 다만 수능에 대한 내용이 이와 비교했을 땐 많이 부족한 것 같은데, 수능에 대해서도 지능처럼 어느 정도 면밀한 분석이 이루어졌다면 좋을 것 같습니다.

학생 다: 6점. 지능 검사와 수능 양쪽 모두에 적당한 설명을 곁들여서 균형 잡힌 글을 썼다고 생각합니다. 성실성의 경우 저는 생각 못 했기에 특히 신선했습니다. 다만 이의를 제기하고 싶은 내용이 있다면 대학 공부가 지식 위주라는 것인데요, 필자분도 아마 1주차 무크 관련 글을 작성하실 때 대학 교육은 지식 전달이 다가 아니라는 내용을 쓰셨을 것 같은데, 어떻게 생각하시는지요.

학생 라: 4점. 수능과 지능 검사 양쪽 다 골고루 분석한 것 같아 균형 잡힌 분석이라 생각합니다.

글쓴이는 다시 위와 같은 코멘트가 얼마나 도움이 되었는지를 점수와 함께 응답하였다.

학생 가의 코멘트에 대해: 5점. 비교 및 대조 부분을 좀 더 첨가했으면 어떨까 하는 아쉬움은 저도 듭니다. 그런 부분에 대해서 지적해 주신 점 공감하고 있습니다. 감사합니다.

학생 나의 코멘트에 대해: 3점. 감사합니다.

학생 다의 코멘트에 대해: 6점. 지식 전달이 대학 교육의 전부가 아니라는 점에는 공감합니다. 다만 저는 그게 아니라 내용 이해든, 지식 재생산이든 어떤 활동에서건 대학 공부가 전문적인 학문 내용을 다룬다는 이야기를 하고 싶었는데, 그 부분을 효과적으로 전달하지 못한 것 같습니다. 앞으로 전달하려는 내용을 명확하게 전달할 수 있도록 더 신경 써야 할 것 같습니다. 좋은 피드백 감사드립니다.

학생 라의 코멘트에 대해: 3점. 감사합니다. 앞으로 더 균형 잡힌 글의 틀을 잡기 위해 노력해야겠다는 생각이 듭니다.

학생들이 올린 질문들 중 두 개를 소개하면 다음과 같다.

"지능이라고 하는 것이 현실세계에서 어떤 의미를 갖는가? 개인적으로는 지능 점수가 상대를 파악하는 데 있어 큰 역할을 하지 않는 것 같다. 또한 지금처럼 스마트폰이 보급되어 있는 시대에 지능이라는 것이 사람들에게 어떤 의미를 줄 수 있는가?"

"지능과 실무와의 연관성이 없거나 적다고 한다면, 도대체 직업적인 성취를 이루기 위해서는 어떠한 능력이 필요한 것일까요? 사람의 능력보다도 경험이 더 중요한 요인인 것일까요? 직업마다 다를 것이고, 주요 업무마다 다를 수 있겠지만, 여러분이 생각하기에 각각의 요인에서 가장 큰 영향을 받는 직업은 무엇일까요?"

이 수업은 75분씩 두 번에 나누어 진행되었다. 첫 75분 수업에서는 학생들이 잘 몰라서 올린 질문을 포함하여 해당 주제에 대한 강의가 이루어졌다. 두 번째 수업에서는 처음 45~50분 동안에는 서너 명씩 모여 학생들이 올린 질문에 대한 답을 함께 찾아보며 토론하도록 하였다. 학생들이 올린 모든 질문을 범주별로 묶어 제시하되 교수자가 선별한 10개 내외의 질문에 대해 먼저 토론하도록 하였다. 경우에 따라서는 교수가 학생들이 토론하도록 질문을 추가하기도 했다. 수업 시간 말미의 25~30분 동안에는 선별된 질문에 대해 교수와 함께 답을 찾아보거나 학생들이 채점한 글 중 높은 점수를 받은 글을 함께 읽으며 장·단점을 분석하였다.

세 시간짜리 수업을 한 번에 진행하는 경우에는 처음 한 시간만 강의하고, 나머지 한 시간 혹은 한 시간 반 정도는 소집단 토론을 하고, 남는 시간 동안 교수와 학생들이 함께 전체 토론을 하는 식으로 수업을 진행하였다. 혹은 순서를 약간 바꾸어 먼저 한 시간 정도 학생들끼리 토론하게 한 다음, 교수가 강의하고 나서 나머지 시간 동안 교수와 학생 간에 토론하는 식으로 진행하기도 하였다.

동료 평가 시스템의 개선점

지금까지 소개한 동료 평가를 이용한 예습 시스템은 수업에 적용된 지 4년 정도에 불과하지만 대학 수업에서는 물론 중·고등학교에까지 확장될 가능성을 보여 준다. 물론 개선되어야 할 점도 많이 발견되었다. 예를 들면 과제로 제시되는 질문은 물론 채점 기준을 명확하게 하고, 동료 평가의 신뢰도와 타당도를 높일 필요가 있다. 이런 문제점을 어느 정도 해소할 수 있는 방안이 연구 개발되고 있다. 채점 기준을 명확하게 하는 부분은 교과목의 특성은 물론 개별 글쓰기 과제의 특성을 고려하여 설정하는 방안을 탐색하고 있다.

채점 기준과 함께 몇 개의 예시 답안을 제시하는 방안의 효과에 대해서도 연구하고 있다. 사람들은 추상적인 원칙보다 사례가 주어질 때 이해를 더 잘한다. 따라서 예시 답안이 몇 개가 좋은지 예시 답안의 점수 분포는 어떤 것이 좋은지 등에 대한 연구가 진행 중이다.

통계적 절차를 통해 점수를 보정하는 방안도 탐색되고 있다. 어떤 학생들은 동료에 대해 지나치게 높거나 낮은 점수를 주기도 한다. 한 번이 아니라 여러 번의 평가가 이루어지는 경우, 이런 경향성을 찾아내어 학생에게 피드백을 제시하는 한편 이런 성향을 고려하여 성적에 반영하는 방안을 모색하고 있다. 이런 통계적 보정을 하지 않아도 여러 번 동료 평가를 할 경우 어느 정도 채점의 타당성을 확보할 수 있는 것으로 보인다.

각 글에 대해 통찰, 논리, 흐름 차원으로 평가하게 하고, 10주차의 글에 대한 동료 평가 점수와 교수가 평가한 최종 시험 점수 간의 상관을 살피는 연구도 있었다(참고 문헌: 배수정 · 박주용, 2016). 이 연구에 따르면 세 차원의 점수를 다 합한 결과와 최종 시험 점수 간의 상관은 0.5 정도로 중간 수준이었다. 하지만 통찰과 논리는 모두 0.7 수준으로 비교적 높았다. 이 결과는 동료 평가를 여러 번 실시하여 그 결과를 통합하면, 교수자의 평가와 비슷함을 시사한다.

지금까지 언급된 여러 문제점에도 불구하고, 학생들은 동료 평가를 통해 다른 학생들의 생각을 알 수 있게 된 점을 좋아하였다. 서술식 강의 평가에서 자주 등장하는 코멘트는 "힘들어요!", "그래도 이런 수업이 많아졌으면 좋겠어요!", "글쓰기에 자신감이 생겼어요!" 등이다. 이런 코멘트는 현재 별도의 글쓰기 수업 외에, 대학 전공 혹은 교양 수업에서 글쓰기 교육이 거의 이루어지지 못하고 있다는 점과 대학 교육에 대한 학생들의 가장 큰 불만이 보고서나 과제에 대한 피드백이 없다는 점을 고려하면 시사점이 매우 크다.

가르침과 배움에 대한 기본 철학의 공유

현재로서 가장 큰 문제로 지적될 수 있는 부분은 수강을 철회하는 학생 수가 많다는 사실이다. 처음에는 교수자인 필자의 욕심에 개론 수업에서 영어로 된 논문을 읽게 한 점도 한 원인으로 보인다. 이후의 수업에서는 학생들의 부담을 줄이기 위해 여러 시도를 했지만 크게 성공하지 못했다. 새로운 수업 방식이 학생들에게 부담스럽게 여겨지기 때문인 것으로 보인다. 어떤 교수들은 학생에게 부담을 주는 수업은 문제가 있는 수업이라고 비판하기도 하였다. 지나친 부담을 피해야 하는 것은 분명하지만, 과연 학생들에게 부담을 주는 것이 문제인지에 대해 판단을 내리려면, 대학 교육의 지향점에 대한 근본적인 성찰이 필요하다.

대학 교육의 지향점이 무엇인가? 특정 영역에 대한 전문가를 육성할 것인가, 아니면 학생들에게 폭넓은 경험을 제공할 것인가? 수업 외에 그 수업을 위한 주당 공부 시간이 어느 정도가 되도록 할 것인가 등에 대해 대학 전체 차원에서의 방향 설정이 필요하다. 이 방향 설정이 분명해지면 수업 목표는 물론 학생들에 대한 기대가 분명해질 수 있다. 상당수의 학생들은 대학 수업에 대해, 학점을 딴 다음 취업이나 대학원 진학에 필요한 계단 정도로 인식한다. 대학이 뚜렷한 교육 목표를 제공하지 못하는 것도 책임이 없지 않아 보인다.

예전에는 소수의 사람들만이 대학이라는 관문에 들어 왔다. 지금도 유럽의 여러 나라에서는 많은 학생이 굳이 대학에 다니려고 애쓰지 않는다. 그렇게 하지 않아도 직업을 찾고 경제적으로 안정된 삶을 살 수 있기 때문이다. 그런데 우리나라의 경우 고등학교 졸업생의 80% 이상이 대학에 진학한다. 그래야만 안정된 직장을 찾을 수 있다고 생각하기 때문이다.

문제는 좋은 대학에 들어가기는 상대적으로 어렵지만, 어느 대학이든 일단 들어가고 나면 시험 기간에만 열심히 공부하면 C이상의 학점을 받을 수 있다는 것이다. 좀 더 요령이 있고 부지런한 학생은 최소한의 노력으로 학점을 받을 수 있는 수업을 찾아내어 학점을 관리하고 나머지 시간은 자기계발이나 고시 공부에 투자한다. 요컨대 현재 우리나라 대학에서는 몇몇 수리적인 과목을 제외하고는 학점을 따기가 너무 쉽다. 결과적으로 제대로 된 학습과 사고가 이루어지지 않고 있다. 그동안 양적 팽창을 추구하다가 갑자기 입학생이 줄어드는 현실 앞에서 구조조정을 고민하지만, 정작 대학 교육의 내실화를 위한 노력은 기울이지 못하고 있다.

대학 교육의 지향점에 대해 성찰할 때, 대학이 지적 능력을 배양하는 곳이라는 부분이 어떤 식으로든 포함되어야 하고 구현되어야 한다. 지적 능력 배양은 짧은 시간에 쉽게 이루어지는 일이 아니다. 마치 신체의 근육을 키울 때 몸에 고통이 따르듯, 지적 근육을 키울 때에도 실패와 훈련이라는 고통의 시간이 수반될 수 있다. 이 고통을 최소화할 수 있는 방법에 대해 좀 더 연구할 필요는 있겠지만, 아마도 고통과 수고를 완전히 제거할 수는 없을 것이다.

이런 점을 염두에 두고 대학 전공별로 난이도 조절을 위한 연구가 필요하다. 적절한 기대 수준 설정과 그에 따른 자료의 질과 양을 선별해야 한다. 한 강의에 대해 어느 정도로 예습과 복습을 하게 할 것인가? 예를 들어 한 시간 수업 동안 다룬 내용을 학생들이 이해하고 활용할 수 있게 하려면 얼마만큼 스스로 공부하게 해야 할까? 만일 두 배라고 하면, 세 시간 수업을 위해 모든 학생이 세 시간 공부하면 이해할 수 있는 내용을 제시하고, 나머지 세 시간은 이를 활용하여 문제를 풀거나 글을 쓰게 할 수 있다. 이 원칙을 그대로 현행 수업에 적용하면 18학점 수강의 경우 주당 수업 시간 18시간과, 공부 시간 36시간으로 총 54시간을 공부할 것을 요구하는 셈이다. 그런데 현재의 수업 방식은 과연 학생들에게 얼마만큼 공부할 것을 요구하는가? 교수자는 학생들이 실제로 그만큼 공부하고 있는지 어떻게 확인할 수 있는가? 그만큼 공부하지 않는 학생들이 있을 경우 어떻게 도와주어야 하는가? 이러한 의문에 모두 함께 생각해 볼 필요가 있다.

클래스프렙을 사용할 경우 이런 문제가 간단히 해결될 수 있다. 주당 해결해야 하는 과제에 소요되는 시간을 대략 3시간이 되도록 하고, 예를 들어 총 14주의 수업 중 세 번 이상 과제를 수행하지 않은 학생에게는 학점을 주지 않는 것이다. 혹은 빠진 횟수로 점수를 차감한다. 이렇게 하면 지금처럼 시험 때만 반짝 공부해서는 성적을 받을 수 없게 된다. 그리고 무엇보다 학생들로 하여금 글을 쓰도록 함으로써 생각할 기회를 제공할 수 있다.

충분한 예습을 기반으로 한 토론 중심 수업은 현재 강의 중심 수업의 문제점을 극복하는 한 방법일 뿐이다. 문제 중심 학습 혹은 학습자 중심 학습 등 다른 방법들도 적극 고려할 필요가 있다.

하지만 문제 중심 학습에 대한 최근 연구에서 밝혀졌듯, 새로운 교수법의 도입 자체만으로는 바로 수업을 바꾸기 어렵다. 교수는 물론 학생들도 가르침과 배움에 대한 기본적인 철학을 이해하고 그 철학을 구현하기 위해 각자 책임져야 할 부분을 책임지겠다는 동의가 필요하다. 이 일은 쉽지 않지만 일단 시작되면 지금까지 해 왔던 방식보다 훨씬 큰 변화를 가져올 수 있다. 학생들이 이 일을 먼저 시작할 수 없기에 교수가 먼저 변해야 하고 학생들의 참여를 이끌어 내야 한다. 교수가 자신이 알고 있는 것을 전달하는 대신, 자신의 연구 혹은 그 분야의 연구의 매력을 경험할 수 있도록 학생들을 끌어들일 수 있을 때 비로소 우리나라 대학 교육이 한 단계 더 발전할 수 있을 것이다.

Chapter 6

창의성 계발과
몰입적 사고 훈련

황농문 교수 (재료공학부)

지식 습득이 아니라
두뇌 계발이 교육의 목표

창의성 교육은 생각하는 힘을 강화하는 두뇌 계발 교육이다. 지금까지의 교육이 지식 습득을 최우선 과제로 삼았다면, 창의성 교육은 머리를 발달시키는 것을 가장 중요한 목표로 하고 지식을 습득하는 것은 두 번째 목표로 해야 한다. 풍성한 수확물을 얻기 위해서는 먼저 비옥한 토양이 기반이 되어야 하기 때문이다.

그러나 현재의 교육 제도에서는 창의성 교육이 뿌리를 내리기 어려운 것이 현실이다. 학생이나 교사에게 충분한 시간이 주어지지 않기 때문이다. 대학 입시를 위해 아침부터 밤까지 학교와 학원을 오가며 쉼 없이 공부하는 학생들에게, 교사가 시험에 나올지 안 나올지도 모르는 어려운 문제를 몇 시간씩 고민하며 풀라고 한다면 학생들은 시간 낭비라고 생각할 것이다. 그러나 창의성 교육을 통해 두뇌를 발달시킨 아이들은 똑같은 시간을 공부해도 더 빨리 많은 지식을 습득하고, 나아가 창조적인 아이디어를 떠올린다.

창의성을 계발함에 있어 배우는 학생과 가르치는 선생의 입장에서 달리 접근할 필요가 있다. 배우는 학생의 입장이라면 현재의 입시제도 하에서, 그리고 주입식 교육 위주인 현 교육 상황에서도 창의성을 계발시킬 수 있는 공부 방법을 알면 유용할 것이다. 주어진 지식을 암기만 하는 것보다 어떻게 공부해야 머리를 발달시킬 수 있는지 고민해야 한다. 가르치는 입장에서는 학생들의 머리를 발달시키면서 주어진 지식을 전달할 수 있는 교수법에 대해 고민해야 한다. 이 장의 전반부에서는 학생의 입장에서 창의성을 계발시킬 수 있는 공부 방법에 대하여 소개하고, 후반부에서는 가르치는 입장에서 창의성을 계발시키는 교수법에 대하여 소개하고자 한다.

머리를 좋게 만드는 수학 공부법

누구나 중·고등학교 시절 어려운 수학 문제를 두고 씨름해 본 경험이 있을 것이다. 문제의 난이도에 따라 걸리는 시간은 달랐겠지만 10분을 투자했든 몇 시간을 투자했든, 스스로 문제를 풀었을 때의 쾌감은 이루 말할 수 없이 짜릿했을 것이다. 지금도 대부분의 학생들이 비슷한 경험을 하고 있을 것이라 생각한다. 그런데 학창 시절의 나는 조금 지나치다 싶을 정도로 문제와 씨름하는 시간이 길었다.

내가 문제와 오래 씨름하게 된 데에는 일종의 승부욕이 작용했던 것 같다. 나는 수학 문제를 풀다가 도저히 풀지 못할 것 같아 포기하고 해답을 볼 때면 내가 수학 문제에게 진 것 같은 분한 마음이 들곤 했다. '조금만 더 생각했더라면 풀었을 텐데' 하는 아쉬움이 들어 언제부터인가 '절대 포기하지 말자, 문제와 끝까지 경쟁하자'고 다짐하게 됐다. 문제를 풀다가 해답을 보면 문제에게 진 것이고, 끝까지 포기하지 않고 풀면 이긴 것이라고 생각하기로 한 것이다. 이렇게 마음먹자 어려운 문제를 끝까지 붙들고 씨름하는 시간이 점차 늘어났다. 1년 정도 지났을 때는 며칠, 몇 주일, 심지어 몇 달 동안 하나의 문제에 매달려 집중할 수 있었다.

그렇게 고등학교를 졸업할 때까지 수백 개 이상의 미지의 문제를 스스로 생각해서 풀었다. 그 과정에서 나는 처음에는 앞이 깜깜하고 절대로 풀리지 않을 것 같던 문제도 끝까지 포기하지 않으면 결국에는 풀리는 경험을 반복했다. 이러한 경험을 통해 '아무리 어려운 수학 문제도 포기하지 않고 끝까지 물고 늘어지면 결국 풀린다!'라는 확신을 갖게 되었다. 또한 이런 식으로 공부하면 수학 문제를 푸는 일이 게임보다 재미있다는 사실도 알게 되었다.

하지만 이때까지만 해도 이런 공부 방식이 어떤 효과가 있을지 전혀 알지 못했다. 이러한 공부 방식이 얼마나 중요한지 깨닫게 된 것은 대학원 시절 지도 교수님 덕분이었다.

시험 성적과
연구 능력은 다르다

　자신의 능력을 객관적으로 알기는 어렵다. 보통 자기 능력의 척도로 간주하는 것이 시험 점수나 등수다. 나는 대학과 대학원 수업에서 중간 정도의 학점을 받았기 때문에 내 능력이 학생들 사이에서 중간이라고 생각했다.

　대학원 당시 지도 교수님은 학생들에게 창의적으로 생각하는 것을 유난히 강조했다. 그래서인지 내가 있던 연구실에서는 해결된 문제와 해결되지 않은 문제를 명확히 구분하고 해결되지 않은 문제에 생각과 노력을 집중하게 했다. 그런데 해결되지 않은 문제들을 푸는 것이 나에게는 상대적으로 쉬웠다. 사실 이때 해결한 문제 중에는 내가 고등학교 시절에 도전했던 어려운 수학 문제보다 더 쉬운 경우도 꽤 있었다. 나는 평소 습관대로 며칠이고 몇 주일이고 생각하고 또 생각해서 연구실에서 해결되지 않은 문제들을 풀어 나갔다. 박사 과정 선배들이 해결하지 못한 문제 다수를, 석사 과정이었던 내가 거의 모두 해결한 것이다. 이를 보고 지도 교수님도 놀라고 선배들도 놀랐다. 그러나 가장 놀란 사람은 나였다. '내가 왜 이러지?' 하는 생각이 들 정도로 뜻밖의 일들이 벌어진 것이다.

　어느 순간 나는 중·고등학교 시절에 어려운 문제를 풀었던 상황과 연구실에서 미지의 문제를 푸는 상황이 아주 비슷하다는 것을 깨달았다. 동시에 시험을 보는 것과 연구하는 것은 완전히 다른 방식이라는 사실도 알게 되었다. 시험을 볼 때는 책이나 노트의 내용을 암기하여 책을 보지 않고 답을 써야 한다. 그런데 연구할 때는 책이나 노트를 봐도 된다. 말 그대로 오픈북이다. 그뿐만 아니라 학교 도서관에 있는 문헌이나 외국 도서관에 있는 문헌도 모두 다 조사해서 볼 수 있다. 자료를 암기하는 것이 아니라 활용해서 어려운 문제를 창의적으로 해결하는 것이다. 그제야 나는 학창시절 수백 개 이상의 어려운 문제를 스스로 풀었던 경험이 문제 해결력을 발달시켜 주는 훈련이었다는 사실을 알게 되었다.

지도 교수님이 주는 연구 주제 중에는 처음 생각과 달리 실제 실험에서는 결과가 잘 나오지 않는 경우가 종종 있었다. 그때 대부분의 학생들은 지도 교수를 찾아가 잘 안 된다고 말하면서 포기했다. 하지만 나는 처음에 생각했던 대로 실험 결과가 잘 나오지 않더라도 절대로 포기하지 않았다. 몇 달이 걸리더라도 결국은 해결했다. 이미 학창 시절에 풀리지 않는 문제에 대하여 몇 달이 걸리더라도 포기하지 않고 도전하는 습관이 형성되었기 때문이었다. 사실 미지의 수학 혹은 물리 문제 등을 스스로 해결하는 것은 연구하는 것과 매우 비슷하다. 이러한 학습은 명백히 창의성, 도전 정신, 열정을 발달시킨다.

나의 이런 경험은 창의성 교육에서 중요한 의미를 갖는다. 현재의 입시 위주 교육 시스템에서도 문제를 스스로 푸는 방식으로 학습하면 얼마든지 창의성을 발달시킬 수 있다는 것을 의미하기 때문이다. 창의성은 지적 도전을 반복하면서 발달되는 것이다. 즉, 입시제도가 어떻든, 수업을 진행하는 방법이 어떠하든, 학생 스스로 어려운 문제에 반복적으로 도전하며 얼마든지 창의성을 발달시키는 방식으로 공부할 수 있는 것이다.

수학이 아닌 다른 과목도 마찬가지로 이해가 되지 않는 내용을 스스로 이해하겠다고 마음먹고 계속해서 생각하면 지적인 도전을 하게 되어 창의성이 발달된다. 문제를 풀 때 사지선다형 문제라고 하더라도 주관식으로 풀 수 있는 문제면 주어진 4개의 보기를 보지 않고 스스로 답을 생각해 보자. 또 사지선다형 문제에서 3번 아니면 4번 중 하나가 답일 거라고 판단했다면 둘 중 무엇이 맞는지 확실해질 때까지 생각하고 답을 맞히는 방식 역시 지적 도전을 하는 것이다. 문제를 빨리 푸는 것보다 정확하게 이해하고 풀 때 지적 도전이 이루어진다.

이렇게 초·중·고등학교 시절에 미지의 문제를 포기하지 않고 끝까지 도전해서 푸는 경험을 반복하면 창의성뿐 아니라 도전 정신과 열정도 키울 수 있다. 그러나 무엇보다 중요한 것은 이러한 학습 방법이 지적 능력에 있어 완전히 차원이 다른 몰입 상태로 갈 수 있는 능력을 발달시킨다는 것이다.

몰입: 두뇌를 슈퍼컴퓨터로 변화시키는 놀라운 시간

문제 해결에 진전이 없어도 포기하지 않고 계속 생각하면 어떤 일이 일어날까? 나는 이 변화를 직접 반복적으로 경험했다. 진전이 없더라도 쉬지 않고 생각하기를 계속하면 우리 뇌에서는 놀라운 변화가 일어나는데, 이 현상이 나의 소저《몰입, 인생을 바꾸는 자기 혁명》에서 소개한 '몰입'이다.

나는 늘 '어떻게 살아야 죽을 때 후회가 없을까?'에 대한 질문을 스스로에게 해 왔다. 오랜 고민 끝에 내가 얻은 답은 두뇌를 풀가동하면서 살아야 한다는 것이었다. 이를 위해서는 끊임없이 생각하고 또 생각해야 했다. 나는 곧바로 실천했다. 연구하다가 잘 모르는 것이 나오면 1초도 쉬지 않고 생각했고, 걸어가면서, 운전하면서, 식사하면서, 샤워를 하면서도 의도적으로 생각의 끈을 놓지 않으려고 노력했다. 그러던 어느 날 내 의식이 다른 생각은 일체 없이 온통 그 생각으로만 가득 채워진 몰입 상태를 경험했다. 스스로 생각의 끈을 놓지 않는 한, 이 몰입 상태를 원하는 만큼 오래 유지할 수 있다는 것도 알게 되었다.

이러한 몰입 상태에서는 '내가 어떻게 이런 생각을 했지?' 싶을 만큼 창의적인 아이디어가 자주 떠올랐다. 마치 내 머리가 갑자기 슈퍼컴퓨터가 된 것처럼 문제와 관련된 수많은 사실들이 머릿속에서 검색되고 연결되며 저절로 아이디어가 튀어나오는 것 같았다. 수시로 아이디어가 샘솟으니 기분도 좋아져서 몰입 상태에 있을 때는 마치 천국에 사는 기분이었다.

이러한 현상은 나만의 특별한 체험이 아니다. 우리 모두가 경험하고 발휘할 수 있는 능력이다. 우리 두뇌는 도전과 응전에 의해 작동

한다. 도전의 난이도가 클 때 1초도 쉬지 않고 응전을 계속하면 우리 뇌는 주어진 문제를 해결할 수 있는 방향으로 변화된다. 주어진 문제와 관련된 뇌세포와 그에 해당되는 시냅스 활성화를 증가시키는 것이다. 활성화된 시냅스가 증가한다는 것은 그와 관련된 장기 기억이 활성화되어 우리의 의식 근처에 놓이게 되어, 주어진 문제를 풀수 있는 기량 혹은 잠재 역량이 올라가는 것이다.

몰입형 인간들이 이룬 위대한 업적

기존의 연구 방식으로는 좀처럼 풀리지 않던 난제들이 몰입적인 사고를 통해서 짧은 기간에 풀리는 것을 반복적으로 경험한 후, 나는 '위대한 업적을 이룬 인물들 역시 몰입적인 사고를 했던 것은 아닐까?'라는 의문을 갖게 되었다. 많은 자료를 찾아 본 결과, 그들 역시 몰입적인 사고를 했다는 것을 발견할 수 있었다.

위대한 과학자들의 업적이 대부분 끈질긴 사고의 산물이라는 것은 여러 역사적 증거에 의하여 잘 알려진 사실이다. 뉴턴이나 아인슈타인 같은 불후의 천재들도 빛나는 성취를 얻기까지 짧게는 몇 개월, 길게는 몇 십 년 동안 인고의 사고 과정을 거쳐야 했다.

노벨상 수상자들은 어땠을까? 1998년 노벨생리의학상을 수상한 루이스 이그나로는 2006년 한국을 방문했을 때, 노벨상을 받으려면 어떻게 해야 하느냐는 기자의 질문에 이렇게 대답했다. "일주일 내내 24시간 동안 '왜, 어떻게'가 머리에서 떠나지 않고, 해답을 얻었을 때 보상받았다고 생각하는 열정이 있어야 한다." 미하이 칙센트미하이가 쓴《창의성의 즐거움》에 의하면, 1967년 노벨물리학상을 수상한 한스 베테 역시 그를 유명하게 만든 물리 문제를 풀도록 만든 힘은 무엇이냐는 질문에 다음과 같이 답했다. "두 가지가 요구됩니다. 하나는 머리죠. 두 번째는 아무런 결과가 나오지 않을 수 있는 문제라도 기꺼이 매달려서 오랜 시간을 생각하면서 보내는 것입니다."

로버트 루트번스타인이 쓴《생각의 탄생》에 따르면, 미국 최초의 여성 노벨상 수상자인 바버라 매클린턱은 1983년 옥수수를 연구하면서 유전자 전이를 발견한 공로로 노벨생리의학상을 수상하였는데, 그녀는 연구할 때의 경험을 다음과 같이 회상하였다.

"옥수수를 연구할 때 나는 그것들의 외부에 있지 않았다. 나는 그 안에서 그 체계의 일부로 존재했다. … 나는 종종 나 자신을 잊어버렸다. 가장 중요한 것은 바로 이것, 내가 나 자신을 잊어버렸다는 것이다."

1965년 노벨물리학상을 수상한 리처드 파인만은 '물리랑 논다'는 표현을 자주 썼다. 물리는 그의 유일한 취미이자 일이자 오락이었고 그는 항상 물리에 관한 문제를 생각한다고 했다. 그의 자서전《파인만 씨 농담도 잘하시네!》에는 그의 이러한 모습이 잘 나타나 있다.

전에는 레스토랑으로 가는 길에 경찰관에게 잡히는 일이 종종 있었다. 나는 생각하면서 걷다가 가끔 한 번씩 멈춰 선다. 너무 어려운 것을 생각하다 보면 걸을 수가 없다. 이때는 멈춰 서서 해결될 때까지 기다려야 한다. 그래서 가끔씩 멈춰 서는데, 어떤 때는 손을 공중에 내저으면서 혼잣말을 한다.

"이것들 사이의 거리는 이렇고, 그러면 이것은 이렇게 되고…."

거리에 서서 팔을 휘두르다 보면, 경찰관이 다가온다.

"이름이 뭡니까? 어디에 살아요? 지금 뭐하고 있습니까?"

"아! 생각하고 있었어요. 미안합니다. 나는 이 동네에 살고, 레스토랑에 자주 가죠…."

좀 지나자 경찰관들이 나를 알아보고 다시는 잡지 않았다.

노벨상 수상자들의 '자기 존재를 잊을 정도의 몰입' 사례는 이 책 전체를 채울 수 있을 정도로 많다. 그만큼 몰입적 사고가 그들의 연구 활동에 필수적이었다는 말이다.

혹자는 몰입적 사고가 우리나라의 입시 위주 교육 제도 안에서는 불가능한 일이라고 말할 수도 있다. 그런데 그런 논리로 설명할 수 없는 나라가 있다. 바로 일본이다.

2016년까지 일본 노벨상 수상자는 25명이다. 특히 2000년 이후 2017년까지 15명의 노벨상 수상자를 배출해 전 세계에서 미국 다음으로 많다. 우리와 마찬가지로 입시 위주의 주입식 교육을 하는 일본은 어떻게 그토록 많은 노벨상 수상자를 배출할 수 있었을까? 그 이유를 밝히는 것은 창의성 교육을 이해하는 데 대단히 중요하다.

이에 대한 나의 해석은 다음과 같다.

일본의 노벨상 수상자들의 중·고등학교 시절은 대체로 나의 고등학교 시절보다 더 앞선다. 그 당시 일본의 대학 입시 문제들은 어렵기로 소문이 나 있었다. 통상 우리나라의 대학 입시에서 수학 시험 시간은 60~70분에 문제의 수는 5~7개 정도였던 반면, 일본의 대학 입시에서 수학 시험 시간은 90~100분으로 더 길지만 문제의 수는 3~5개 정도로 오히려 더 적었다. 우리나라 대학 입시 문제보다 난이도가 더 높았기 때문이다.

나는 고등학교 시절 대학 본고사를 대비해 어려운 수학 문제를 풀어야 했는데, 국내 참고서를 다 푼 다음 더 어려운 문제를 찾아 푼 것이 주로 일본의 대학 입시 문제들이었다. 난이도가 높은 수학이나 물리 문제는 지적 도전을 불러일으켜 날카롭게 생각하는 능력과 장시간 끈기 있게 생각하는 능력을 발달시킨다. 이미 고등학교 때 풀리지 않는 문제를 놓고 앉으나 서나 계속 생각하는 경험을 하게 되면 몰입적인 사고가 자연스럽게 몸에 배게 되고, 이러한 능력이 배양되어 훗날 연구 활동에서도 남다른 능력을 발휘하게 되는 것이다. 결국 대학 입시 문제의 난이도가 높을 경우 매우 큰 지적 도전을 유발하여 창의성이 발달될 수 있다고 본다.

1장에서 소개한 '헝가리 현상'에서도 중·고등학생 시절에 어려운 문제를 푸는 훈련이 위대한 과학자로 성장하는 데 커다란 영향을 미쳤음을 상기할 필요가 있다. 또한 이러한 분석은 2008년 노벨물리학상을 수상한 교토산업대 교수인 마스카와 도시히데가 문무과학성 장관과 과학기술성 장관을 만난 자리에서 일본 평준화 교육을 비판하면서 언급한 다음의 이야기와도 일맥상통한다. "대학들이 학생 선발 시험에서 깊이 생각할 필요 없는 쉬운 문제만 내고 있다. 이렇게 해서는 생각하지 않는 인간을 만들어 낼 뿐이다"(〈조선일보〉 2008년 10월 11일자 기사). 이러한 평준화 교육에 대한 비판 때문인지는 몰라도 일본에서는 2020년부터는 대학 입시에서 사지선다형을 폐지한다고 한다.

우리 안의 천재성을 일깨우는 몰입식 문제 풀이

한 정보통신 기업에서 몰입에 관한 강연을 한 적이 있었다. 강연이 끝나고 그 회사의 전무라는 분이 자신도 몰입 체험을 했다며 찾아왔다. 나중에 회사 관계자들에게 들으니 그분은 수많은 베스트셀링 제품을 개발한, 정보통신 분야의 입지전적인 인물이라고 했다. 나는 그분의 어린 시절 학습 방식과 창의적인 문제 해결 능력의 상관관계에 관심이 생겨 그분에게 어린 시절의 학습법에 대해 물어 봤는데, 며칠 뒤 그분이 다음과 같은 메일을 보내왔다.

저는 구례 산골에서 부모님의 농사일을 도우며 초등학교와 중학교 시절을 보냈습니다.

고등학교는 순천에서, 대학(기계설계공학 전공)은 서울에서 야간으로 힘들게 마쳤습니다.

제 학습 방식에 특징이 있다면 초·중·고 시절의 어려운 수학 문제나 대학 시절의 동역학 문제를 답을 찾을 때까지 끝까지 풀었다는 것입니다.

1984년 S사에 입사하여 초기 수습 과정을 마친 후 정보통신 관련 기구 설계를 시작하였습니다. 이런 제품들의 주요 메커니즘은 당시 기술 선진국인 미국과 일본의 회사에서 특허가 많이 출원되었으므로 이를 피한 새로운 구조가 필요하였습니다.

사흘간 머리를 쥐어짜며 생각해도 좋은 수가 없어 고민 속에서 잠이 들었는데 갑자기 좋은 방법이 떠올랐습니다. 아침에 일어났을 때는 기억이 흐릿했지만 출근 뒤 계속 생각했더니 그 아이디어가 다시 생생히 기억났습니다. 그것으로 특허를 출원하고 제품 개발도 성공적으로 완료하여 베스트셀링 제품을 만들었습니다.

나는 메일을 받고 깜짝 놀랐다. 수많은 박사 연구원을 이끄는 분이라 당연히 선진국 유수의 대학에서 박사 학위를 받았으리라 생각했는데, 서울의 야간 대학을 졸업했다고 했기 때문이다. 이 사례처럼 어린 시절 미지의 문제를 포기하지 않고 끝까지 생각해서 푸는 방식으로 공부한 사람은 학벌과 관계없이 높은 창의력을 발휘하는 것이다.

나는 대학원 시절부터 이러한 사례에 대해 관심을 가지고 조사한 바 있는데, 초·중·고 혹은 대학 시절에 미지의 문제를 포기하지 않고 스스로 해결하는 방식으로 학습한 사람은 나중에 자신의 분야에서 뛰어난 능력을 발휘하는 것으로 나타났다. 심지어 이공계 출신이었지만 이공계와 관계없는 분야로 진출한 경우에도 해당 분야에서 놀라운 능력을 발휘했다. 나는 교수가 된 이후에도 이에 대한 조사를 계속했다. 대학원 지도 학생들 중에서도 뛰어난 능력을 발휘하는 학생들은 예외 없이 초 · 중 · 고 및 대학 시절에 그러한 방식으로 공부한 경우였다. 그러한 방식으로 학습하지 않은 학생은 명문대를 졸업하고 학점이 높고 성실하더라도 창의성을 발휘하지 못했다. 반면 미지의 문제를 포기하지 않고 스스로 해결한 학생은 어떤 대학을 졸업했는지와는 관계없이 높은 창의성, 도전정신, 열정을 보였다. 그리고 사회에 나가 자신의 분야에서 발군의 능력을 발휘했다.

　지방 대학을 졸업한 한 학생에게 석박사 과정을 지도하던 때의 일이다. 나는 평소 학생들에게 '생각하기'를 대단히 강조한다. 그런데 이 학생은 매우 성실하고 실험도 열심히 했지만 생각을 거의 하지 않았다. 남들은 5년 만에 끝내는 석박사 과정을 7년 만에 끝낸 그는 졸업을 위해 필요한 논문 자격시험에서 떨어져 6개월이나 졸업이 미뤄졌다. 나는 그 학생을 불러 앞으로 6개월 동안 실험실에 나오지 말고 고등학교 과정의 수학 문제집을 하나 사서 집중적으로 미지의 문제에 도전하라고 했다. 박사 학위를 받을 예정인 학생에게 고등학교 수학 문제를 풀라는 지시에 어이없어 할 수도 있었을 텐데, 다행히도 그 학생은 교수님의 마지막 지도라고 생각하고 최선을 다해서 열심히 하겠노라고 했다. 그는 6개월 동안 하루 종일 오로지 미지의 수학 문제를 스스로 푸는 연습을 한 후 국내 대기업에 입사했다. 이 학생이 어떻게 바뀌었을까? 이는 창의성 교육과 관련하여 대단히 중요한 실험이다.

그는 그야말로 회사의 해결사가 되었다. 회사에 문제가 발생하면 며칠 혹은 몇 주일을 끈질기게 생각하고 실험해서 해결했다. 그는 10명 중 한 명에게 주는 A고과를 3년 연속으로 받아 S급 인재(핵심 인재)로 선발되었다. S급 인재로 선발된 이후 여러 부서를 돌아가며 근무하게 되었는데 가는 곳마다 발군의 능력을 발휘했다. 최근에는 전공과 전혀 관계가 없는 상품기획실에서 근무하게 되었는데, 자신이 생각해 낸 아이디어가 올해에 제품으로 출시된다고 연락이 왔다.

6개월이라는 비교적 짧은 기간이지만, 사고력과 창의력을 발달시키는 집중적인 훈련이 놀라운 결과를 만들어 낸 것이다. 이러한 경험 때문에 나는 1장에 소개한 '헝가리 현상'에 특별한 관심을 갖게 되었고, 사고력을 키우는 창의성 교육이 우리나라의 모든 분야에서 경쟁력을 획기적으로 올릴 수 있다는 확신을 갖고 있다.

실전에 강한
창의성 수업의 효과

이제까지 배우는 학생의 입장에서 창의성을 계발시킬 수 있는 방법들에 대해 알아보았다. 그러면 가르치는 입장에서는 어떻게 학생들의 창의성을 발달시키는 수업을 할 수 있을까? 이 질문은 보다 구체적으로 '어떻게 수업을 하면 학생들의 두뇌를 발달시킬 수 있을까?'로 바꿀 수 있다. 이를 위해 고도의 몰입 상태로 나를 몰아넣었던 대학원 시절 지도 교수님의 수업 방식을 소개하고자 한다.

다른 수업과는 달리 지도 교수님의 수업은 참으로 특이했다. 그때까지 창의성 수업을 한 번도 받아 보지 못한 나로서는 매우 낯선 방식이었다. 지도 교수님은 수업 시간에 '생각'을 굉장히 강조했다. 어떤 개념을 설명하는 데 중점을 두기보다는 그 과목에서 학생들이 꼭 알아야 할 중요한 개념과 관련된 질문을 던져 주고 학생들이 대답하도록 유도하였다. 그래서 어떤 때는 주어진 질문에 대해 학생들이 서로 다른 의견을 주장하면서 열띤 토론이 벌어지기도 했다. 그야말로 질문과 토론이 중심이 되는 수업이었다. 강의식으로 가르쳐 주는 내용이 거의 없기 때문에 당연히 필기할 일도 거의 없었다.

그때까지 내가 받은 수업은 예외 없이 교수자가 가르칠 내용을 설명하고 칠판에 필기하면 그 내용을 노트에 옮겨 적는 방식이었다. 그리고 노트에 필기한 내용을 암기한 후 중간 혹은 기말 시험을 봤다. 거의 모든 수업을 이런 방식으로 받았기 때문에 이렇게 공부해야 내가 그 과목을 배웠다는 생각이 들었다. 그래서 지도 교수님의 수업은 매우 파격적으로 느껴졌다. 나뿐 아니라 다른 학생들도 비슷하게 생각했고, 이런 이유로 이 수업을 싫어하는 학생도 많았다. 그 당시나는 지도 교수님의 창의성 수업이 시간 가는 줄 모를 정도로 재미있었지만 배운 것은 없다고 생각했다.

이 수업의 가치를 알게 된 것은 박사 학위를 받은 후 연구소에서 연구를 시작하면서부터였다. 연구할 때는 노트 필기를 하며 암기했던 수업이 별 효용이 없었다. 왜냐하면 연구하다가 모르는 지식이 나오면 책이나 논문을 통하여 해당 내용을 찾으면 되기 때문이다. 연구할 때는 당연히 오픈북이고, 모르는 지식은 도서관 등에서 찾으면 된다. 이런 이유로 연구할 때는 전공 책의 내용보다는 관련 개념을 확실히 아는 것이 중요한데, 지도 교수님의 수업 시간에 질문과 토론을 하면서 깊이 생각하며 익혔던 개념이 연구하는 데 매우 큰 도움이 되었다.

그렇다면 지도 교수님은 어떻게 창의성 교육을 익혔을까? 이를 이해하기 위하여 지도 교수님의 교육 배경을 언급할 필요가 있다. 지도 교수님은 고등학교 시절에 미국으로 조기 유학을 갔다. 미국에서 MIT를 졸업하고 하버드대학교에서 석사와 박사 학위를 마치고 웨인주립대학교에서 교수로 재직하시다가 한국으로 돌아왔다.

하버드대학교는 교수와 학생의 30%가 유대인이라고 알려져 있으며, 유대인의 교육 방식처럼 생각하는 것을 강조하고 질문식, 토론식 수업을 하는 것으로 알려져 있다. 이러한 배경을 고려할 때 지도 교수님의 창의성 교육과 연구에서 생각하는 것을 강조하는 교육 방식은 사실 하버드대학교에서 받은 교육에 영향을 받은 듯하다.

설명이 아닌 '질문'이
창의성을 깨운다

어떻게 수업을 하면 학생들에게 해당 분야의 지식을 가르쳐 주면서 동시에 사고력도 발달시킬 수 있을까? 이를 위해 내가 시도했던 강의 방법을 소개한다.

이 방법은 일종의 질문식 수업이다. 파워포인트의 애니메이션 기능을 활용하여 클릭하면 준비한 질문이 나오고, 그 다음을 클릭하면 질문에 대한 답변이 나오도록 프레젠테이션을 만든다. 문제는 앞으로 배울 지식 자체를 대상으로 한다. 이 교육 방법은 간단히 말해서 지식을 전달하기 전에 그 지식을 미리 문제화시켜서 학생들에게 주는 것이다. 즉, 앞으로 배울 내용을 사고력과 창의성 훈련의 대상으로 삼는 것이다. 학생들이 얻은 답을 확인해 보면, 학생들이 학습 내용을 어느 정도 이해하고 있는지 파악할 수 있다. 학생들의 이해 정도가 파악되면 다음으로 학생들에게 물어야 할 적절한 질문을 생각해 낼 수 있다.

대부분의 학생이 올바른 대답을 하지 못하면 질문이 너무 어렵다는 것을 의미한다. 그러면 단계별 힌트를 준다. 단계별 힌트를 주면 올바른 답을 얻는 학생들이 늘어 간다. 상당수의 학생들이 답을 이야기하면 정답을 말해 주면서 내용을 설명하는 것이다. 이 방법은 종전의 강의 중심 교육의 틀을 살리면서 학생들의 사고를 유도할 수 있다는 장점을 가지고 있다.

이해를 돕기 위하여 유치원 다니는 아이에게 손가락셈을 가르칠 때의 사례와 초등학교 수업에서 삼각형 면적을 가르칠 때 이 방식을 어떻게 적용할 수 있는지 소개한다.

놀이하듯 즐겁게 암산을 가르치는 방법

아이가 손가락으로 덧셈하는 법을 배웠다고 하자. 그러면 "사과 2개에 사과 3개를 더하면 사과는 모두 몇 개일까?"와 같은 비교적 쉬운 문제를 몇 개 내준다. 아이는 손가락을 사용하여 답을 맞힐 것이다. 아이가 틀리면 다시 해보라고 하고 맞히면 칭찬해 준다. 아이가 손가락을 사용하여 합이 10개 이하가 되는 셈에는 제법 익숙해졌다고 하자. 그리고 계속 답을 맞히고 칭찬을 받아서 자신감도 오른 상태다. 아이는 어떠한 덧셈도 할 수 있다는 자신감을 가질 것이다.

이때 살짝 도전적인 문제를 내준다. 합이 11개 혹은 12개가 되는 문제를 내주는 것이다. 예를 들면 "사과 7개에 사과 5개를 더하면 사과는 모두 몇 개일까?"와 같은 문제다. 처음에 아이는 이 문제를 풀 수 있다고 생각하고 손가락을 사용하여 덧셈을 한다. 그러다가 10개의 손가락을 모두 사용한 후에는 손가락이 모자란다는 사실을 깨닫게 된다. 이때 한 단계 높은 지적 도전이 이루어진다. 아이는 처음에는 난감해하지만 포기하지 않고 계속 생각한다. 그러다 보면 아이디어가 나온다. 발가락을 사용하거나 엄마 혹은 아빠의 손가락을 빌리는 것이다.

한 번 답을 맞힌 후에는 방법을 터득하여 합이 10개가 넘는 문제도 크게 어려워하지 않고 답을 맞힌다. 그러면 계속 칭찬을 받게 되고 다시 사기가 오르고 자신감이 올라간다. 이때 또 도전적인 문제를 내준다. 이번에는 손가락을 사용하지 말고 덧셈을 해 보라고 한다. 그리고 "사과 2개에 사과 3개를 더하면 사과는 모두 몇 개일까?"라고 물어본다. 이때 아이는 대단히 난감해하고 어려워한다. 손가락을 사용하는 방법 말고는 덧셈하는 방법을 모르기 때문이다. 아이는 손가락을 조금 움직이면서 덧셈을 한다. 이때 "손가락은 안 돼!" 하고 지적하면 아이는 들킨 듯이 깜짝 놀란다. 결국 아이는 손가락 사용하는 것을 포기하고 덧셈을 시도한다. 우리 아이가 유치원에 다닐 때 이렇게 시도했는데 아이는 머릿속으로 생각하면서 문제를 풀려고 애를 썼다. 나를 마주보면 집중이 안 되는지 돌아서서 벽을 보고 한참을 생각한 후 답을 말하고는 했다.

이처럼 아이에게 창의적으로 생각하도록 유도하기 위해서는 아이에게 적절한 지적 도전이 될 수 있는 질문을 찾아서 단계별로 도전하도록 해야 한다. 난이도가 적절하면 아이는 이 도전을 즐기게 된다.

삼각형의 면적을 스스로 깨우치게 하는 질문식 수업

학습 대상이 사각형의 면적 구하는 방법을 학습한 후, 삼각형의 면적을 배우려고 하는 초등학교 3학년생이라고 가정하자. 기존의 수업 방식은 삼각형은 사각형의 절반이므로 '삼각형의 면적은 밑변 곱하기 높이 나누기 2'라는 공식을 가르쳐 주는 것이다. 그리고 밑변과 높이가 무엇을 의미하는지 설명한다. 학생은 몇 가지 문제를 통하여 삼각형 면적 구하는 방법을 익힌다. 이러한 방식의 교육은 삼각형의 면적을 구하는 지식은 습득하게 하지만, 창의성을 훈련시키는 부분은 거의 없다.

여기서 제안하는 질문식 수업이란 삼각형의 면적을 구하는 방법을 일체 설명해 주지 않고, 이를 학생들에게 도전할 문제로 내주는 것이다. 여기서 교수자의 역할은 학생들이 포기하지 않고 계속해서 이 문제를 풀기 위해 사고하도록 격려하고 이끄는 것이다. 문제가 주어지면 학생들은 이 문제를 풀기 위해 머리를 쓰기 시작한다. 그러면 이 순간부터 사고력과 창의성이 훈련되고 발휘된다. 학생은 주어진 문제를 해결하기 위해 문제와 관련하여 이전에 배운 모든 지식을 동원한다. 이 과정에서 뇌 속에서는 활발한 사고 활동이 일어나 관련된 여러 지식이 깊은 기억 속에서 끄집어내어지고 통합된다. 만약 문제의 난이도가 낮아 문제를 받았을 때 즉시 풀 수 있는 방법이 생각난다면, 사고력과 창의력은 발휘되지 않고 단순한 두뇌 활동만 하게 된다. 사고력과 창의성은 학생들이 문제를 받는 순간 어떻게 해야 할지 전혀 모를 때, 그럼에도 그것을 해결해야 하는 상황일 경우에 활성화되고 발휘된다. 따라서 지적 도전의 요소가 있어야 하고 학생의 수준에 따라 적절한 난이도의 문제를 내주는 것이 중요하다.

질문식 수업에 대해 조금 더 구체적으로 알아보자. 삼각형 면적 구하는 법을 배우지 않은 상태에서 학생들에게 가장 쉬운 문제는 직각이등변 삼각형이다. 학생들에게 밑변이 5cm이고 높이가 5cm인

직각이등변삼각형(그림 6-1의 a)을 그려 주고 이 면적을 구해 보라는 문제를 준다. 학생들은 사각형의 면적을 구하는 것은 배웠지만 삼각형의 면적을 구하는 방식은 배운 적이 없기 때문에 당황할 것이다. 경우에 따라서 선행학습을 한 학생이 정답을 즉시 이야기할 수 있으므로, 선행학습자의 경우는 답을 말하지 말고 정답을 노트에 적으라고 미리 이야기한다. 그리고 선행학습을 하지 않은 학생들에게는 이 문제를 포기하지 않고 계속 생각하도록 격려한다. 이 문제는 잘 생각해 보면 풀 수 있고, 아주 중요한 문제라서 오랜 시간 생각해 볼 가치가 있는 것이라고 격려한다.

시간이 어느 정도 지나면, 정사각형의 절반이라는 생각을 하는 학생이 나타나기 시작한다. 적정 시간은 5~10분이고, 문제의 난이도는 20~30%의 학생이 이 시간 안에 답을 맞히면 적당하다. 20~30%가 답을 맞히면, 나머지 학생들에게는 적당한 힌트를 준다. 그래서 절반 이상이 답을 스스로 찾으면 이상적이다.

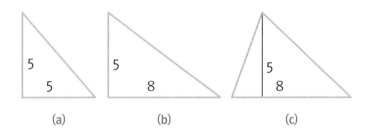

[그림 6-1] (a) 밑변과 높이가 각각 5cm인 직각이등변 삼각형
(b) 높이가 5cm이고 밑변이 8cm인 직각삼각형
(c) 높이가 5cm이고 밑변이 8cm인 일반삼각형

그 다음으로는 높이와 밑변이 다른 문제(그림 6-1의 b)로 넘어갈 수 있고, 그 다음 직각삼각형이 아닌 일반삼각형의 문제(그림 6-1의 c)로 난이도를 점점 높여 나갈 수 있다.

이러한 질문식 수업에서는 학생 간의 개인차가 있기 때문에, 어떤 학생은 금방 생각해서 답을 내는 데 반해, 어떤 학생은 답을 생각하는 데 아주 오래 걸리거나 답을 못 찾는 경우도 있다. 따라서 교사는 학생들에게 답을 말하지 말고 자기 노트에 적으라고 하고, 돌아다니면서 노트를 확인하고, 맞힌 학생에게는 칭찬을 해 주고 그 다음 단계의 문제를 내주면 된다. 또한 돌아다니면서 학생들의 풀이 과정을 검토하고 격려하고 경우에 따라서는 힌트도 주어야 한다.

50분 수업이라면 이러한 질문식 수업을 20~30분 정도 한 다음, 강의를 통해 삼각형 면적 구하는 방법을 가르친다. 그러면 이미 문제를 푼 학생은 스스로의 힘으로 지식을 깨닫는 소중한 경험을 하게 되고, 삼각형 면적을 스스로 구하지 못했던 학생도 쉽게 이해하게 된다. 왜냐하면 그 문제에 대하여 본인이 시간을 들여 힘들게 고민했기 때문에 문제의 핵심을 이전보다는 훨씬 잘 파악하고 있으며, 문제의 해답에 대한 궁금증도 매우 커진 상태기 때문이다. 이때 문제 풀이를 해 주면 쉽게 이해할 수 있을 뿐 아니라, 삼각형의 면적을 구하는 공식을 단순히 암기하는 것이 아니라 개념을 확실히 파악하게 된다. 이러한 질문식 수업에서는 대부분의 학생들이 수업에 적극적으로 참여하고 수업을 재미있어한다. 이러한 수업을 잘만 운영하면 학생들은 공부를 마치 지적인 게임처럼 즐길 수 있게 된다.

수업이 끝날 때쯤이면, 그 다음 시간에 배울 지식과 관련되어 난이도가 비교적 높은 문제를 내 준다. 그리고 사고력 향상을 위한 문제이니 미리 답을 보면 아무 의미가 없다는 것을 강조한다. 문제의 중요성을 잘 소개해 주면, 적어도 학생들 중 일부는 도전 정신을 가지고 열심히 생각해 온다. 이러한 질문식 수업에서 미리 생각해 오는 것은 중요하지만, 정답을 보고 문제 푸는 법을 예습해 오면 오히려 효과가 떨어지므로 수업 첫 시간에 이러한 방식의 수업 취지를 잘 설명해 주어야 한다.

여기에서 교수자의 역할은 안내자다. 학생 혼자서는 새로운 지식을 배울 때 어떤 부분에 중점을 두고 깊이 생각해야 하는지 모른다. 이 분야를 잘 아는 사람이 적어도 어떤 지식이나 개념은 학생 스스로가 많은 시간을 들여서 생각하고 도전할 가치가 있는지 가려내어 적절한 시기에 적절한 난이도로 학생에게 제시해야 한다. 그리고 학생이 포기하지 않도록 격려하고, 진전하면 칭찬을 통해 계속 생각하도록 사기를 올려 줘야 한다. 가르쳐야 할 지식을 분석하여 학생들에게 문제로 내줄 적절한 난이도의 문제를 찾으려면 교수자도 많은 생각을 해야 한다.

여기에서는 이해를 돕기 위하여 초등학교 과정의 경우를 예로 들었지만, 나는 이러한 방법을 대학에서 학부와 대학원의 모든 강의에 적용해 오고 있다. 처음에는 이 방법의 효과에 대하여 확신이 없어서 실험적으로 조금씩 적용하다가 학생들의 반응도 좋고, 학습 성취도도 좋은 것을 확인하고 지금은 모든 과목에 적용하고 있다.

대학 전공과목에서 질문식 강의를 진행하는 방법

질문식 강의 방식은 학생들이 경험한 수업과 다르기 때문에 처음 이러한 강의를 접하는 학생들은 당황해한다. 그래서 수업 첫 시간에는 질문식 강의에 대한 취지와 방법을 설명한다. 그리고 학생들이 어떤 방식으로 수업에 참여해야 하는지에 대한 오리엔테이션을 한다. 오리엔테이션의 내용은 창의성과 사고력이 중요한데 학생들이 이러한 능력을 발달시킬 기회가 없어서 이 수업에서는 해당 과목의 지식을 습득하는 것 말고도 창의성과 사고력을 발달시키는 것을 주요 목표로 한다는 것을 알려 준다. 이를 위해서 앞으로 배울 내용을 간단히 문제화하여 학생들에게 질문한다는 것과, 이러한 질문식 수업에 적극적으로 참여하고 끈질기게 생각하며 따라오는 학생에게는 가산점을 준다는 내용 등이다.

학생들이 유의해야 할 사항은 주어지는 질문에 대한 답이 대부분 교재에 있으므로 교재를 지참하지 말라는 것과 집에서 다음 시간에 배울 내용에 대한 예습보다는 배운 것을 복습하라고 한다. 강의 내용은 수업이 끝난 후 인터넷으로 다운로드 받을 수 있으므로, 강의 시간에는 필기하는 대신 주어진 질문에 대하여 생각하라고 한다. 재수강자 등의 선행 학습자가 있기 때문에 문제에 대한 답은 말 대신 노트에 적으라고 한다.

심리학자 미하이 칙센트미하이 교수는 몰입의 즐거움에 빠지기 위한 3대 요소로 '명확한 목표, 문제의 난이도와 실력의 균형, 빠른 피드백'을 꼽았다. 질문식 수업에서는 이러한 3대 요소를 비교적 쉽게 만족시킬 수 있다. 첫째, 질문의 대상이 조만간 앞으로 배울 내용이므로 목표가 명확하다. 둘째, 난이도와 실력의 균형은 교수가 질문의 난이도를 조절하면서 최적화할 수 있다. 셋째, 불과 몇 분 후면 문제에 대한 답이 공개되므로 피드백도 빠르다. 마치 지적인 게임을 하듯이 수업을 진행할 수 있는 것이다.

수업을 시작할 때에는 학생들이 산만한 상태에 있기 때문에 집중적인 사고 활동을 시작하기에 앞서 어느 정도의 워밍업이 필요하다. 특히 월요일 오전 수업이라면 학생들의 몰입도가 대단히 낮으므로 워밍업 시간을 조금 더 늘리는 것이 좋다. 이를 위해서는 수강생 1/3 이상이 대답할 수 있고, 나머지 학생들도 답을 듣고 난 후 부담 없이 소화할 수 있는 가벼운 질문으로 시작한다. 수업 진행 중에 5~10분 이내에 학생들이 풀 수 없는 난이도의 질문을 할 때는 곧 배울 내용이라는 점을 상기시킴으로써 학생들의 도전 의지와 관심을 불러일으키는 것도 필요하고, 미리 난이도의 정도를 언급해 줄 필요도 있다. 무엇보다도 학생들이 주어진 질문에 대한 답을 구하기 위하여 열심히 생각하도록 유도하는 분위기를 조성하는 것이 필요하다.

난이도가 너무 높아서 대부분 학생이 주어진 시간 이내에 해결하지 못할 문제는 그 내용을 배우기 1~2주일 전에 미리 과제로 내주면 좋다. 학생들이 그 문제를 장시간 생각하도록 격려하고 그 문제를 깊이 생각하는 것이 중요하다는 것을 인식할 수 있도록 보충 설명을 충분히 해 준다. 이때 문제와 관련된 배경을 이야기해 주면 학생들이 더욱 흥미를 갖는다.

질문의 종류는 크게 네 가지를 사용하였다. 첫째는 강의 자료에 빨간색이나 파란색 글씨로 질문을 포함시키는 경우다. 둘째는 파워포인트의 애니메이션 기능을 사용하여 다음에 나올 내용에 대하여 질문하는 경우다. 셋째는 질문에 대하여 학생의 대답이 완전하지 못하거나 잘못된 방향으로 나아갈 때, 즉흥적으로 보충 질문을 하는 경우다. 넷째는 수업이 끝날 무렵에 다음 시간에 배울 중요한 내용을 문제화시켜 미리 생각해 보도록 하는 경우다. 이 경우는 종종 숙제와 연계시키기도 하였다.

　질문의 성격도 다양하다. 첫째는 그날 수업할 내용을 이해하는 데 필요한 사전 지식을 점검하는 질문이다. 이러한 질문에 대해서도 답을 못하는 학생들이 의외로 많고, 이를 통해 많은 학생이 이미 배운 학습 내용을 충분히 이해하지 못하거나 기억하지 못하고 있음을 알게 된다. 둘째는 다음에 나올 내용에 대해 질문함으로써 학생들의 관심과 집중을 모은 후에 파워포인트로 보여 주는 경우다. 셋째는 그날 배울 내용에 대해 배우기 전에 사전 지식을 활용하여 학생들 스스로 생각해 낼 수 있는 문제를 내준다. 마지막의 경우를 학생들이 가장 어려워하였으며, 단 한 명도 대답하지 못하는 경우도 많았다. 이러한 경우에는 힌트 등을 주어 난이도를 조절하였다.

　학생들이 생각하는 데 주어지는 시간은 질문의 중요도나 난이도에 따라 다르지만 대체로 1~10분 사이다. 학생들이 나름대로 생각하여 얻은 질문에 대한 답은 주로 노트에 쓰게 하지만 어떤 경우는 손을 들어 이야기하게 하기도 한다. 상황에 따라 노트에 쓰게 하는 것이 더 적절하기도 하고, 말로 대답하게 하는 것이 더 적절할 때도 있다.

특히 질문의 내용이 조금 어려울 때는 말로 대답하게 한다. 조금 기다려도 아무도 대답하지 않으면 임의로 학생을 선정하여 묻는다. 호명하여 질문했을 때 깊이 생각하려고 하지 않고 "잘 모르겠는데요"라고 대답하는 학생에게는 틀려도 좋으니 나름의 생각을 해 보라고 격려한다. 이를 위해서 대답이 틀렸어도 나름 깊이 생각한 답변이면 보너스 점수를 준다. 정답을 맞힌 것에 대해 보너스 점수를 주지는 않는다. 정답에 대하여 보너스 점수를 주면 예습을 해 오기 때문이다. 정답을 맞힌 학생에게는 보너스 점수를 줄 수 없는 이유를 설명하면 학생들은 대체로 공감한다. 이에 대하여 불만이나 이의를 제기하는 학생은 없었다. 아마도 스스로 생각해서 정답을 맞힌 학생은 자신이 도전해 정답을 찾은 것만으로 충분히 만족해하는 것으로 보인다.

질문식 수업을 통하여 학생들은 난이도가 낮은 문제에서부터 높은 문제를 골고루 접하게 된다. 난이도가 낮은 문제는 학생들에게 학습에 대한 거부감을 줄여 주고, 흥미를 자극하는 효과가 있다. 난이도가 높은 문제는 학생들의 도전 의지를 자극하고, 깊고 지속적인 사고의 필요성을 인식하게 한다. 이러한 질문식 수업에서 궁극적으로 추구하는 것은 학생들이 문제 해결을 위한 사고 활동의 흥미를 체험하고 동시에 난이도가 높은 문제를 공략하는 방식을 터득하게 하는 것이다.

평소 깊이 생각해 보지 않은 초보자는 생각을 급하게 하고, 진전이 없으면 초조해하고 스트레스를 받으며 생각하는 것을 즐기지 못한다. 반면 생각을 많이 해 본 학생은 스트레스를 받지 않고 느긋하게 생각한다. 느긋하게 생각하는 방법을 터득한 학생들은 오랜 시간 생각해도 지치지 않고 문제를 해결하는 활동을 즐기게 된다. 이는 마치 수영 초보자가 빨리 나아가지도 못하면서 필요 없는 근육을 격렬하게 사용하여 금방 지쳐 수영이 재미없다고 느끼는 반면, 수영을 능숙하게 하는 사람은 수영에 필요한 최소한의 몸놀림만으로 속도를 내므로 장시간 수영해도 지치지 않고 즐기는 것과 비슷하다.

공학 수학에서의 질문식 강의

공학 수학 앞부분에는 미분방정식에 대한 일반론이 나오고, 이어 변수분리법을 이용하여 미분방정식을 푸는 단원이 나온다. 그러면 수업 시간에 변수분리법에 대하여 일체 언급을 하지 않은 상태에서, 비교적 쉬운 변수분리 미분방정식 문제를 10분 동안 학생들에게 풀어 보라고 한다. 학생들은 각자의 노트에 풀기 시작한다. 나는 학생들 사이로 돌아다니면서 학생들이 문제 푸는 과정을 체크한다.

대부분의 학생들은 이 간단한 방정식을 풀지 못하고 쩔쩔 맨다. 푸는 학생들은 대부분 재수강하는 학생이거나, 이전에 비슷한 문제를 풀었거나, 수학에 관심이 있어서 선행학습을 한 경우다. 십수 년 교육을 받았으면서도 가장 단순한 변수분리 미분방정식도 대부분 풀지 못한다는 것은 학생들이 사고력 향상을 얼마나 등한시했는지를 단적으로 보여 주는 예다.

한 10분쯤 학생들이 시행착오를 겪으며 고생한 다음에 비로소 변수분리법에 대하여 설명해 주면 여기저기서 감탄하는 소리가 나온다. 자신들이 그렇게 고생해도 풀지 못했는데 변수분리라는 방식을 쓰면 아주 쉽게 풀리는 것을 보고 감탄하는 것이다.

시간만 보내고 문제를 풀지 못하는 학생들이 많아도 상관은 없다. 문제를 풀지 못하더라도 그 문제에 대하여 10분 정도 문제와 씨름하면서 생각하는 것 자체에 교육 효과가 크다. 학생들은 변수분리법이라는 풀이 방식에 깊은 인상을 갖게 되고, 이 방식이 얼마나 아름답고 편리한가를 되새기게 된다. 그런 과정 없이 곧바로 변수분리법 강의를 들었을 때는 결코 경험할 수 없는 감정이다.

단 10분간의 질문식 수업이 이러한 큰 경험의 차이를 만들어 낸다. 뿐만 아니라 학생들이 헤맨 10분의 시간이 사고력 발달을 위하여 결코 헛되이 보낸 것이 아님을 상기하여야 한다. 학생들은 이 시간 동안 문제를 풀려고 이렇게 해 보고 저렇게 해 보며 열심히 머리를 쓴다. 사고력은 반드시 문제의 답을 찾는 경우에만 발달하는 것이 아니라, 사고하는 과정에서 발달하기 때문에 문제의 답을 찾는 것과 상관없이 사고 활동의 시간을 늘리는 것이 중요하다. 그뿐만 아니라 이렇게 밑도 끝도 없이 어떻게 접근해야 할지 전혀 모르는 상황에서 10분 정도 집중적으로 사고 활동을 반복하다 보면 두뇌가 단련되어 장차 보다 장기적이고 집중적으로 사고하기 위한 기반이 다져진다.

이처럼 10분 정도 학생들에게 주어진 문제를 풀게 한 다음, 변수분리법에 대해 강의하고, 연습 문제로 유사한 문제 한두 개를 더 내준다. 이번에는 거의 대부분의 학생들이 문제를 쉽게 푼다. 다음은 치환하여 변수분리 형태로 바꾸는 내용을 배우게 되는데 이것도 미리 가르치지 않고 문제로 내 준다. 단, 힌트를 줄 수는 있다. 학생들이 대략 5분 정도 생각한 후에도 대부분이 풀지 못하면, 적당한 치환을 통하여 변수분리형으로 바꾸어 보라는 식의 힌트를 주는 것이다. 그러면 문제를 푸는 학생들의 숫자가 늘어난다. 그 다음에 다시 이 내용에 대한 강의를 한다.

수업이 끝날 때쯤이면, 그 다음 시간에 배울 내용에 해당하는 문제를 내준다. 진도 상 완전미분방정식이 된다. 이 문제 역시 학생 스스로 생각하여 풀기에는 대단히 어렵다. 그러므로 적절한 지침을 준다. 학생 스스로 생각해서 풀기는 어려운 문제지만 안 되더라도 최선을 다해 생각해 보라고 하고, 아무리 생각해도 모르겠으면 힌트를 참조하라고 한다. 파워포인트로 진행한 강의는 학생들에게 수업 자료를 따로 정리해 나누어 주는데, 힌트는 이 자료의 마지막에 붙여 준다. 도전을 좋아하는 학생들은 힌트 없이 스스로 풀기를 원한다.

공학 수학의 경우 75분 수업에 50분 정도는 이렇게 학생들이 문제를 푸는 데 할애하고, 25분은 강의를 통해 진도를 나간다. 파워포인트로 수업을 진행하기 때문에 25분의 설명으로도 칠판에 판서하는 75분의 강의 진도만큼 나갈 수 있다. 게다가 질문식 수업에서는 배울 내용에 대하여 학생들이 먼저 스스로 깊게 생각해 보기 때문에, 진도를 비교적 빨리 나가도 이해를 잘하는 편이다. 칠판 강의에서는 학생들이 필기하는 데 대부분의 시간을 보내지만, 질문식 강의에서는 파워포인트로 나가는 수업 내용을 전부 파일로 받을 수 있기 때문에 필기할 필요가 없다. 따라서 학생들은 수업 시간에 필기하는 대신 생각하는 데 많은 시간을 보내게 된다.

사실 다른 전공 수업에 비해서 공학 수학이라는 과목은 이러한 질문식 수업을 적용하기가 매우 부적합하다. 문제의 난이도가 너무 높기 때문이다. 공학 수학의 경우는 난이도를 적당한 수준으로 낮추기도 그렇게 쉽지 않다. 그래서 다른 과목과 달리 대부분의 학생들이 5~10분이 지나도 주어진 문제를 해결하지 못하는 경우가 빈번하다. 그럼에도 학생들은 앞으로 배울 지식의 내용을 먼저 설명해 주는 것보다 그 지식을 문제화하여 자신들이 그 문제를 먼저 고민할 기회를 갖는 것을 더 선호한다. 질문식 수업은 학생들의 학습 의욕도 고취시키는 것으로 보인다.

동영상 강의를 질문식 수업에 활용하는 방법

요즘은 인터넷 강의 혹은 동영상 강의가 널리 활용되고 있다. 많은 학생이 스마트폰을 통하여 유명 학원 강사의 강의를 듣는다. 앞으로 스마트폰과 통신 그리고 관련된 소프트웨어는 더욱 발달할 것이므로 스마트폰을 활용한 동영상 강의는 더욱 더 보편화될 것이다. 학생들은 아무 곳, 아무 때나 휴대폰으로 동영상 강의를 볼 수 있고, 필요한 부분은 반복해서 볼 수 있다. 동영상 강의는 교실 수업이 시작되기 전에 보고 오게 할 수도 있고 교실 수업이 끝난 후에 보게 할 수도 있다. 그러면 기존의 강의는 해당 동영상 강의로 대체하고, 오프라인 즉, 교실에서는 생각과 토론을 포함한 여러 창의적 활동을 할 수 있다.

이러한 시대에서는 기존의 일방적인 강의 중심의 수업 방식은 효용성이 계속 떨어질 수밖에 없다. 공부에 대한 흥미를 높이고 학교 수업이 동영상 강의에 의해 대체되지 않기 위해서는 그 시간, 그 사람들과 있을 때에만 경험할 수 있는 강한 지적 자극을 줄 수 있어야 한다. 나는 그 돌파구가 질문식 수업에 있다고 생각한다. 종전의 강의 중심의 수업은 동영상 강의로 쉽게 대체될 수 있지만, 학생들에게 적절한 지적 도전을 시켜 창의성과 문제 해결력을 발달시키는 질문식 수업은 동영상 강의로 대체되기는 어려울 것이다.

질문식 수업이 성공적으로 이루어지려면 질문에 대하여 학생들이 스스로 생각하게 하는 시간을 최대한 증가시켜야 한다. 질문의 난이도만 적절하다면, 생각할 시간을 많이 줄수록 학생들은 더 즐거워한다. 예를 들어 75분 수업에서 생각할 시간을 30분 정도 주는 것보다 50분 정도 주는 수업을 더 재미있어 한다. 그러다 보면 전달해야 할 지식의 양이 적어지는 문제가 일어날 수 있다. 수업 진도에 영향을 받게 되는 것이다. 이때 동영상 강의를 활용해 보완하면 좋다. 질문식 수업이 끝난 후 동영상 강의를 시청하게 하는 것이다. 이때 동영상 강의는 강의하는 교수자가 만든 것이어도 좋고 다른 동영상 강의라도 상관이 없다. 즉, 학생들은 교수자와 함께하는 교실에서는 주로 배울 내용에 대하여 생각하면서 보내고 수업이 끝난 후 잘 정리된 동영상 강의를 시청하는 것이다.

이 방식은 교수가 만든 동영상 강의를 수업 시작하기 전에 시청하게 하고 수업 시간에는 토론을 하는 기존의 플립러닝(flip learning)과는 조금 다르다. 플립러닝은 교실에서 토론하기 위하여 사전에 동영상 강의를 시청하지만, 질문식 강의는 교실에서는 학생들이 배우지 않은 내용에 대하여 생각하게 하고 이로 인하여 느려지는 진도를 보완하기 위해 수업 후 동영상 강의를 시청하는 것이다. 따라서 질문식 수업은 플립러닝보다 창의성과 사고력 발달에 더 비중을 둔 방식이라 할 수 있다.

공부하는 재미와
성취감을 주는 질문식 강의

이러한 방식의 수업에 대한 학생들의 반응은 강의 평가를 통해서 알 수 있다. 배울 내용을 바로 설명하지 않고 질문함으로써 학생들이 미리 생각해 볼 기회를 준 것이 좋았다는 평가가 많았고, 이런 방식의 수업이 재미있다고 이야기하는 학생도 의외로 많았다. 학생들의 적극적인 참여 유도와 신선한 수업 방식, 적절한 난이도 등이 좋았다는 평가도 있고, 처음에는 따라가기 힘들었지만 시간이 지날수록 흥미를 갖게 되었고 전공 분야에 대한 흥미가 생겼다는 학생들도 많았다.

2009년 2학기 445.102 001 재료공학원리 1　　　　　　+출력　+자료받기　+닫기

공통문항

[1.질의] 이 강의에서 특별히 좋았거나 인상 깊었던 점을 적어 주십시오.(Please write down any things that you felt were especially impressive about this course.)

-> .

-> 교수님의 수업참여 유도방식이나 생각의 중요성 등을 알 수 있는 수업이었습니다.

-> 교수님이 정말 좋으세요~ 몰입에 대한 강의도 정말 인상깊었습니다^^ 수고많으셨어요

-> 몰입

-> 어떤 주제에 대해서 바로 가르쳐 주시지 않고 생각할 시간을 주신 점이 참 좋았습니다. 깊이 생각해 보는 것을 배웠던 좋은 강의였습니다.

-> 영어로 첫강의. 학생들이 듣기 편하게 천천히 설명해주셨다.

-> 학생들과 함께하시는 수업 방식이 굉장히 신선했습니다.

-> 황농문교수님께서 너무 잘 가르쳐주셔서 무한한 감사를 드립니다. 영어강의라 긴장을 많이 했는데, 황농문 교수님께서 워낙 쉽게 설명해 주셔서 잘 따라갈 수 있었던 것 같네요^^. 다시한번 교수님 수업을 들을 기회가 있었으면 좋겠습니다.

[2.질의] 이 강의에서 특별히 아쉬웠거나 개선할 점이 있으면 적어 주십시오.(Please write down any things that you thought needed improvement about this course.)

-> .

-> 재료공학원리라는 과목의 특성상 짧은 시간동안 많은 분야를 다루는것에 대한 어려움. 지나치게 재수강생들이 많았음.

-> 학생들에게 질문을 하실 때 학생들이 적극적으로 대답할 수 있는 분위기가 형성되지 못한 것이 아쉽습니다.

[그림 6-2] 필자의 강의를 들은 학생들의 강의 평가 화면

특히 영어로 수업할 경우 질문식 수업이 여러 가지로 유리하다. 교수자가 영어를 유창하게 구사하지 못하더라도 준비한 질문을 하고 학생은 질문에 대하여 생각하면서 앞으로 배울 내용을 스스로 이해할 수 있기 때문이다. [그림 6-2]는 재료공학원리라는 과목을 영어로 진행한 수업에서 학생들의 주관식 강의 평가를 가감 없이 소개한 것이다.

강의 평가 외에도 학생들이 강의에 대한 소감을 개인적으로 이메일로 보내기도 한다. 이러한 메일은 특정한 학생의 의견이기 때문에 주관성이 강하지만 학생들이 강의에 대한 소감을 보내는 경우는 흔치 않기 때문에 중요한 의미가 있고 교수자의 강의에 대한 학생들의 입장을 알아볼 수 있는 중요한 정보가 된다. 학생들이 보내 온 메일

중에 학부생과 대학원생이 보낸 메일을 각각 하나씩 소개한다. 다음은 공과대학의 '재료공학개론'의 학부 과목을 수강한 학생이 보낸 메일 내용이다.

> 저는 사실 공대생임에도 불구하고 수업을 들으면서 전공 공부에 대한 자신감도 많이 잃고 흥미도 많이 잃었던 학생이었습니다. 그러다 보니 전공 공부에 소홀하게 되었고, 전공 공부를 피하고 싶다는 생각도 많이 했습니다. 하지만 교수님 수업을 들으면서 다른 전공 수업도 이렇게 배웠다면 얼마나 도움이 되었을까 하는 생각을 하게 되었습니다. 그러다 보니 수업도 재미있고 흥미 있게 참여하게 되었습니다. 수업을 통해서 이해하고 얻어 가는 시간이 무척 즐겁습니다.

학부 교육뿐 아니라 대학원 교육에서도 창의성 교육을 해야 한다. 학부 수업과는 달리 대학원 수업에서는 지식의 습득보다는 해당 과목의 중요한 개념을 심층적으로 이해하는 것이 더 중요하다. 그래서 학생들에게 학부 수업보다 더 많은 시간을 생각하도록 요구한다. 필자는 대학원에서 '열역학'과 '반도체 재료 특강' 수업을 맡고 있다.

특히 '반도체 재료 특강'에서는 내가 지난 25년 이상 연구해 온 새로운 내용을 가르치는데, 새로운 사실을 발견하게 된 과정에서 내가 고민했던 문제들을 학생들에게 생각해 보게 한다. 이 과정에서 문제가 주어질 때 어떻게 접근해야 하는지에 대한 방법론, 그리고 문제 해결을 위하여 내가 사용한 방법론 등을 소개한다.

대학원 과정은 학부 과정에 비해 진도에 구애받지 않기 때문에 더 본격적으로 질문식 수업을 할 수 있다. 특히 특론이나 특강의 경우는 시간에 대한 제약이 없어서 자유롭다. 그런 면에서 학생들에게 미지의 문제를 해결해 나가는 방식을 보다 더 구체적으로 전달해 줄 수 있다.

다음은 '반도체 재료 특강'이라는 대학원 과목을 수강한 학생이 보낸 메일 내용이다.

이번 수업을 듣기 전에 교수님의 대학원 열역학 수업을 들었습니다. 그때 교수님께서 '반도체 재료 특강'을 들으면 더 심도 있게 몰입하는 연습도 하고 생각할 시간도 많다고 하셔서 이번에 듣게 되었습니다. 이번 수업을 듣고 교수님께 감사의 말씀을 전하고 싶어서 메일 드립니다. 사실 저는 대학에 와서 전공 공부도 대충했고 하기도 싫어했습니다. 재미가 없었거든요. 그런데 교수님 수업을 들으면서 연구와 공부에 재미가 생겼습니다.

대학에 온 뒤로 문제를 해결하면서 얻는 성취감을 까맣게 잊고 지냈는데 교수님께서 다시 일깨워 주셨습니다. 덕분에 지금은 제 연구도 재미있고 문제의 해결도 교수님께서 수업 시간에 알려 주신 방법대로 단순화시켜서 쉬운 것부터 한 계단씩 풀어 가고 있습니다.

제가 교수님 수업을 통해 가장 많이 배운 점은 문제를 해결하는 방법입니다. 교수님께서 다이아몬드 화학 증착을 연구하면서 겪으신 고민들과 문제들, 그리고 그 문제들을 해결해 나가는 사고 흐름을 그대로 수업 시간에 전해 주셔서 현재 공부하고 있는 학생으로서 큰 도움이 되었습니다. 개인적으로는 다른 교수님들도 이러한 방식으로 수업해 주셨으면 하는 바람이 있습니다.

앞으로 다른 이론들에 대해 수업을 하시게 되더라도 지금처럼 교수님의 사고 흐름을 그대로 수업 자료에 옮겨서 해 주시면 좋을 것 같습니다. 수업 내용에 대한 이해도 훨씬 잘 되고 스스로 생각할 기회도 많아지는 것 같습니다. 교수님 수업을 통해 정말 큰 걸 배웠습니다. 다시 한 번 감사의 말씀을 드립니다.

창의성 교육을 확대하기 위해서는 일부 사명감을 가진 교수들에게만 맡겨서는 안 된다. 정부와 대학이 함께 적극적으로 나서야 한다. 창의성 교육을 시도하는 교수들의 애로사항 중에 하나가 강의실 수업보다 훨씬 더 많은 에너지를 쏟아 내지만 강의 평가에서 학생들로부터 오히려 나쁜 점수를 받는다는 것이다. 왜냐하면 강의 평가에 창의성에 대한 항목이 없기 때문이다. 따라서 창의성 교육을 장려하기 위해서는 강의 평가에 창의성 항목을 포함시켜야 할 것이다. 예를 들면 강의 평가에 "이 수업을 통하여 창의성이 발달되었는가?" 혹은 "교수님은 학생들의 창의성 발달을 위하여 노력한다"와 같은 항목을 포함시키는 것이다.

창의성을 키우는 교실에서
교사는 안내자가 되어야 한다

교사가 학생에게 가르쳐 주어야 할 가장 중요한 지식은 무엇일까. 그것은 지식 자체가 아니라 지식을 깨닫는 방법이다. 가르치는 사람이 먼저 답을 말해 버리면 학생은 정해진 답 이상의 생각을 하지 못한다. 그러나 가르치는 사람이 질문을 하면 학생은 머리를 쓰기 시작한다. 자신의 생각을 다른 사람에게 전달하기 위해 논리를 세우고 근거를 찾으며 점점 더 생각을 발전시켜 나간다.

어려운 문제를 던져 주고 스스로의 힘으로 풀도록 격려하는 것도 마찬가지다. 미지의 문제를 풀기 위해 고민하는 순간부터 사고력과 창의성은 발휘된다. 이런 지적 도전이 자주 이루어진다면 그 학생은 탁월한 창의성을 발휘하는 천재로 키워질 수도 있다.

Chapter 7

상상과 창조의 경제학

김세직 교수 (경제학부)

창조형 수업

　우리나라 경제의 장기성장률은 1990년대 초반 이후부터 2000년대 중반까지 지속적으로 추락해 왔고, 그러한 하락 추세가 그 후로도 지속될 가능성은 필자가 서울대에서 가르치기 시작한 10년 전에도 이미 매우 높아 보였다. 한마디로 한국 경제가 심각한 '성장 위기'에 처해 있음이 명백해 보였다.

　경제 성장 이론에 비추어 볼 때, 그러한 성장 추락 현상의 근저에는 경제 발전 단계를 따라가지 못하는 낙후된 교육이 도사리고 있음도 명백해 보였다. 이러한 문제의식하에 쓴 일련의 정책 논문들에서, 필자는 우리나라가 경제 성장을 회복하기 위해서는 창조형 인적 자본 육성과 이를 위한 교육 개혁이 필수임을 논하고 구체적인 교육 개혁 방안들을 제시하였다. 그중 구체적인 교육 현장에서의 개혁 방안으로 학생들이 스스로 생각하는 훈련을 가능하게 하는 '리서치 수업-토론식 수업'의 도입과 정답이 없는 '열린 문제'의 적극적 도입을 10년 전에 제안하였다.

더 나아가 지난 10년에 걸쳐 필자 스스로도 실제 경제학 수업을 이러한 〈창조형 수업〉으로 진행해 보고자 다양한 시도를 해 왔다. 여기서 '창조형 수업'이란 과제에 대한 학생들의 리서치와 그 결과에 대한 수업 내에서의 토론, 그리고 문제 형식에서 열린 문제의 도입을 특징으로 하는 형태의 수업을 말한다.

다음은 필자의 수업 중 '화폐금융론'에서 부족하나마 어떤 식으로 창조형 수업을 시도해 보았는지에 대한 조그만 기록이다.

돌화폐 섬에서의 일주일

'창조형 수업'은 질문으로 시작한다. '화폐금융론'은 화폐와 금융에 관련된 다양한 주제들을 다루는 경제학 과목이다. 이 과목은 매주 화폐와 금융과 관련한 한 가지 주제에 대해 깊이 생각할 수 있는 질문을 학생들에게 과제로 내주는 것으로부터 그 주제에 대한 수업이 시작된다. 그리고 일주일간 과제로 던져진 질문에 대한 답변에 학생들이 적극적으로 참여하고 독창적 아이디어를 제기할 것을 권장한다.

지난번 화폐금융론 수업 첫 주의 주제는 '화폐'였는데, 다음과 같은 과제를 던져 주었다.

"밀턴 프리드먼이 쓴《화폐경제학》1장의 〈돌화폐의 섬〉을 읽고,

'돈이란 무엇인가?'라는 질문에 대해 상상의 나래를 펴고 자신만

의 독창적이고 흥미로운 이론을 전개해 보라."

1960~70년대, 시카고학파를 대표하던 화폐와 거시경제학의 거두 밀턴 프리드먼은 그의 저서《화폐경제학》의 첫 장을 복잡한 수식이 아니라 우화 같은 이야기로 시작한다. 얩(Yap)이라 불리는 태평양 상의 조그만 섬이 있는데, 섬사람들은 직경이 40센티미터에서 5미터 되는 돌바퀴를 화폐로 쓴다. 섬사람들은 실물 거래에 돌화폐를 지급 수단으로 이용한 후에도 그 돌이 자기 것이라는 인정을 받는 것에 만족할 뿐, 굳이 그 돌을 원래 주인의 집에서 자기 집으로 옮기지도 않는다. 심지어는 몇 세대 전 먼 섬에서 채취하여 가지고 오다가 바다 속에 빠뜨린 돌도 이 섬사람들은 서로 화폐로 인정하고 실물 거래 시 지급 수단으로 이용한다는 것이다.

프리드먼은 화폐의 신비한 본질을 말하기 위해 이 우화 같은 돌화폐 섬의 이야기로 그의 화폐 이론을 시작한다. 본 화폐금융론 수업의 학생들도 이 우화 같은 돌화폐 섬 이야기로부터 수업을 시작하였다.

요즈음 한창 이슈가 되고 있는 비트코인의 할아버지 격이라 볼 수 있는 돌화폐 섬 이야기에 대해 깊이 생각해 보게 한 후, 과제로 "돈이란 무엇인가?"라는 질문을 던진다. 단, 학생들 자신이 다른 수업에서 이미 배운 바가 있는 화폐에 관한 이론(예를 들어 거시경제학 수업 시간에

배우는 화폐의 네 가지 정의 즉, 교환의 매개 수단, 지불 수단, 계산 단위, 가치 저장 수단으로서의 화폐)은 배제하고, 그것을 넘어서 이전에 들어 보지 못한 자신만의 새로운 이론 혹은 스토리를 스스로 생각해 내어 질문에 답해 보라는 것이었다.

이렇게 과제로 던져진 질문에 대해, 일주일 동안 깊이 생각하여 자신만의 생각, 창의적인 답안을 시도하고 발전시켜 보는 훈련을 하는 것이 필자가 이 수업에서 무엇보다 중요하게 생각하는 부분이다. 특히 일주일이란 시간을 주어, 다양한 자료를 찾아보고 문제의 본질을 충분히 깊이 생각하도록 하고, 그러한 깊은 사고와 상상에 입각하여 창의적인 아이디어를 생각해 내기를 필자는 기대한다.

일주일의 상상이 지난 후 수업 시간, 학생들은 일주일 동안 생각하고 리서치해 온 자신만의 아이디어 혹은 이론을 수업 시간에 발표한다. 다른 학생들이 발표 내용에 대해 질문하면서 발표는 토론으로 발전한다. 수업은 이렇게 학생들이 일주일 동안 수행한 리서치에 입각한 '리서치 수업'과 이에 뒤이은 '토론식 수업'이 결합한 형태를 취한다.

필자는 과제나 토론에서 많은 경우 '정답'이 없음을 강조하고, 독특한 아이디어들에 대해서는 칭찬을 해 준다. 이를 통해 혹시 다른 사람들 앞에서 '오답'을 말하지나 않을까, '헛소리'하는 사람으로 비추어지지나 않을까 하는 걱정 없이 마음껏 자유로이 생각하고 의견을 개진할 수 있는 환경을 만들어 주기 위해 노력한다.

바나나 이자율

    일주일에 한 번 돌아오는 세 시간의 수업은 전반부와 후반부의 두 부분으로 나뉜다. 전반부는 일주일 과제로 던져진 질문들에 대한 학생들의 발표와 토론으로 이루어진다. 수업의 후반부에서는 그러한 질문들과 관련된 주제들에 대한 필자의 강의가 이어진다.

    강의 시간도 필자가 질문을 던지는 것으로 시작된다. 강의는 관련 주제에 대한 모든 디테일에 대한 설명보다는, 핵심 이슈에 초점을 맞추어 그 이슈를 깊이 파고 들어가는 방식으로 진행한다. 또한 학생들이 책에 나와 있는 기존 이론을 단순히 암기하며 피상적으로 배우도록 하기보다는 간단한 상황, 우화나 단순 모형을 이용하여 이론의 결론을 학생들이 강의 중 직접 도출해 보도록 유도한다.

    예를 들어, 이러한 질문으로 이자율에 관한 강의를 시작한다.

    "돈이 없는 경제에 이자율이 존재할까?"

다양한 학생들의 답이 나오면, 뒤이어 묻는다.

    "이자율이란 과연 무엇인가?"

많은 학생이 거시경제학 수업 등을 통해 이미 이자율에 대해 공부했지만, 이 질문에 대해 답하는 과정을 통해 자신들이 이자율 개념을 피상적으로만 알고 있었음을 깨닫는다. 필자는 질문에 대한 학생들의 답을 들은 후, 이를 이에 대한 경제학자들의 다양한 이론이나 견해와 연결하여 이야기한다. 이를 통해 이자율이라는 개념의 본질을 정확히 이해하기 위해서는 금융의 본질, 금융과 시간의 관계 등에 대한 매우 깊은 사고가 필요함을 깨닫도록 한다.

질문은 이어진다.

"바나나를 빌리고 빌려 주는 경우에는 이자율을 어떻게 정의할까?"

이어서 '바나나 이자율'을 어떻게 계산할지를 질문한다. 이를 통해 학생들이 '실질이자율' 개념의 본질을 이해하도록 유도한다.

연이어 다음과 같이 묻는다.

"바나나와 지폐가 존재하고 시간은 오늘과 내일만이 존재하는 간단한 경제에서 실물이자율과 명목이자율, 인플레이션 간에 어떤 관계가 성립하는가?"

이는 화폐경제학에서 유명한 '피셔 방정식'을 머릿속에서 식으로 도출해 보라는 것이다.

강의는 이러한 '교수 질문-학생 생각의 주고받기' 과정을 통해, 학생들 스스로 이슈의 본질을 깊이 있게 이해하도록 하는 데 초점이 맞추어진다. 학생들이 이슈의 본질에 대한 깊은 이해를 얻게 되었다고 판단되면, 그와 관련된 정답 없는 문제를 추가적인 질문으로 던진다. 필자는 이를 통해 이슈에 대한 깊은 이해에 입각하여 학생들이 창의적인 아이디어를 제기하는 시도까지 해 보도록 하는 것을 목표로 한다.

수업에서 필자가 강의하거나 과제로 주어지는 주제들은 화폐, 금융, 이자율, 그리고 금융 시장과 금융중개기관(은행)을 포함한 금융제도, 포트폴리오 이론, 효율적 시장 가설, 금융 위기, 금융 위기 시 중앙은행의 역할 등 화폐와 금융에 관한 주요 개념과 이론들을 대부분 포함한다. 단, 수업에서는 이러한 주제들에 대해 학생들이 경제학 지식을 피상적으로 습득하는 것을 넘어서, 그 본질을 꿰뚫어 볼 수 있는 능력을 키우고, 이에 입각하여 새로운 아이디어를 내는 훈련을 통해 창의성을 계발하는 것을 보다 중요한 수업 목표로 삼는다. 강의계획서 슬라이드 첫머리에도 "강의 목표: 창의성 〉 경제학 지식"이라고 써 놓고 강조한다.

장자와 록 뮤직

특히 일주일 동안 생각할 과제로 던져지는 질문들을 만들 때 '창의적 질문'이 되도록 필자는 많은 시간을 들여 고민을 한다. 화폐금융론의 주제를 다루되 학생들이 보다 창의적으로 생각하도록 유도할 수 있는 질문이 무엇일지를 고민한다.

필자는 학생들에게 과제들은 정답이 없는 문제이니 상상력을 발휘해서 마음껏 쓰라고 권장한다. 필자가 정답이 없는 문제라고 해도 정답 찾기 교육에만 익숙해 온 학생들은 처음에는 정답이 없다는 것에 어색해하고 무엇인가 정답이 있지 않을까 하고 그 정답을 찾으려 한다. 그래서 과제를 낼 때 계속 '정답은 없다'고 반복 강조한다. 형식이나 분량 제한도 없다. 과제의 질문도 각자 나름대로 달리 해석해서 답할 가능성을 열어 놓기 위해 가능하면 너무 구체적이지 않은 질문을 낸다. 보다 자유롭게, 틀을 깨는 창의적인 생각을 해 보라는 뜻이다.

이에 더해, 학생들의 상상력과 창의성을 자극할 수 있도록 다양한 유형의 과제들을 부과한다. 지난 학기 과제로는 다음과 같이 동서양 철학 사상과 연결된 과제가 부과되기도 하였다.

"장자는 경제학 이론과는 어떠한 점에서 유사성이 있는가?"

"이성적인 것은 현실적이고 현실적인 것은 이성적이라는 헤겔의 명제와 화폐, 금융 제도에 대한 경제 이론의 설명과의 유사성은?"

또는 과제를 통해 음악을 금융과 연결시키기도 하였다.

"영국의 유명한 록밴드 다이어 스트레이츠의 노래 〈*Money for Nothing*〉 뮤직비디오를 보고, 고소득 연예인의 고소득과 월스트리트 금융업 종사자의 고소득의 원천이 무엇인지, 불로소득의 측면은 없는지에 대해 자신의 견해를 펼쳐 보라."

〈톰과 제리〉와 같은 만화영화나 초현실주의 회화를 이용한 과제가 부과되기도 하였다.

과제로 던져진 질문들에 대해서, 처음에는 학생들이 경제학에서 널리 알려진 학설을 이용해 평범한 답을 써 내거나 서로 비슷한 답을 제시하기 일쑤다. 그러나 시간이 지나면서 강의 중·후반부터는 학생들이 각자 자신만의 창의적인 답을 쓰기 시작한다. 학생들의 리포트도 점점 더 길어지고, 보다 다양해진다.

기꺼이 일주일 내내 생각하여 과제를 작성하는 학생들도 늘기 시작한다. 강의 중반부터 과제를 제출하지 않아도 패널티가 없는 '옵셔널' 과제로 과제 성격을 바꿔도 많은 학생이 계속 자발적으로 과제를 수행한다.

필자를 놀라게 하는 매우 창의적인 답들이 나온다. 다양한 수식을 써서 경제학 모델을 만들어 발표하는 학생들이 등장한다. 〈*Money for Nothing*〉 과제에 대해서는, 리포트를 랩으로 만들어 와 발표를 멋진 랩으로 들려주는 학생들이 매년 한 명은 등장한다. 마지막 과제는 학생들이 흥미로운 시나리오나 콩트를 만들어 온다.

불나라의 얼음 화폐

중간·기말고사도 과제나 교수 강의와 함께 창의성을 키우기 위한 중요한 부분이다. 중간·기말 시험 문제 중 절반은 수업에서 다룬 주제들의 핵심 아이디어에 대해 묻는 정답이 있는 문제로 출제한다. 그리고 나머지 절반은 정답이 없는 '열린 문제'를 출제한다.

열린 문제는 "상상의 날개를 펴고 최대한 창의적으로 답하라"라고 하고, 창의성과 논리성을 기준으로 평가한다.

지난 수업 중간고사 때 출제했던 열린 문제의 하나는 다음과 같다.

"1년 내내 섭씨 30도가 넘는 '불나라'가 있다. 이 나라에서 얼음을 화폐로 도입하는 효율적인 방법은?"

이 문제는 화폐의 본질에 대한 '돌화폐의 섬' 과제와 화폐에 대한 교수의 강의를 통해 화폐 본질에 대해 깊이 이해한 후, 이에 입각하여 창의적인 아이디어를 내기를 기대하며 낸 문제다.

이 문제는 화폐로서의 얼음이 녹아 없어지는 문제를 어떻게 해결할지가 관건이다. 나라면 어떻게 답할 것인가?

많은 사람이 쉽게 생각할 수 있는, 따라서 상대적으로 평범한 답안은 냉장고, 아이스박스같이 얼음이 녹는 것을 막기 위한 용기를 이용하는 방법일 것이다.

한 학생이 낸 좀 더 독창적인 답안이 있었는데, 그것은 더워도 '녹

지 않는 얼음'을 개발하여 화폐로 이용한다는 것이다. 더우면 얼음
은 녹는다는 고정관념을 깬 답안이었다.

또 다른 답안은 속이 보이지 않는 불투명한 작은 용기에 얼음을
넣어서 화폐로 유통하는 방법이다. 물론 얼음은 녹을 것이다. 그러
나 사람들이 그 용기 안에 얼음이 들어 있다고 믿기만 하면 화폐로
이용될 수 있다는 것이다. 화폐는 '믿음'이라는 화폐의 본질을 이해
하면서, 얼음이 녹지 말아야 된다는 고정관념을 깬 흥미로운 답안이
었다.

또 다른 답안은 기존에 사용하던 지폐를 이름만 바꾸어 얼음이라
부르고, 얼음을 파운드나 달러처럼 화폐 단위로 사용하는 방법이다.
굳이 처음부터 얼음이라는 '실물'이 필요 없이, 얼음이라는 '이름'만
있어도 된다는 아이디어다. 특히 화폐란 무엇이 되었건 구성원들이
서로 화폐로 약속하거나 믿기만 하면 화폐가 될 수 있다는 화폐의
본질에 대한 깊은 이해에 입각하여 나온 창의적인 아이디어의 또 다
른 예라고 판단하였다.

중간고사나 기말고사 때 출제한 또 다른 열린 문제는 다음과 같다.

"정부가 갑자기 대출을 금지했을 때 어떤 일들이 벌어질지 상상
해 보라."

"은행과 봉이 김선달의 유사점과 차이점은?"

"이제까지 지구상에 존재하지 않던 금융 상품을 개발하시오."

이 문제들도 모두 과제와 강의를 통해 얻은 은행과 금융 상품의 본질에 대한 깊은 이해에 입각해 창의적인 아이디어를 생각해 내기를 기대하며 낸 문제들이다.

주관과 객관 사이

창의성 수업에서 제일 어려운 부분 중 하나는 '창의성 평가'다. 이 수업에서는 강의계획서에서부터 "시험, 과제, 토론, 학기말 리포트 등의 평가에 있어서 창의성이 중요한 평가 요소"라고 강조한다. 그러나 창의성 평가는 주관적일 수밖에 없다. 정답이 있는 문제는 정답을 맞혔는지를 기준으로 객관적으로 평가할 수 있지만, 창의성은 평가자의 주관적 판단에 따를 수밖에 없다.

이러한 문제를 해결하기 위해 학계에서 쓰는 방법 중 하나는 복수의 평가자를 두는 방법이다. 이 수업에서도 열린 문제를 평가할 때, 교수도 평가하고 조교도 평가하여 간주관성(inter-subjectivity)을 확보하려 한다. 또 다른 방법은 창의성 평가에 대해 이해 당사자 간의 생각에 차이가 날 때, 평가 경험이 많은 전문가가 최종 평가를 하는 방법이다. 이 수업에서는 그 역할을 담당 교수인 필자가 맡는다.

평가자인 필자와 조교는 평가에 매우 많은 시간을 투자한다. 똑같은 답안을 때로는 몇 번씩 보면서, 혹시 답안에 숨겨진 정말 창의적인 아이디어를 놓치고 넘어가는 것은 아닌지 고민하면서 평가한다.

창의성 평가 시스템의 정착을 위해서는, 창의성에 대한 주관적 평가의 불가피성에 대해 피평가자들에게 미리 알려주고 동의를 구하는 것도 중요하다. 수업 첫 시간에 필자는 학생들의 창의성에 대해 그 본질상 교수가 주관적 평가를 할 수밖에 없음을 설명하고, 학생들이 이 수업을 계속 수강하는 것은 이러한 교수의 주관적 평가를 받아들이겠다는 상호계약에 동의함을 의미한다고 미리 이야기한다.

또한 창의성 평가의 신뢰성 확보를 위해 필자는 수업 중 학생들에게 창의성과 창의성 평가에 대한 강의와 토론도 진행한다. 특히 독특한 시험 답안 등을 이용해 구체적 예를 가지고 자연스럽게 창의성 문제에 대해 토론하고 생각할 기회를 갖는다.

'초시결공'을 아시나요?

지난 학기 중간고사에는 보너스 문제로 이러한 문제를 냈다.

"금융 혹은 이자율의 본질을 사자성어로 표현하라."

이 보너스 문제의 모든 답안에는 기본점수가 주어졌고, 이 중 금융의 본질을 꿰뚫는 통찰력 있는 네 자짜리 사자성어를 제시하고, 이를 논리적으로 설명한 몇몇 창의적인 답안에는 가산점이 주어졌다.

답안 중에는 '초시결공(超時結空)'이라는 처음 보는 사자성어가 필자의 눈을 번쩍 뜨이게 했다. '시간을 뛰어넘고 공간을 잇다'라는 멋진 사자성어다. 답안을 쓴 학생은 인류를 시공간적으로 뻗어 있는 하나의 '4차원 개체'로 이해했다. 그리고 돈과 금융을 그러한 4차원의 개체 속을 흐르는 혈류에 비유하는 통찰력을 보여 주었다. 더해서 이러한 자신의 아이디어를 기존의 사자성어로는 표현하기 어렵다고 생각하여, 이 세상에 없던 새로운 네 자짜리 사자성어를 직접 만들어 낸 창의적인 답안이었다. 기존에 학교에서 배운 한자성어를 이용해야 된다고 암묵적으로 본인에게 제약을 가했을 수도 있었을 텐데, 그러한 제약 없이 스스로 새로운 말을 만들어 낼 생각과 용기를 보여 준 것이 매우 훌륭하였고, 이에 가산점이 주어졌다.

수업에서는 이 학생의 답안을 예시로 이용하여 학생들이 창의성에 대해 새로운 각도에서 고민해 볼 기회를 갖도록 토론을 진행하였다. 토론을 시작하자마자, '이미 존재하는 사자성어가 아니라 새로 만든 사자성어를 쓰는 것이 옳은지'에 대한 문제 제기가 있었다. 그리고 이에 따른 열띤 논쟁이 자연스럽게 이루어졌다.

필자는 창의성이란 '새로운 것을 생각하고 만들어 내는 능력'이라고 정의한다. 이러한 정의에 따르면, 새로운 사자성어를 만들어 내는 것이 가장 창의적인 행위임에도 불구하고, 많은 학생이 새로운 사자성어를 만드는 것은 적절하지 않다고 스스로 창의성에 제약을 가한 것은 아닌지 돌아보는 계기가 되기를 필자는 기대하였다. 다행히 논쟁을 통해 많은 학생이 창의성에 대한 중요한 제약은 다름 아닌 자기 자신, 혹은 자신의 관성적 사고임을 깨달은 것으로 판단된다. 토론 후 한 학생은 "문제에서는 사자성어를 새로 만들어 쓰지 말라는 말이 전혀 없었음에도 학생들은 이미 통용되는 것만을 사용하도록 스스로의 사고를 구속하고 있었다. 따라서 그러한 구속을 벗어나는 것이 공부하는(창의성을 기르는) 바른 자세일 것"이라고 말하기도 하였다.

사자성어 vs 육자성어

이 사자성어 문제에 대해 "진인사대천명(盡人事待天命)"이라고 답한 학생도 있었다. 이 예를 이용하여 창의성에 대해 보다 깊이 있는 토론을 진행하였다.

여러 학생이 간단히 두세 줄로 답하기도 한 이 문제에 대해, 이 학생은 한 페이지에 걸쳐 나름의 이론을 제시하고 이를 논리적으로 전개하였다. 학생에 따르면, 금융을 통해 돈을 빌려 주거나 투자하는 사람들은 다양한 정보를 이용한 통계적 기법 등으로 미래를 예측하여 위험을 최소화하고 수익을 최대화하기 위해 최대한 노력한다. 그러나 모든 투자자가 그렇게 하면 결국 누구도 남들보다 예상 수익이 높아질 수 없고, 결국 이런 상황에서 남들보다 더 높은 수익을 얻은 것으로 판명난 사람이 있다면 그는 운(luck)이 좋은 사람이라고 할 수밖에 없다. 따라서 금융 투자자들은 최선을 다하되 '운'을 기대하며, '진인사대천명'의 심정으로 결과를 받아들일 수밖에 없다는 주장이었다. 이러한 주장은 노벨경제학상을 수상한 유진 파마의 '효율적 시장 가설'과 맥락이 비슷한 주장이었다.

수업 시간 혹은 시험 시간에 던진 질문에 대해, 학생들이 종종 배운 적도 없는데 노벨상 수상자의 핵심 아이디어 중 하나를 제시하는 것을 보며 교수로서 감동하곤 한다. 이 학생의 답도 그러한 경우로 보였다. 효율적 시장 가설은 중간고사 이후에 강의했기 때문에, 이 학생이 적어도 이 이론을 내 수업에서는 배운 적이 없었다. 그럼에도 효율적 시장 가설과 비슷한 아이디어를 학생이 전개하였고, 더 나아가 효율적 시장 가설하의 투자자들의 심리에까지 감정이입을 하여 진인사대천명이라는 인생철학으로 연결시켰기 때문에 높이 평가하였다.

물론 학생이 효율적 시장 가설을 이미 알고 답했을 가능성과 모르고 답했을 가능성이 둘 다 존재하고, 필자는 이를 정확히 알 수 없다. 이러한 불확실성하에서, 필자는 학생이 기존 이론을 모르는 상태에서 이러한 아이디어를 답했을 것이라고 추정하여 창의적인 답안으로 평가하였다. 영어에 "benefit of doubt"라는 표현이 있는데, 불확실할 때는 상대방에게 유리한 쪽으로 해석한다는 의미다. 학생들 평가, 특히 창의성 평가에 있어서 이 원칙을 늘 적용하는데, 물론 이 경우에도 적용하였다.

이 학생 답안은 내용 이상으로 형식이 흥미로웠다. 그 이유는 이 학생이 사자성어로 표현하라는 문제에 대해 여섯 자의 성어로 답하였다는 점이다. 이는 '문제의 틀 자체'를 깨고 제시한 답변이다. 사자성어를 '고사성어' 혹은 '한자성어'로 해석해 질문의 틀에 갇히지 않은 파격적 접근을 한 것이라고 판단되었다. 이러한 종류의 파격은 창의적인 업적들의 중요한 요소인 경우가 많다. 경제학 역사에 있어서도 많은 위대한 이론, 창의적인 이론들은 기존 이론의 문제 틀을 깨고 새로운 질문을 던지는 것에서 시작된 경우가 많다.

그럼에도 이러한 파격은 언제나 창의성 혹은 창의적 업적에 대한 평가에 있어서 가장 논쟁이 될 수 있는 부분이다. 특히 정답 있는 문제만 풀어 보고, 정답 찾는 교육에만 익숙해진 한국 학생들, 그리고 일반 대중에게는 금방 납득이 가지 않을 수 있는 부분이다. 그러나 고정관념을 깨는 파격을 학생 때부터 시도하지 않는다면, 그리고 사회가 이러한 파격에 대해 용인하고 권장하는 문화가 형성되지 않으면, 우리나라 경제 성장 원동력의 근본을 바꾸는 '창의성 개혁'은 요원하다고 생각되었다.

이런 점에서 학생들이 창의성에 대해 깊이 생각할 중요한 기회라고 생각하여, 여섯 자짜리 사자성어 답안에 대한 교수의 주관적(?) 평가에 대해 학생들에게 이야기해 주고 토론을 시작하였다. 예상대로 여러 학생이 여섯 글자 성어를 사자성어로 인정하는 것, 그것도 창의적인 답안이라고 교수가 평가하는 것에 대해 이의를 제기하였다. 네 글자가 아닌데 왜 사자성어인가? 창의성을 평가해도 네 글자라는 틀 안에서 창의성을 평가해야 하는 것 아닌가? 모두 타당한 이야기였다.

이 문제에도 정답은 없다. 학생들의 생각도 맞다. 더 나아가 교수를 포함하여 그 어떤 생각이나 권위에도 의문을 제기하는 것이 창의성의 첫걸음이기에 학생들의 문제 제기는 훌륭했다.

여섯 자로 쓴 사자성어에 대해 감점을 해야 하는지 가산점을 주어야 하는지에 대한 정답은 없다. 단, 너무도 절실한 목적, 즉 우리 학생들의 창의성을 키워 한국 경제의 미래를 고양한다는 목적하에서 필자의 선택은 명료해 보인다. 무엇인가 창의성의 싹이 보이면 최대한 보호하고 키워 주는 방향으로 노력해야 한다.

필자는 이런 점에서 창의성 평가에 있어서 '실용주의적 진리관'을 택하지 않을 수 없다. 주어진 목적을 달성하기에 가장 적합한 것이 진리고 정답이다. 여섯 자 사자성어를 창의적이라고 가산점을 주는 것이 네 글자가 아니어서 틀렸다고 감점하는 것보다 학생들이 향후 보다 창의적인 인재로 성장하여 나라의 경제 발전에 도움이 된다고 판단되면, 여섯 자 사자성어는 창의적인 답안, 달리 말하면 '정답'인 것이다.

이것은 파이프가 아니다

사자성어 이슈에 대한 학생들의 반응을 예상하여, 한 주 동안 학생들이 창의성 문제를 보다 더 깊이 생각해 보도록 할 목적으로 미리 준비했던 과제를 내주었다. 초현실주의 화가 르네 마그리트의

[그림 7-1] 초현실주의 화가 르네 마그리트의 〈이미지의 반역〉
(ⓒ René Magritte / ADAGP, Paris – SACK, Seoul, 2018)

〈이미지의 반역〉이었다.

이 그림의 캔버스 위쪽에는 담배 파이프 하나가 그려져 있다. 아래쪽에는 "이것은 파이프가 아니다"라는 커다란 글귀가 쓰여 있다. 파이프를 그려 놓고 파이프가 아니라고 써 놓은 르네 마그리트의 그림 〈이미지의 반역〉을 보고 창의성의 중요한 특성이 무엇인지를 생각해 보라는 과제였다.

이 그림은 파이프를 그려 놓고 파이프가 아니라고 말하고 있다. 일견 모순 같다. 파이프가 아니라는 글귀가 맞는다면, 그림을 잘못 그린 것이다. 파이프 그림을 잘 그렸다면, 파이프가 아니라는 작가의 글귀가 틀린 것이다. 단순하게 생각하면, 작가가 그림을 잘못 그

196

렸거나, 틀린 글귀를 적어 넣었거나 둘 중 하나다. 그러나 좀 더 깊이 생각해 보면, 그림과 글귀가 모순되지 않게 하는 다양한 해석이 가능해진다. 작가는 아마 파이프 그림은 실제 파이프가 아니라 파이프의 이미지일 뿐이라는 것으로 해석되길 기대했을 것으로 추측된다.

창의성과 관련해서, 필자는 이 그림의 반을 차지하는 글씨에 주목한다. 화가가 글씨를 크게 써 놓고 그림이라고 하다니? 그림에 대한 전통적인 고정관념을 갖고 있는 사람이라면, 커다란 글씨를 근거로 이 그림은 그림이 아니라고 주장할 수 있다. 필자는 학생들이 이 그림을 보고 매우 창의적인 작품들은 종종 격식 파괴, 형식 파괴를 통해 이루어짐을 깨닫기를 바라며 일주일 동안 생각할 과제로 내주었다. 창의적인 아이디어를 내기 위해서는 내용과 형식에 제한을 두지 않고 무한 상상을 하는 것이 중요함을 스스로 터득하기를 바라며 낸 과제였다. 물론 '이 그림은, 그림은 그림이어야만 한다는 그림의 형식을 깬 그림이기 때문에 위대한 그림이다'라는 교수 자신의 생각을 강요하지는 않았다.

루카스와 마그리트

이 강의의 주제인 화폐와 금융, 그리고 이와 밀접하게 관련된 거시 경제학 분야에서 지난 100년 동안 가장 위대한 경제학자 세 사람을 꼽으라면 케인즈, 프리드먼, 루카스를 꼽을 수 있다. 강의에서는

[그림 7-2] 존 메이너드 케인즈

[그림 7-3] 밀턴 프리드먼

[그림 7-4] 로버트 루카스

늘 슬라이드에 이 세 사람의 사진을 보여 준다.

그리고 학생들에게 이렇게 묻는다.

"이분들의 사진을 보여 주는 이유 를 무엇이라고 생각하는가?"

우리 학생들 사이에서도 이러한 위대한 경제학자들이 나오기를 바라는 마음, 그리고 이에 도전해 보라는 마음이 한 가지 이유다.

또 하나는 경제학의 진리가 하늘에서 뚝 떨어진 것이 아니라, 사진에서 보듯이 눈, 코, 입을 가진 사람들이 만들어 낸 것이라는 사실이다. 결국 경제학도 사람이 만들었기 때문에 완벽하지 않고, 따라서 시대 불변한 정답이 정해져 있지도 않다는 것이다.

그렇지만 각 시대별로 기존 사고나 질문의 틀을 깨는 창의적인 아이디어들이 등장하여 보다 좋은 답들이 나왔고 이를 통해 경제학이 진보를 거듭해 왔다는 것이다. 그리고 세 경제학자들이 바로 기존 틀을 깨는 파격적 아이디어를 통해 경제학을 크게 발전시킨 대표적인 예라는 것이다.

예를 들어 현대 거시경제 모형의 기반을 세운 루카스는 당시 거의 모든 경제학자들이 사용하던 거시경제 분석틀에 대해 의문을 제기하고, 사람들의 합리적 기대와 동태적 최적화 분석에 기초를 둔 새로운 분석틀을 제시하여 경제학을 크게 발전시켰다. 기존 틀을 깨는 이러한 루카스의 파격은 그림에 비유하자면 마그리트의 그림과 유사하다.

36분의 32

앞으로 우리 국민들이 먹고사는 문제를 해결하기 위해 창의성 교육이 너무나 절실하다고 느꼈기 때문에 필자는 10년 전부터 이러한 창조형 수업을 본인 수업에서나마 시도해 왔다. 하지만 과연 수업을 통해 학생들의 창의성을 키울 수 있을지에 대해 처음에는 확신이 없었다. 따라서 이에 대한 피드백을 얻고 창의성 수업의 성과를 개략적이나마 측정해 보기 위해, 종종 학생들에게 첫 수업 때의 창의성과 마지막 수업 때의 창의성을 10점 만점으로 평가해 보도록 하였다.

그동안 이루어진 이러한 평가의 결과는 필자의 예상을 훨씬 뛰어넘을 만큼 고무적이었다. 놀랍게도 스스로 "창의성이 좋아졌다"

고 평가하는 학생들이 매우 높은 비율을 차지하곤 했다. 2016년 2학기 화폐금융론의 경우 수업을 들은 36명 중 32명이 "내 창의성이 올라갔다"고 답했다. 이들이 답한 자기 창의력 점수는 첫 수업 때 평균 4.5점(10점 만점)에서 마지막 수업에서는 6.3점으로 크게 뛰었다.

이러한 결과가 나온 이유는 수업을 통해 학생들이 없던 창의성을 새로 만들어 낸 것일 수도 있고, 아니면 원래부터 학생들이 갖고 있었으나 묻혀 있던 창의성을 수업이 끄집어 내 주었기 때문일 수도 있다. 어떤 이유에서든, 즉 없던 것을 새로 만들었든, 있던 것을 끄집어 내 주었든 어쨌든 교육을 통해 창의성이 계발될 수 있음을 나타내 주는 결과일 가능성이 높기 때문에 놀라운 결과라고 판단된다. 처음에는 이런 수업을 하면서도 창의성이 과연 교육을 통해 계발될 수 있을지에 대한 의문이 많았는데, 이러한 자기 창의성 평가 결과는 그 가능성을 확실히 보여 주는 것이었기 때문에 고무적이었다.

더욱이 한 학기라는 짧은 시간 안에도 창의성이 계발될 수 있는 가능성을 보여 준다는 점에서 매우 고무적인 결과다. 이는 이미 학교를 졸업하고 현업에 종사하는 수많은 근로자와 경영자들도 단기 재교육을 통해 창의성을 증대시킬 수 있는 가능성을 의미할 수도 있다는 점에서 '성장 위기'에 빠진 한국 경제에 시사하는 바가 매우 크다.

이 결과는 우리 사회가 정부 혹은 기업 차원에서 '창의성 재교육 기관'을 설립하는 정책을 심각하게 고려해 볼 필요가 있음을 보여 준다. 창의성 재교육을 통해 학생들뿐만 아니라 이미 학교를 떠난

근로자나 경영자들의 창의성까지 짧은 시간에 향상시킬 수 있다면, 기업과 나라 전체의 창조형 인적자본을 증가시켜 성장 위기를 극복하는 데 크게 도움이 될 것이기 때문이다.

창조적 미래를 생각하며

가르치는 교수 입장에서 이런 〈창조형 수업〉이 쉽지만은 않다. 창조형 수업은 교수가 창의적인 과제나 문제를 새로 만들어 내고, 창의적인 강의 진행을 준비하고, 창의성을 기준으로 평가하는 것 하나하나에 많은 시간과 노력을 요구한다. 특히 강의 규모가 소규모가 아니면, 교수가 수업을 제대로 이끌기가 상당히 힘들다. 조교의 평가 부담도 크기 때문에, 조교에게도 매우 미안하다.

학생들이 창의성을 계발하도록 도와주기 위해서는 교수 자신부터 창의적이어야 하는데, 교수 스스로 창의적인지 회의가 들기도 한다. 굳이 왜 이런 식으로 고민하며 힘들여 강의해야 하는지 가끔 자문할 때도 있다.

그러나 교수 자신도 생각하지 못한 번뜩이는 아이디어, 창의적인 아이디어를 학생들이 제시할 때마다 필자는 커다란 기쁨을 느낀다. 스스로 좁은 테두리 안에 가두어 놓았던 자신의 사고의 범위를 깨고 새로운 것을 찾아 과감히 도전하는 학생들을 볼 때마다 필자는 감동하기도 한다.

더욱이 '창의적인 인재를 기르지 않으면 한국에 미래가 없다'는 사실을 상기하면, 비록 본인의 능력이 부쳐도 필자는 이러한 수업을 해 보지 않을 도리가 없다.

Chapter 8

풀이보다 토론으로,
수학 교실 창의 혁명

권오남 교수 (수학교육과)

학생이 설명하는
'거꾸로 학습'

필자가 수업하는 강의실 풍경은 좀 색다르다. 일단 강의실 사방에 화이트보드가 붙어 있고, 주로 학생들이 나와 문제 풀이를 설명한다. 필자가 제시한 문제에 대하여 학생들은 조별로 토론한 후, 한 조에 한 명씩 나와 화이트보드에 문제를 풀면서 친구들에게 풀이 방식을 설명한다. 설명 후에는 해당 풀이에 대한 학생들의 질의응답 및 열띤 토론이 이어진다. 일반적인 수업 시간이라면 교수가 앞에서 풀이를 강의하고 학생은 듣고 받아 적지만, 이와는 정반대인 셈이다. 이때 학생들은 대부분 기존의 수학 공식을 적용해 문제를 풀지만, 간혹 자신만의 새로운 풀이 방법을 시도하는 학생들도 있다. 필자는 당연히 이런 학생들을 높이 평가한다. 수학적 창의성은 한 가지 수학 문제를 다양한 방법으로 풀 때 나타나기 때문이다.

이러한 수업 방식을 '거꾸로 학습'이라고 한다. 이것은 '플립러닝 (flipped learning)'을 번역한 용어다. 'Flip'은 '뒤집다'라는 의미로, 플립러닝은 '뒤집힌 교육'을 말한다. 그래서 '역순 수업', '반전 학습'이라고도 한다. 기존 교육 방식에서는 교수들이 강의를 주도하고 학생들이 집에서 과제를 작성하지만, 플립러닝 방식에서는 학생들이 집에서 동영상 강의를 먼저 시청한 뒤 수업 시간에 토론과 과제 수행을 진행한다. 수업 방식이 교수 중심에서 학생 중심으로 바뀌는 것이다.

서울대학교 학생 중 A+ 학점을 받는 최우등 학생들의 공부 방법을 보고한 교육학자 이혜정 교수의《서울대에서는 누가 A+를 받는가》에서는 대부분의 교수 방법이 강의식인 점과 수용적 사고를 강조하는 암기 중심의 교육을 비판한다. 설명식 강의 학습이 학생들의 사고 촉진에 도움이 되지 않는다는 연구 결과들은 이미 많이 보고되었다.

이 글에서는 대학에서의 수학 수업을 예로 하여 질문과 토론 중심의 교수-학습 방법을 소개하고, 지식 창출형 대학 교육의 대안을 제시하고자 한다.

질문, 토론, 반박으로 키워 가는 사고의 확장성

노벨상을 언급할 때마다 빠지지 않는 것이 토론을 중심으로 하는 유대인 교육이다. 이를 두고 토론 교육 전문가 강치원 교수는 "진리의 섬광은 서로 다른 견해들이 부딪힐 때 튀어 나온다"라고 말하기도 했다. 창조성이나 창의성은 토론, 토의, 서로 다른 견해에서 비롯된다는 의미다.

토론(debate)의 사전적 정의는 '어떤 문제에 대하여 여러 사람이 각자의 의견을 내세워 그것의 정당함을 논함'이다. 토의(discussion)는 '어떤 문제에 대하여 함께 검토하고 협의함'이다. 일반적으로 토의법은 공동 학습의 한 형식으로, 다양한 학습 집단을 구성하여 여러 가지 학습 자원을 매개로 토론을 전개하게 하는 사회화된 학습 형태다. 토의 학습에서는 학생들의 자유로운 토론을 통해 하나의 통합된 결론을 기대한다. 이 과정에서 이론적 근거를 바탕으로 한 내용을 구성원 각자가 동등한 입장에서 발언하고, 그 발언 내용을 서로 비판, 보충, 검토한다. 이때 서로의 의견 대립은 지양하고 통합된 결론을 이끌어 내기 위해 각자가 문제 해결에 협력하려는 자세를 가져야 한다. 따라서 토의 학습에서는 구성원 각자가 상호 간에 대등한 입장에서 자신의 의사를 발표할 수 있어야 하며, 동시에 다른 사람의 의견을 경청하는 태도를 가져야 한다. 한편 이때 일반적으로 친숙한 형태의 찬반토론으로만 토론의 형태를 한정하면 교수 학습에 적용할 범위가 협소해진다. 그러므로 이 글에서 다루는 토론법은 토의식, 발표식, 프로젝트식을 포함한 광의의 방법을 의미한다.

수학 과목을 토론식 수업으로 진행하면, 학습자는 수학의 개념에 대한 사고를 다른 학생들과 공유하고, 다른 학생들의 질문을 받고 토론과 반박의 과정을 거치면서 수학의 개념을 정당화하는 과정을 경험할 수 있다. 이때 교수자는 다양한 질문을 통해 학생들의 유연한 사고와 독창성을 자극하여 새로운 개념을 학습할 수 있도록 돕는 역할을 한다.

토론식 수업에서는 3~5명의 학생들이 소그룹을 지어 참여한다. 교수자가 제시하는 과제를 탐구하기 위한 교실 활동 과정은 [그림 8-1]과 같이 도식화할 수 있다. 토의 과제의 난이도에 따라 다음의 사이클을 75분 수업 시간 내에 2~3회까지 반복할 수 있다.

[그림 8-1] 토론식 수학 수업에서의 교실 활동 과정 예

수업 시간에 탐구할 토의 과제를 배포하면 학생들은 약 15분간에 걸친 소그룹 활동을 통해 문제의 의미를 파악한 뒤, 이어 약 20분간 전체 토의를 통해 이를 공유한다. 이때 학생들은 과제의 맥락, 지문에 제시된 문제와 관련한 정보 등 문제의 의미를 파악할 수 있다.

문제의 의미를 공유한 학생들은 문제 해결 방법을 탐구하기 위해 다시 대략 20분간 소그룹 토의에 들어가며, 소그룹 토의 후 약 15분간의 전체 토의에서 문제 해결에 대한 지식을 공유한다. 학생들이 소그룹 활동을 하는 동안 교수는 교실을 순회하며 학생들의 소그룹 토의를 촉진한다. 소그룹에서 제시된 학생들의 아이디어를 토대로 전체 토의를 진행하면서 교수자는 사고를 안내하는 질문을 던져 학생들 스스로 수학적 개념을 재발명할 기회를 제공한다.

수학 공식을 암기하게 하고 문제를 풀게 하는 경우, 학생들은 자신이 이 수학 개념을 알고 있다고 착각하는 경우가 많다. 그러나 토론식 수업에서 학생들은 그 개념을 자기 말로 설명하는 과정을 통해 내용을 다시 한 번 곱씹고 잘 몰랐던 부분이 있음을 깨닫게 된다. 특히 토론 과정에서 자신은 생각지 못한 아이디어를 들으면서 자극을 받기도 하고, 때로는 누군가 던진 하나의 아이디어에서 실마리를 잡고 토론을 통해 문제를 깊이 파고들어 가면서 생각의 범위가 확장된다.

시를 읽고
연립변화율방정식을 풀다

토론식 수업에서 가장 중요한 요소는 학습자가 지식을 창출할 수 있도록 돕는 과제를 제공하는 것이다. 주어진 교육 과정의 주요 개념을 다루면서 소그룹 토의와 전체 토의를 통해 개념을 발견하고 문제 해결력을 기를 수 있는 과제로 구성해야 한다. 필자가 담당하고 있는 '미분방정식' 교과목을 예로 하여 과제의 구성을 설명하면 다음과 같다.

미분방정식(微分方程式, differential equation)은 미지의 함수와 그 도함수 간의 관계를 나타내는 방정식이다. 미분방정식에 대한 연구는 미적분학과 동시에 이루어졌으며, 특히 뉴턴이 외부의 힘과 그 힘을 받는 물체의 운동 간의 관계를 설정한 제2 운동법칙을 만들면서 시작되었다. 오늘날 미분방정식은 수학·물리학·과학·공학뿐 아니라 경제학·경영학 등에 이르기까지 여러 분야에서 폭넓게 응용되고 있는 필수적이며 중요한 개념이다.

대학에서의 일반적인 미분방정식 강의는 교수가 몇몇 특정한 유형의 미분방정식의 해석적 해법을 제시한 뒤 학생들에게 동일한 유형의 문제를 반복적으로 연습시키는 방식이었다. 이러한 미분방정식 교육은 전형적인 주입식 교육이라고 할 수 있다. '요리책 방법'이라고도 불리는 이러한 강의 방법은 자연 현상을 모델링하기 위한 언어로 고안된 미분방정식의 수학사적인 의미를 전혀 반영하지 못하며, 학생들의 수학적 사고력, 특히 문제 해결력을 발달시키는 데 도움을 주지 못한다는 비판을 받아 왔다.

필자는 이러한 비판을 의식하고 지식 전달이 아니라 학생들이 토의 과정에서 수학적 개념을 발견하고 문제 해결력을 키울 수 있게 하는 과제를 제시하고자 하였다. 과제의 종류는 맥락 문제부터 시작하여 수학 기호로만 구성된 탈맥락화된 문제까지 점진적으로 사고할 수 있도록 단계별로 구성하였다. 맥락 문제에는 생태계나 커피의 온도 등과 같은 실생활과 관련된 문제뿐 아니라 용수철의 진동과 같은 물리적인 맥락도 포함된다.

[그림 8-2]는 '미분방정식' 과목에서 제시했던 과제의 한 예다. 1차시에 사용한 첫 번째 과제로 미분방정식의 해를 구하는 방법을 곧바로

가르치기보다는 학생들이 변화율의 질적 의미에 대해 사고할 수 있는 기회를 제공하고자 했다. 용어 사용에서도 '연립미분방정식' 대신에 '연립변화율방정식'을 사용하여 역동적인 의미를 주려고 노력했다.

〈먹이사슬〉

즐거운 먹이사슬

권영해《유월에 대파꽃을 따다》

흰수염고래는 한입에
수십만 마리의 크릴새우를 먹어치운다
수많은 새우가 한 마리의 고래를 즐겁게 한다

아프리카 사바나에는
한 마리의 얼룩말을 두고
표범과 재칼과 대머리독수리들이 달라붙어
식사를 즐긴다
말 한 마리가 여러 입을 살린다

주위를 둘러보면
세상은 하나의 정글
우리는 누군가의 적이며
모두의 친구이다

※ 재원이는 고등학교 때 담임 선생님이셨던 권영해 선생님의 홈페이지에서 선생님이 지으신 위의 시를 읽고, 다음과 같은 두 연립변화율방정식(system of rate of change equations)을 생각하였다.

연립변화율방정식 A	연립변화율방정식 B

$$\begin{cases} \dfrac{dx}{dt} = 3x\left(1 - \dfrac{x}{10}\right) - 20xy \\ \dfrac{dy}{dt} = -5y + \dfrac{xy}{20} \end{cases} \qquad \begin{cases} \dfrac{dx}{dt} = 0.3x - \dfrac{xy}{100} \\ \dfrac{dy}{dt} = 15y\left(1 - \dfrac{y}{17}\right) + 25xy \end{cases}$$

위의 식에서 x 와 y 는 각각 시간 t 에 대한 먹이사슬의 두 종(포식자와 피식자)의 수를 의미한다. A, B의 두 연립변화율방정식 중 하나는 흰 수염고래와 크릴새우의 관계에서와 같이 포식자가 피식자보다 큰 동물인 경우고, 다른 하나는 대머리독수리와 얼룩말의 관계에서와 같이 피식자가 포식자보다 큰 동물인 경우를 나타낸다. 이때, 여러 마리의 포식자가 한 마리의 피식자를 먹는 경우에는 한 마리의 피식자가 포식자 수를 증가시키는 데 막대한 영향을 미칠 수 있는 것이다. 각각의 상황을 나타내는 연립변화율방정식이 무엇인지 생각해 보고, 그 이유를 다양한 방법으로 설명해 보자.

[그림 8-2] 먹이사슬 과제

다양한 학문 분야를 가져와 교과 소재로 사용하면 학생들은 새로운 방식으로 사고하고 인식하려는 모습을 보였으며, 수학을 경험과 실생활에 가까운 맥락에서 이해하고자 했다. 미분방정식 과제에 사용된 실제적인 맥락의 예는 포식자-피식자 등 생태학, 생물학, 물리학, 문학 등으로 여러 학문에서 찾아볼 수 있는 미분방정식이 학습의 출발점이 되었다.

〈점박이 올빼미〉

● 한 생물학자는 캐나다의 퍼시픽 노스웨스트의 숲 속에 살고 있는 점박이 올빼미 수의 변화에 대해 연구하고 있다. 이 과학자가 점박이 올빼미의 수에 대한 모델로 사용한 변화율방정식은 다음과 같다(단, P의 단위는 올빼미 100마리이고, t의 단위는 연(年)이다).

$$\frac{dP}{dt} = \frac{P}{2}\left(1 - \frac{P}{5}\right)\left(\frac{P}{8} - 1\right)$$

......

● 1961년, 미국의 기상학자 에드워드 로렌츠는 복잡하게 움직이는 대기의 순환에 관한 본질적인 성격을 잃지 않으면서도 간단하게 단순화시킨 방정식을 고안해서 이론적으로 대기의 모델을 연구하고 있었다. …… 극히 사소한 차이가 가면 갈수록 증폭되어 걷잡을 수 없이 그래프를 흩트려 놓고 있었다. 그것은 바로 카오스였다. …… 1972년 워싱턴 회의에서는 갈매기 대신에 더욱 시적인 표현인 나비로 발전시켜, "예측: 브라질에 있는 나비의 날갯짓 때문에 텍사스에 토네이도가 발생하다"를 발표하였다. 이처럼 초기치의 미묘한 차이가 크게 증폭되어 엉뚱한 결과를 나타내는 것을 '나비효과(butterfly effect)'라고 부른다.

● 이러한 에드워드 로렌츠의 나비 효과를 앞에서 살펴본 점박이 올빼미의 경우와 연관 지어 설명해 보자.

[그림 8-3] 점박이 올빼미 과제

어렵게 익힌 지식일수록
기억이 오래가는 '학습 역설'

힘들고 어렵게 익힌 지식일수록 나중에 그 지식을 기억해 내고 적용하기 쉬운 현상을 '학습 역설(learning paradox)'이라고 한다. 싱가포르 과학학습연구소의 마누 카푸 교수는 학습 역설을 생산적 실패의 아이디어로 설명했다. 실패를 경험하면서도 좌절하지 않고 자신의 아이디어를 정교화하는 과정에서 더욱 깊은 수준의 지식과 이해를 이루어 낼 수 있다는 것이다.

학생들이 학습 과정에서 이러한 생산적 실패를 경험할 수 있도록 설계하기 위해서는 도전적이면서 좌절하지 않을 난이도의 문제, 학생들이 자신의 아이디어를 설명하고 정교화할 수 있는 풍토의 조성, 서로 다른 해결 방법을 비교할 수 있는 기회의 제공이 필요하다.

[그림 8-4]는 생산적 실패를 경험할 수 있도록 설계된 '다변수 미적분학' 과목의 과제이고, [그림 8-5]는 교수자를 위한 이 과제의 수업 진행 주석의 예다.

뫼비우스 띠는 안과 밖의 구별이 없는 곡면으로 수학뿐만 아니라 사회문화적 상황에서 은유적으로 많이 쓰인다. 그러나 뫼비우스 띠를 매개변수방정식으로 나타내는 것은 복잡한 과정이기 때문에 대부분 대학의 미적분학 교재에는 소개되어 있지 않다. [그림 8-5]는 뫼비우스 과제의 교수-학습을 위한 설계안이다.

뫼비우스의 띠를 표현하는 매개변수방정식이라는 새로운 지식을 창출하려면 학생들은 끊임없이 토론과 토의를 해야 한다. 학생들은 각자 현재 자신의 지식 수준에서 출발하여 상호 토론과 토의를 반복하면서 새로운 지식에 대한 가설을 세우고, 그 가설을 정당화하면서 새로운 지식을 창출하게 된다. 누구나 동등하고 자유롭게 발언하는 과정에서 학생들은 교수자와의 상호작용을 통해 일종의 사회적 협상 과정도 경험한다.

〈뫼비우스의 띠 만들기〉

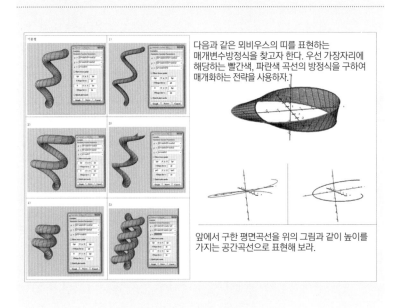

[그림 8-4] 뫼비우스의 띠 과제

〈활동 전개〉

* 활동지 1: 매개변수방정식으로 표현된 곡면 그리기 및 변형하기

① 주어진 매개변수방정식의 그래프가 나타내는 곡면의 개형을 유추한다. (토의, 발표)

② 자바애플릿을 사용하여 실제 그래프를 그려 보고, 곡면의 형태를 확인한다. (실행, 토의)

③ 주어진 곡면의 매개변수방정식을 조작하여, 곡면의 형태를 변형한다. (토의, 실행, 발표)

④ 주어진 매개변수방정식에서 각 항이 가지는 의미를 설명한다. (토의, 발표)

* 활동지 2: 곡면의 매개변수방정식 구하기(1) – 원환면

① 원환면의 매개변수방정식을 구한다. (토의, 실행, 발표)

* 활동지 3: 곡면의 매개변수방정식 구하기(2) – 뫼비우스의 띠

① 축의 양의 방향 위에서 내려다본 형태로부터 뫼비우스의 띠의 경계선의 방정식을 구한다. (토의, 실행, 발표)

* 활동지 4: 곡면의 매개변수방정식 구하기(2) – 뫼비우스의 띠 (계속)

② 앞서 구한 경계선의 방정식이 높이를 가지는 공간곡선이 되도록 방정식을 조작한다. (토의, 실행, 발표)

③ 뫼비우스의 띠를 표현하는 매개변수방정식을 구하고, 자바애플릿을 통해 이를 확인한다. (토의, 실행, 발표)

[그림 8-5] 뫼비우스의 띠 과제에 대한 강의자를 위한 주석

새로운 지식을 창출하기 위해서 힘들게 고군분투하지만 결론을 내리는 데 실패하기도 한다. 하지만 역설적이게도 그렇게 학습한 지식일수록 기억을 더 잘하며, 적용하기도 쉽다. 학생들은 이 과제를 통해 생산적 실패를 경험하게 된다.

강의는 안 하고 질문만 하는 교수님

학생들은 필자를 '강의는 안 하고 질문만 하는 교수님'이라고 부른다. 수업에서 강의의 주체를 학생으로 두고 필자는 학습자의 위치에 주로 자리하기 때문에 얻은 별명이다. 학생들이 앞에 나와 해당 활동 과제를 설명하는 동안 필자는 다른 학생들과 자리에 앉아 함께 설명을 듣고 질문을 던지는 역할을 한다.

교수를 뜻하는 'professor'의 어원은 라틴어 'pro'(앞에서)와 'fateor'(공언하다, 드러내다)로, 즉 '앞에서 말하는 사람'이라는 뜻이다. 중세 시대에 수도사를 뜻하는 종교적 의미로 쓰이던 이 말이 지식을 선포하는 사람이란 의미로 확대된 것으로, 교육을 담당하는 교수의 역할이 단지 교사(teacher)가 아니라 학문을 선포하는 자(professor)로 확장된 것이다. 어원에서도 볼 수 있듯이 수업에서 교수의 발화(發話, utterance)는 매우 중요하다.

일반적인 수학 강의실에서의 대화 패턴은 설명과 질문이 주를 이룬다. 질문도 대부분 '교수의 질문 – 학생의 대답 – 교수의 평가' 순으로 구성되는 것이 보통이다. 교육학자 휴 매한의 연구에 따르면, 교수들은 학생들에게 질문을 던진 후 답을 기다리는 데에 1초의 시간을 준다고 한다. 학생들에게 충분한 시간을 주면 창의적인 사고력을 발달시킬 수 있는데, 기다려 주지 못하는 것이다. 교육학자 토빈의 연구에 따르면, 질문 후 3초 내지 5초 정도의 시간을 기다려 주면 학생들은 더 길게 대답하는 경향이 있고, 더 많은 학생이 참여하며, 질문을 던지거나 자발적으로 적절한 대답을 할 가능성이 올라간다고 한다.

그동안 전통적인 수업 상황에서 학생은 주어진 지식을 수용하고 기대되는 결과를 산출하는 수동적인 역할을 해 왔다고 볼 수 있다. 그러나 수동적인 역할을 수행할 때에는 자신의 아이디어를 표현하고 인정받는 기회를 경험하기 어려운 것이 사실이다.

따라서 학생들의 창의력을 깨우기 위해서 교수자는 지식을 전달하는 전통적인 역할과는 차별화된 역할을 수행해야 한다. 이 역할에는 학과 지식과 다른 학문과의 융합, 학생들의 경험을 고려하는 과제 개발, 학생의 사고가 중심이 되는 능동적이고 구성적인 수업을 촉진하는 대화 운영 등이 포함된다. 즉, 학생들의 탐구가 원활히 이루어지고 학생들 사이의 의사소통이 배려와 존중을 통해 이루어질 수 있도록 분위기를 조성하는 안내자와 촉진자(facilitator)의 역할을 수행해야 한다.

다음 미분방정식 강의실의 대화를 살펴보자.

학생: 그러니까 이게 만약 양수라면 y가 증가하니까 dt분에 dx가

증가하는 거죠.

교수: 아, 증가한다고요?

학생: 더 많을수록 증가율을 높이니까.

교수: 높이니까.

학생: 공, 공, 공생인가?

교수: 그렇죠, 공생이죠. 일종의 협력관계.

학생: 협력관계.

위 대화에서 필자는 학생의 말 전체 또는 일부를 반복하여 되묻고 있다. 이러한 대화를 '다시 말하기(revoicing)'라고 한다. 다시 말하기는 다른 사람의 말을 대상으로 하는 것으로, 여기서 말은 언어 외에 기호, 행동이 될 수도 있다. 학생의 표현을 그대로 옮기는 직접적인 재진술일 수도 있고, 그 표현을 새로운 언어로 각색한 재진술일 수도 있다. 이러한 다시 말하기를 통한 질문은 학생들이 계속해서 해답을 찾아갈 수 있도록 응답을 유도하거나, 답을 찾는 데 필요한 지식과 연결 짓도록 유도할 수도 있다. 이를 위해 교수는 학생들의 생각에 귀를 기울이고, 나아가 학생들이 내는 결과나 의견을 바탕으로 질문을 재구성하는 능력이 필요하다.

이러한 다시 말하기는 네 가지 유형으로 구분할 수 있다. 질문할 때 다시 말하기를 적절하게 활용하면 학생 중심의 탐구 활동을 지지하는 데 좋은 전략이 될 수 있다.

- 반복(repetition): 학생의 말에서 전체 또는 일부 같은 말을 사용하여 반복한다.
- 바꾸어 말하기(rephrasing): 학생의 말을 새롭거나 다른 방법으로 바꾸어 말한다. 즉, 학문 공동체나 교수자의 언어로 바꾸어서 설명한다.
- 덧붙이기(extension): 학생의 말에 정보를 추가하여 설명한다.
- 보고(reporting): 생각, 주장, 논증을 특정한 학생에게 귀속시키는 것. 즉 특정 학생의 말을 그 학생의 이름을 거론하며 설명한다.

다시 말하기에는 해당 수업 과정을 통해 얻어야 하는 수학적 아이디어가 무엇인지 학생들 스스로 인식하고, 기존의 지식과 연결 지어 확장시킬 수 있도록 하며, 그러한 학습 내용을 내 것으로 소화시켜 소유 의식을 가지게 하는 기능이 있다. 이때 교수자는 지도하고자 하는 교과 내용 즉, 수학적 아이디어를 학생들이 토의와 발표를 통해 발견 및 재발견할 수 있도록 안내하는 역할을 담당한다.

소그룹 토의 시간에 학생들은 문제를 이해하거나 해답을 탐구하는 시간을 갖는데, 이때 교수자는 학생들 사이를 오가며 문제에 함축된 수학적 의미를 찾거나, 학생들과의 상호작용을 통해 문제를 풀어 내도록 유도한다. 소그룹 토의를 통해 발견한 아이디어는 전체 토의를 통해 공유하게 하고, 이로써 수학적 의미를 확립하게 하여 교과 내용을 온전히 습득하게 안내한다.

교수자가 안내자와 촉진자의 역할에 충실할 때 학생들은 주어진 지식을 수동적으로 습득하는 것이 아니라 능동적인 탐구 활동과 협력적인 상호 작용을 통해 창의적인 방식으로 지식을 습득하게 된다. 특히 자신의 고유한 아이디어를 통합하여 완성해 가는 구성적인 학습을 경험한 학생들은 수학에 대한 자신의 역량에 자신감을 갖고 수학에 대한 호기심과 흥미, 창의성을 지속적으로 자극하고 계발해 나갈 수 있다.

수학의 추상성을 구체성으로 바꾸는 소프트웨어 프로그램

수학의 언어는 대부분 기호로 이루어져 있어 추상성이 강하다. 추상적인 수학 언어에 구체성을 제공하고 쉽게 계산하기 위해서 메이플(Maple)과 같은 수학 범용 소프트웨어 프로그램을 수학 수업에 사용할 수 있다. 다만 기존의 프로그램은 학습자가 수학의 개념을 탐구하는 데 쓰기에는 한계가 있어서 미분방정식을 풀 때는 자바애플릿을 주로 사용한다.

자바애플릿을 통해 미분방정식을 벡터장으로 그려 보고 관찰하면, 그래프의 개형을 대략적으로 알 수 있을 뿐 아니라, $\triangle t$와 $\triangle P$가 어떻게 변하는지 구체적이고 시각적으로 나타낼 수 있다. 또한 확대(zoom) 기능을 이용하여 기울기에 대해 탐구할 수 있다.

[그림 8-6]은 미분방정식의 기울기장을 관찰하고 그래프의 개형

을 대략적으로 알 수 있도록 설계된 자바애플릿 화면이다.

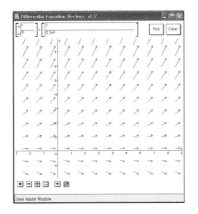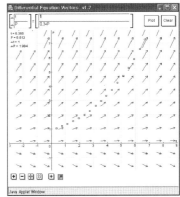

[그림 8-6] 자바애플릿 화면

[그림 8-7]과 같이 자바애플릿을 통해 학생들은 선형연립미분방
정식의 위상도를 관찰하고 위상평면에서의 직선해의 발견과 직선해
의 기울기에 대한 대수적인 해법에 대해 토의할 수 있다.

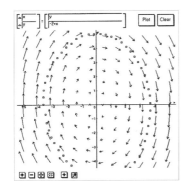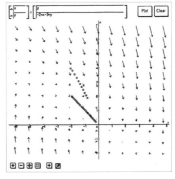

[그림 8-7] 직선해 발견을 위한 자바애플릿 화면

[그림 8-8]과 같이 또 다른 자바애플릿을 제공하여 학생들은 3차원 그래프를 그려 보고, 마우스로 그래프를 돌리면서 2차원 그래프와의 관계를 함께 관찰할 수 있다.

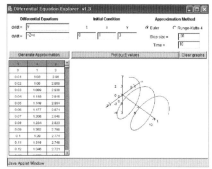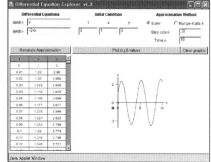

[그림 8-8] 3차원 그래프를 그린 자바애플릿 화면

자바애플릿 같은 테크놀로지를 잘 활용하기 위해서는 학생들의 사고를 자극하고 새로운 수학적 발견에 도전할 수 있는 과제를 제시하는 것이 중요하다.

미분방정식의 중요한 정리 중 하나인 '유일성 정리(uniqueness theorem)'를 학생들 스스로 발견하게 하기 위한 도구로 [그림 8-9]에 제시된 토론 과제를 제공했으며, 유일성 정리에 대한 이해를 돕기 위한 매체로 자바애플릿 프로그램을 활용하였다.

이러한 토론 과제를 자바애플릿으로 시각화하여 보는 과정을 통해 학생들은 수학이 현실에 대한 모델링 과정임을 직관적으로 이해할 수 있게 되었다.

〈착륙 경로 예상〉

* 비행기가 언제 착륙할 것인지 예측하기 위해 자바애플릿 프로그램을 사용하여 각각의 tangent vector field를 만들어 보자.

(1) 변화율방정식 $\dfrac{dh}{dt} = -h$의 tangent vector field 위에서 점을 찍어 가면서 초기 조건이 $t = 0$일 때 $h = 2$(단, 2는 200 또는 2000피트 높이라고 생각할 수 있다)인 경우의 해의 그래프를 생각해 보자. 또한 변화율방정식 $\dfrac{dh}{dt} = -h^{\frac{1}{3}}$에 대하여도 마찬가지로 해의 그래프를 생각해 보자. 두 개의 그래프 중에서 평형해 $h(t) = 0$과 만나는 것은 어느 것인가? 둘 다 인가, 또는 둘 다 아닌가?

(2) 변화율방정식 $\dfrac{dh}{dt} = -h$의 tangent vector field 위의 한 점에서 마우스를 좌우로 움직이지 말고 아래쪽으로 똑바로 옮겨 보자. $h = 0$에 가까워질 때 tangent vector의 변화율은 어떻게 되는가? 이 변화율방정식에 따른다면 유한한 시간 내에 비행기가 착륙할 수 있을까? 변화율방정식 $\dfrac{dh}{dt} = -h^{\frac{1}{3}}$에 대하여도 생각해 보자.

[그림 8-9] 착륙 경로 예상 과제

학생들의 사고를 바꾸어 놓은
토론 중심 수업

토론 중심의 학생 참여형 수업에서는 학생 간 상호작용과 교수자의 상호작용이 활발하게 이루어진다. 학생들은 다른 학생과의 상호작용으로 자신의 사고에 대한 반성과 발전을 가져온다. 또한 수학에 대한 관점도 달라진다.

다음의 예를 보면 학생들은 변화율방정식에서의 중요한 관점을 토의를 통해 획득했으며, 자신의 생각에 대해 다시 생각해 보는 시도를 했음을 볼 수 있다. 학생들 간의 상호작용으로 문제 해결이 훨씬 원활해졌으며, 자신의 지식에 대한 자각과 오류 수정이 가능하게 되었다.

"토의할 때, 다른 토의자가 '얼룩말의 영향력이 큰 것에 착안을 해서'라고 말했는데, 그 '영향력'이라는 것을 방정식에 어떻게 적용해서 해석해야 하는가에 대한 의문이 생겼고, 이 문제를 그런 관점에서 바라볼 수 있다는 것을 알았다."

"다른 조의 발표에서 평행이동에 대해 이야기했는데, 처음에는 그것이 틀렸다고 생각했다. 설명을 듣고 보니 긍정할 수 있었으며, 나에게는 좀 더 명확한 설명과 연구가 필요한 것 같다."

"나의 문제 접근 방식을 다른 수강생들에게 소개하고, 또 그 반대의 과정을 거치면서 토론 수업이 단순히 문제 풀이 능력뿐 아니라 창의적 사고와 의사소통 능력을 향상시킬 수 있는 좋은 기회라고 생각한다. 다른 조의 발표를 들으면서 나의 생각을 보완할 수 있었다."

학생들은 토론을 통하여 다른 사람의 사고를 이해하고, 이러한 이해를 바탕으로 자신의 사고를 반성 및 발전시켜 나가는 과정을 경험하였다. 이러한 탐구 지향 토론 학습의 가장 흥미로운 점은 학생들의 변화다. 학습에 대하여 수동적인 입장이었던 학생들이 수학 개념을 스스로 정의하기도 하고, 새로운 의문을 제기하기도 하며, 이 의문을 다른 탐구로 발전시키기도 하는 등 적극적인 모습을 곳곳에서 찾아볼 수 있다. 또한 학생들 스스로 답을 찾아내는 과정에서 자신감을 얻게 되며 자신의 사고를 변화시킬 기회를 가지게 된다.

토론 학습의 목표 중 하나는 학생들이 직접 수학의 개념을 탐구함으로써 진정한 수학 학습자가 되게 하는 것이다. 이때 중요한 요소는 교수자와 학생 모두 학습 과정에서 학습자의 기여를 인식하고, 학습자가 해답에 이르는 길을 찾을 수 있음을 인식하는 것이다.

미분방정식 수업에 사용된 여러 가지 교수-학습자 간 상호작용을 활용하여 학생들은 자신의 사고에 대한 검증과 확신을 하게 되었으며 수학적 사실과 현실을 연결 지어 생각하였다. 실생활에서 경험할 수 있는 문제를 수학적 맥락으로 풀어 내는 학습을 하도록 구성된 교수-학습자 간 상호작용을 통해서 학생들은 수학의 아름다움,

수학과 타 학문과의 연계성, 수학적 사실의 현실성에 대하여 고찰할
기회를 가지게 되었다.

> "방정식 하나에도 자연세계의 절대규칙이 숨어 있음에 감탄했다.
> …… 수학의 미에 대해 처음 느끼게 되었다(감상적으로 들릴지 몰라
> 도 내게는 놀라운 경험이었다)."

> "저는 선형대수를 1학기 때 들었거든요. 한 학기 들으면서 그냥
> determinant A 마이너스 람다 A가 영이라고 외웠고 외운 것을 시
> 험에 당연한 듯이 적어 놓고 전개했었는데 저는 그걸 이제야 이
> 해했어요."

탐구 지향 토론 중심의 학습 경험은 학생들의 사고에도 긍정적인
영향을 많이 끼쳤다. 학생들은 그동안 수학을 실생활과 관련이 없는
형식적인 학문이라고 생각해 왔는데 수학이 실생활과 밀접한 연관
을 가지고 있음을 확인할 수 있는 계기가 되었으며, 수학 개념에 대
해 정의와 공식을 외우는 것으로 그치지 않고 그 의미를 파악하고
중요성을 깨달을 수 있게 되었다. 이런 방식의 수업은 기존의 설명
식 강의 수업에 익숙한 학생들에게 새로운 경험을 제공해 주었으며,
특히 교사를 꿈꾸는 사범대학교 학생들에게 미래의 교수법에 대해
생각해 볼 기회를 제공해 주었다.

새로운 지식 창출을
목표로 하는 혁신 대학

전 세계가 주목하는 대학이 있다. 캠퍼스 없는 대학을 표방하는 미네르바스쿨이다. 미네르바스쿨은 기존 대학의 모델을 바꾸겠다며 2014년에 개교한 혁신 대학이다. 세상은 급속도로 변해 가는데 현재의 대학은 여전히 비싼 등록금을 받으며, 대형 강의실에서 현실과는 동떨어진 이론을 일방통행식으로 가르치는 주입식 교육 문화에 머물러 있다는 문제의식에서 출발한 시스템이다.

'미래의 학교 모델', '하버드보다 들어가기 어려운 스타트업 대학' 등으로 불리는 이 대학에는 정해진 캠퍼스가 없다. 대신 세계 7개 도시에 마련된 기숙사가 캠퍼스 역할을 한다. 수업료는 하버드대학교의 약 5분의 1 수준이며, 모든 수업은 온라인으로 진행된다. 학생들은 기숙사가 위치한 도시에서 학습 내용을 적용할 수 있는 주제를 정해 프로젝트를 진행하는 현장형 과제도 수행한다.

미네르바스쿨의 핵심은 토론을 장려하는 세미나형 교육이다. 수강 인원은 15~20명으로 한정된다. 미네르바스쿨이 수강 인원을 제한하는 이유는 교수가 학생 한 명 한 명을 최대한 집중적으로 관리하기 위해서다. 강의는 온라인으로 진행되지만, 일방적인 녹화 강의가 아니라 실시간 영상 채팅으로 이루어지며, 모든 과정은 데이터로 저장된다.

미네르바스쿨의 교수법은 "교수는 지식을 주입식으로 전달하지 않고 토론으로 원활하게 진행하며, 수업 내용을 요약하고, 참여도가 적은 학생을 수업에 참여하게 돕는다"라고 알려져 있다. 왜 혁신 대학인 미네르바스쿨은 토론식 교수법을 활용하는 것일까? 그것은 교육을 통해 새로운 지식을 창출할 수 있는 경험을 얻게 한다는 교육의 기본적인 가설에서 비롯되었다고 볼 수 있다.

탐구 지향 교실에서는 강의의 주체자가 학생이다. 교수자는 학생들의 사고를 '학습'하는 학습자다. 이러한 의미에서 탐구 지향 교수법은 학습자 중심의 토론식 참여 수업 모델이 된다. 교과서의 지식을 전달하기보다는 학생의 현재 지식 수준에서 출발하여 토의와 토론을 반복하면서 새로운 지식에 대한 가설을 세우고, 그 가설을 정당화하면서 새로운 지식을 창출하는 과정을 경험하게 된다. 탐구 지향 교실을 통해 학생들은 스스로 탐구하는 수학자가 된다. 현실적이고 구체적인 사실로부터 '왜'와 '어떻게'라는 질문의 답을 찾아가는 과정을 통해 새로운 수학 개념을 학생 자신의 것으로 만들고, 자기자신 안에서 수학의 발견을 이룬다.

따라서 이 글에서 소개한 탐구 지향 토론 학습 환경에서는 학생들이 자신의 수준에서 여러 가지 답을 도출해 보고 각각의 답을 소그룹 간 또는 전체 학생들 간의 토론을 통해 비교하고 수정해 나가면서 자신의 답을 정정해 갈 수 있다. 새로운 질문을 제기하기도 하고 여러 가지 아이디어를 만들면서 지식 창출을 경험할 수도 있다. 우리 교육에서 문제점으로 지적되는 주입식, 암기식 교육을 개선할 수 있는 구체적인 대안으로 탐구 지향 토론 교수-학습법을 제안한다.

Chapter 9

예측 못 할
미래를 이끌어 갈
엉뚱한 '괴짜'를 위하여

서승우 교수 (전기정보공학부)

교육의 궁극적 목표는
무엇인가?

　교육의 목표는 스스로 생각하고 문제를 찾아내는 힘을 가진 사람으로 키우는 것, 더 나아가 처음 만난 문제에 대해 자기만의 접근 방법이나 대안을 찾아내는 능력을 길러 주는 것이다. 수학 문제를 정해진 시간 안에 완벽하게 풀거나 암기한 내용을 깔끔한 답안으로 적어 내는 요령을 길러 주는 것이 교육의 목표는 아니다. 예일대학교 영문학과 교수로 재직했던 윌리엄 데레저위츠 교수는 저서《공부의 배신》에서 대학 교육의 목표에 대해 다음과 같이 강조했다.

　"대학이 존재하는 첫 번째 이유는 학생들에게 생각하는 방법을 가르치기 위해서다. 진부한 말이긴 하지만 이것은 상당히 중요한 의미가 있다. 방정식을 어떻게 풀 것인가, 연구 내용을 어떻게 구성할 것인가, 텍스트를 어떻게 분석할 것인가 하는 문제처럼 단순히 개별 학문에 관한 특별한 요령을 학습한다는 뜻이 아니다. 학문 경계를 넘나들며 연구하는 능력을 쌓는 것을 의미하지도 않는다. 습관적으로 의심하고 이러한 의심을 실행으로 옮기는 능력을 개발한다는 뜻이다. 어떤 일을 당연하게 받아들이지 않는다는 것은, 각각 자신만의 결론에 이를 수 있다는 것을 의미한다."

스스로 생각하는 힘을 바탕으로 새로운 문제를 찾고 그 문제에 대해 나름대로의 대안을 제시하는 능력을 우리는 '창의력'이라고 부른다. 결국 교육의 궁극적 목표는 이러한 능력을 표출하는 데 필요한 창의성을 어떻게 길러 줄 것인가에 맞춰져야 하며, 새로운 창의성 교육의 목표는 '교육과 훈련을 통해 다양한 환경에서 새로운 방식으로 생각하고 행동할 수 있는 능력을 발휘할 수 있도록 창의적 사고를 생활화하는 것'이라고 정의할 수 있다.

우리가 경험해 보지 못한 새로운 시대를 이끌 인재상과 교육 현실

1776년 증기기관의 발명으로 시작된 산업혁명은, 표준화와 분업화를 통해 대량 생산을 가능하게 한 2차 산업혁명과 20세기 후반부터 시작된 컴퓨터와 인터넷 기술의 혁신을 통한 정보통신의 혁명을 기반으로 하는 3차 산업혁명을 거쳐, 최근 인공지능, 빅데이터, 사물인터넷(IoT), 클라우드, 3D 프린팅, 자율주행 자동차 등으로 대표되는 소프트웨어와 데이터 기반의 지능화된 디지털 기술을 특징으로 하는 4차 산업혁명 시대에까지 이르렀다.

4차 산업혁명의 특징은 기술의 발전 속도뿐만 아니라 기술에 의해 변화될 사회의 형태에서도 찾을 수 있다. 새로운 사회는 사람과 사람뿐만 아니라 사람과 기계, 기계와 기계 간 연결성이 확대되고 깊이도 심대해지는 초연결성을 가질 것이며(메칼프의 법칙), 이에 따라 공유되고 축적되는 지식의 양 또한 크게 증가할 것이다.

[그림 9-1]은 이 세 가지의 특징을 로그스케일의 3차원 좌표 공간에서 개념적으로 표현한 것이다. 이 그림은 시간의 흐름에 따라 이 공간의 크기와 복잡도가 천문학적으로 커지며, 그 변화가 우리 사회에 던져 줄 새로운 도전은 지금까지 우리가 경험해 보지 못한 완전히 새로운 형태임을 암시한다. 이러한 새로운 시대로의 진입은 그에

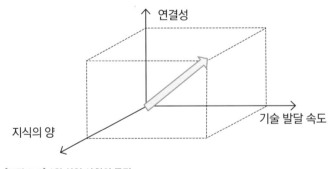

[그림 9-1] 4차 산업 사회의 특징

맞는 제도뿐만 아니라 그 시대를 이끌어 갈 능력과 자질을 갖춘 인재를 반드시 필요로 한다. 새로운 시대에 적합한 인재상은 수월성, 적응력, 개방성 및 소통 능력 등 종합적이고 입체적인 사고 능력을 요구한다.

그러나 안타깝게도 현재의 교육 시스템은 새로운 변화의 시대를 이끌 창의적 인재를 양성하기에는 부족한 점이 많아 보인다. 어릴 적부터 암기와 문제 풀이에 잘 훈련된 학생들은 대학에 입학한 후에도 단답형 질문에 잘 답하고 숙제를 잘 해내고 시험을 잘 치러 현 교육 시스템에 잘 적응한다. 문제를 스스로 발굴하는 능력은 고사하고, 이 문제를 왜 풀어야 하는지에 대한 성찰 없이 학생들은 주어진 문제를 기계적으로 풀고 문제의 정답을 빨리 찾기 위한 연습만 반복한다. 학생들의 능력은 암기식 시험에 따른 성적으로 평가받기 때문에 다양한 접근 방법을 강구해 보는 상상력 기반의 탐구적 학습은 사라지고 학생들은 평생의 자산이 될 창의적 사고 도구 및 능력을 습득하지 못한 채 학교를 떠난다.

결국 대학은 학생 개개인의 적성과 능력에 대한 다양한 잠재력을 일깨울 수 있는 기회를 제공하지 못하고, 학생들 또한 자신의 취약함과 경쟁력을 발견하지 못해 향후 자신에게 닥쳐올 미래의 변화에 대한 대처 능력을 갖추지 못하게 된다. 이러한 교육 시스템에서 자란 학생들은 대부분 도전에 의한 실패를 경험하지 못한 탓에 실패에 대한 두려움을 가지고 있어 불확실성을 가급적 회피하려 하며, 그 결과 구직 활동에서도 직업의 안전성만 추구하는 경향이 강하게 나타난다. 즉, 현 교육 시스템은 성적을 잘 받는 방법을 아는 특정 유형의 엘리트를 키울 뿐 다양한 비전을 제공하지 못하며, 그 결과 각자 개성 있는 자아를 찾아가는 도전적 모험가를 키우지 못하고 있다.

그뿐만 아니라 초연결성 사회에서 중요한 능력 중 하나인 토론과 소통에 대한 교육도 부족해서 의견 전달과 청취 능력을 높이기 위한 훈련 기회가 충분히 제공되지 못해, 학생들은 졸업 후 사회생활에 필요한 팀워크 중심의 협력적 문제 해결 능력을 제대로 키우지 못하고 있다. 결국 오늘날의 대학 교육은 학점과 스펙 쌓기를 위한 기회만 제공하고, 졸업 후 일자리를 얻기 위한 직업 교육 기관의 역할만 수행하고 있다는 비난을 면치 못할 상황에 처해 있다.

세상의 빠른 변화는 지금까지 100년 이상 지속되어 온 지식 전달 위주의 교육 방법에 대한 대대적인 변혁을 요구한다. 새로운 교육 방식은 일방향에서 양방향으로, 지식 전달 위주에서 지식 생산 능력 배양 위주로, 기억력 기반의 평가에서 창의성 기반의 평가로, 교과서 연습 문제 풀이 같은 수동형 학습 태도에서 창조적 활동을 위한 능동형 탐구 자세로의 전환을 의미한다.

교육 방법의 변혁은 교육 대상인 학생들을 위해서 절대적으로 필요하지만 더 나아가 교육 제공자인 교수자 관점에서도 반드시 필요하다. 그 이유는 강의 제공자인 교수 개인이 갖는 한계가 명백하기 때문이다. 매일 새롭게 출현되는 세상의 모든 지식 및 기술과 학문의 빠른 발전 속도를 한 사람이 다 따라갈 수는 없다. 그럼에도 현재 대부분의 대학 강의는 한 사람의 교수가 제공하는 지식을 일방향으로 전달하는 데 치우쳐 있고, 더 나아가 비용의 효율성을 이유로 이를 대형 강의 형태로 제공함으로써 학부 교육의 부실화를 더욱 부채질하고 있다.

문제를 찾지 않는 공대생

교육 문제에 있어서 공학 분야의 심각성은 훨씬 크다. 현재 대학에서의 공학 교육은 공학에 대한 사회의 기대 수준과 비교할 때 상당한 괴리가 있다. 공학은 본질적으로 새로운 필요성을 발굴해 내어 인간의 삶을 편리하고 윤택하도록 각종 문명의 이기를 만들어 내는 창조의 학문이다. 따라서 공학도들에게 요구되는 가장 중요하고 필요한 능력은 새로운 문제를 찾아내는 문제 정의 능력이다.

문제는 세상 어디에나 존재한다. 수많은 문제 중 진정으로 가치 있는 문제를 찾기 위해 우리가 중요하게 고려해야 할 측면은 바로 관점, 즉 개발자 관점이 아닌 사용자 관점에서 문제를 보는 것이다. 이런 요구 조건은 제품을 만들어 판매하는 어느 회사에서든 지극히 당연하게 받아들이는 사실이다. 그러나 현재 대학의 교과과정은 사용자 관점이 아닌 개발자 관점에서만 문제를 바라보도록 설계되어 있다. 개발자 관점에서 정의된 문제는 제품으로 개발되어도 당연히 시장에서 외면받는다. 사용자 관점에서의 문제 정의는 사용자 관점에서의 공학적 해결책 제시까지 의미한다. 안타깝게도 현재의 공대 교과목들은 전체 개발 과정에 대한 훈련 기회 및 창의적 능력을 배양할 기회를 충분히 제공하지 못하고 있다. 현실적으로, 과거와 달리 지금은 배워야 할 전공 이론이 너무 많고 전공 외에 여러 활동도 끊임없이 해야 하는 관계로 주어진 문제만 풀기에도 시간이 턱없이 부족하다.

사용자 관점에서 발굴된 문제에 대한 공학적 해결책은 많은 경우에 어떤 형태를 가진 제품으로 만들어진다. 그러나 현 공학 교과과정에서는 뭔가를 실제로 만들어 볼 수 있는 기회가 점점 줄고 있다. 문제 해결에 필요한 이론을 이해하는 것으로 만족하거나 컴퓨터를 이용한 시뮬레이션에 그친다. 실제 제품을 만들어 내야 하는 공학 분야에서 손으로 직접 만들어 보는 경험을 하지 않고 대학을 졸업하는 것은 반쪽짜리 교육만 받은 셈이다. 이론만 배우느라 공작 기계 한번 써 보지 못한 기계과 졸업생이나, 회로 이론은 열심히 배우면서 정작 전자회로 기판은 만들어 보지도 못한 전기전자공학과 학생들은 아무래도 공학적 감각이 부족할 것이다. 과거에는 문제를 스스로 찾고 학점은 아랑곳하지 않은 채 문제 해결책을 직접 만드는 괴짜(Nerd)들이 많았는데 이제는 그런 친구들을 거의 찾아볼 수 없다.

현재의 공학 교육이 이론 중심의 주입식 교육으로 흐르는 이유 중 하나는, 최근 들어 공학 분야가 놀라운 속도로 발전함에 따라 정보의 양이 기하급수적으로 늘어나고 있기 때문이다. 전문성이 심화되어서 뭐 하나라도 해 보려면 선배들이 이루어 놓은 수학, 과학 이론과 기술 및 관련 도구들을 익히는 데만 해도 4년으로 부족하다. 비평은 고사하고 기존 지식을 익히는 데 대부분의 시간을 보낸다. 그래서 공통적으로 적용되는 기본 원리 위주로 가르치게 되고, 그러다 보니 수업이 지루해진다. 이러한 경향은 과학기술이 발달함에 따라 갈수록 더 심화되고 있다.

대학과 사회의 간극을 좁히는 일은 결국 대학에서 사회의 요구를 얼마나 수용할 수 있을지에 달려 있다. 공학에 대한 열정이 있는 학생들은 이구동성으로 현 교과목 체계에서는 문제 발굴과 그에 대한 해결책을 찾는 훈련을 하기 어렵다고 하소연한다. 이러한 불만은 직접 만들어 보면서 스스로 문제점을 인식하고, 그러면서 연구와 개발에 재미를 붙여 더 큰 문제를 만들어 가는 공학적 창조력을 배양할 기회가 적음을 의미한다.

문제는 이 같이 창의적 교육이 사라지면 공대 학생들이 공학도로서 살아갈 동기부여조차 되지 않는다는 것이다. 공대에 입학하는 많은 공대생은 입학하고 나서야 자기 전공이 구체적으로 무엇을 다루는지 알게 되고, 그제야 전공 선택에 대한 고민을 시작한다. 이런 학생들은 구체적인 정보를 얻지 못하고 막연히 취직이 잘된다거나 점수에 맞춰 진학하다 보니 공대에 오게 된 경우다. 체질적으로 뭔가를 만드는 것이 좋아서 공대에 온 학생들도 있지만 이런 학생들은 어릴 때부터 공학적 호기심을 갖고 꿈을 키워 온 특수한 경우다. 공학에 대한 장인 정신과 소명 의식 및 창의적 능력 부족은 결국 많은 공학도로 하여금 새로운 진로를 모색하게 만든다.

더 나은 창의적 교육을 갈망하는 학생들은 해외로 배움의 길을 떠나고, 스스로 창의적 제품을 개발하고자 하는 학생들은 일찌감치 자

기 길을 간다. 공학적 동기 부여가 되지 못해 아예 공학계를 떠나 법
조계, 의료계, 금융계, 영화계 등 다른 영역으로 삶의 터전을 옮기는
사례도 적지 않다.

'빠른 추격자' 대신 '선구자'를 길러 내기 위한 새로운 교육 실험

서울대학교 공과대학에서 제품 개발과 관련하여 지금까지의 교육 방식과는 다른 새로운 형태의 창의성 교육 실험을 시도한 것은 2015년 3월이었다. 새로운 실험은 질문과 토론 없이 일방적으로 받아 적고 연습하여 익힌 뒤 정량적 평가를 통해 학점을 받는 기존의 공학 교육 체계에서 벗어나고자 했다. 새 과목에서는 학생들이 캠퍼스 밖의 사회로 나가 문제를 스스로 발굴하고, 이에 대한 공학적 해결책을 제시하며, 시제품까지 만들어 보는 학생 주도의 진정한 창의성 교육을 지향했다. 본 과목은 공대는 물론 공대가 아닌 과까지 아우르는 다학제 강좌였다.

물론 이러한 시도가 그 이전에 전혀 없던 것은 아니다. 다만 기존의 교과목 틀 내에서 몇 주 정도 창의성 관련 내용을 소개하고 과목 내용 중 일부를 창의성 교육 방법에 접목시켜 실험해 보는 경우가 대부분이었다. 그러나 새로운 교육 실험은 접근 방법부터 달리했다.

사용자 관점에서의 문제 발굴 및 정의를 수업의 가장 중요한 핵심으로 삼고, 이에 대한 해결책까지 창의적으로 제시하도록 했다. 한마디로 말해 문제가 교수나 책으로부터 주어지는 것이 아니라 학생이 스스로 찾아 나가야 할 대상이 된 것이다. 이는 이미 누군가 만들어 공개한 것을 빠르게 따라하고 따라잡는 빠른 추격자(fast follower) 교육에서 탈피하여, 기존에 없던 새로운 기술과 시장을 개척하는 선구자(first mover)를 길러 내기 위함이었다.

무엇보다 학생 스스로 문제를 찾는 훈련은 학생은 물론 교수자에게도 환영받을 만한 교육 방식이다. 지식만 전달하는 역할보다 학생이 필요한 지식을 스스로 얻을 수 있도록 도와주는 멘토의 역할이 훨씬 가치 있기 때문이다. 모두가 '스스로 해내는 힘'이 중요하다고 인정하지만 아이러니하게도 그동안 누구도 그 능력을 가르치지는 않았다. 문제를 스스로 찾는 것이 중요한 것은 그것이 끝까지 해내는 인내와 끈기를 길러 줄 뿐 아니라 문제의 주인이 누구인지를 각인시켜 주기 때문이다.

사실 문제의 주인이 학생이라는 것은 결과물에 가장 큰 영향을 미친다. 도통 추진력이 생기지 않고 마무리가 안 되는 과제가 있다면 지금 매달리고 있는 문제의 주인이 학생인지 교수자인지 자문해야 한다. 내 이름이 걸려 있으면 오감과 육감이 예민해지고 엉덩이가 무거워지듯이, 내가 발굴한 문제라면 그 해결에 대한 책임감은 몇 배가 된다. 학생이 주인인 문제의 결과물은 언제나 예상을 뛰어넘는 것을 자주 봐 왔다.

이러한 교육의 목표가 멋져 보이긴 하지만 실행 과정은 그리 쉽지 않다. 가장 먼저 부딪히는 어려움은 문제를 학생 스스로 발굴하는 데 있다. 문제가 그리 쉽게 찾아질 리가 없다. 세상에 학생들을 위해 잘 정의된 새로운 문제라곤 없고 학생들 또한 그런 문제를 찾아내는 훈련을 받아 본 적이 없기 때문이다. 주어진 문제를 푸는 데 익숙한 학생들이 문제를 스스로 발굴해 정의하기란 쉽지 않다. 거기에다 전공과 배경이 다른 팀원들과 의견을 합하는 것은 보통 어려운 일이 아니다. 같은 학과라고 해도 어렵기는 마찬가지다.

현실적으로 문제는 교수나 상사, 회사가 주는 것이고 제품 아이디어는 기획자나 디자이너가 내는 것이지 공학도가 왜 문제나 제품에 관한 아이디어를 직접 발굴해야 하는지 이해하지 못하는 학생들에게 문제 발굴은 그야말로 고난의 행군이다. 마른 수건 짜내듯 어렵게 아이디어를 들고 가면 교수와 다른 학생들이 신랄하게 비평한다. 그러면 학생들은 쉽게 자괴감에 빠지고, 새로운 아이디어가 생각나도 이게 맞는 것인지 자신 없어 한다.

그렇다고 교수가 의견을 준다면 시도의 의미가 없어진다. 그보다는 학생들이 기죽지 않고 다양한 아이디어를 스스로 낼 수 있도록 가급적 격려와 긍정의 피드백을 줘야 한다. 창의적 제품 개발에서 교수는 가르치고 질문에 대답하기 위해 존재하는 사람이 아니라, 철저하게 멘토이자 조언자다. 적절한 질문을 던지며 학생 스스로 자신이 내린 결정을 다시 돌아보게 하여 자신감을 갖고 새로운 생각을 이어갈 수 있도록 도와주는 역할을 해야 한다. 이 과정에서 교수의 인내심은 필수다.

새롭고 참신한 결과를 내야 하는 창의성 기반 수업이 어려운 또 다른 이유는, 새로운 시도에는 반대 의견이 따르기 마련인데 그러한 반대를 이겨 내기 위해 긴 설득의 과정을 통과해야 하기 때문이다. 이러저러해서 아이디어를 내고 아이템을 정하고 구체화를 시작하게 되면 거의 대부분 유사한 제품이 이미 시중에 나와 있고 특허까지 등록된 경우가 많다. 이 경우 비난과 반대의 목소리는 커지고 제안자는 좌절하게 된다.

그런데 여기서 좌절하지 않고 차분히 다시 들여다보면 기존 제품의 약점이 보이고 이 약점을 개선하는 방향으로 팀원이나 고객들을 다시 설득할 수 있다. 그리고 해당 분야에 직접 뛰어들어 관련된 사람을 만나고 현장을 방문해서 눈으로 직접 보면서 차츰 더 깊은 맥락을 읽고 차별화 포인트를 구체화해 나간다. 새로운 것을 만들어 내는 일은 결국 이론적이건 경험적이건 간에 기존의 것을 철저하게 알고 있어야 가능하다. 어디가 아프고 가려운 부분인지, 누구에게 팔 것인지, 어떻게 설득할 것인지 등을 파악하고, 타깃층을 구체화하면서 인터뷰하고 자료를 찾아가며 근본 맥락을 알아 가야 한다.

본 과목은 처음 개설된 이후 몇 번의 과목명 변경을 거치다가 2017년 봄학기에는 '다학제 창의적 제품 개발(Interdisciplinary Innovative Capstone Design)'이라는 과목명으로 개설되었다. 강의계획서에는 다음과 같이 본 과목을 소개하고 있다.

구분	이론 강의	설계 프로젝트
1주	– 강의 소개, 강의 담당 관련자 소개 – 사용자 중심 문제 발굴 및 구체화 방법론 1	– 사회/기업의 문제 소개 및 논의 – 이력서 작성 및 자기소개
2주	– 사용자 중심 문제 발굴 및 구체화 방법론 2	– 팀 구성, 팀별 아이디어 구체화 실습 – 안전 교육
3주	– 고객 사용성 평가 개론	– 시각적 사고 방법 + 스케치 실습 – 시장 조사 + 고객 인터뷰 1
4주	– 설계 방법론	– 시장 조사 + 고객 인터뷰 2
5주	– Design Review #1: 시장 조사 및 고객 분석 결과 발표	
6주	– 사례 분석 1	– 쾌속 시제품 제작 실습
7주	– Design Review #2: 문제 발굴 및 정의 결과 발표	
8주	– 팀워크, 설득 전략	– 홍보책자 제작 실습 – 시제품 제작 1
9주	– 사례 분석 2	– 교수 면담 1
10주	– Design Review #3: 시제품 도면 및 검증 결과 발표	
11주	– 제품 생산	– 시제품 제작 2 – 특허 명세서 작성 실습
12주	– 교수 면담 2: 시제품 제작 상태 점검 1	– 가동 및 보완 1
13주	– 교수 면담 3: 시제품 제작 상태 점검 2	– 가동 및 보완 2
14주	– 교수 면담 4: 시제품 제작 상태 점검 3, 전시 계획 수립, 포스터, 홍보책자 제작	
15주	– 최종 발표: 시제품 전시 및 데모	

[표 9-1] '다학제 창의적 제품 개발' 과목 주별 활동 내용

"본 과목에서는 수강생들에게 캠퍼스를 벗어나 사회로 들어가 스스로 문제를 탐색하고 정의한 후, 그것을 해결하는 설계 대안을 도출하고, 핵심 기능 시제품을 개발할 것을 요구한다. 이러한 훈련을 통해서 수강생들은 미래의 리더로서 지금까지 존재하지 않았던 제품이나 기술을 개발할 수 있는 'First mover'의 능력을 배양한다. 본 과목은 공대는 물론 타 단과대학의 다양한 전공의 학생들로 구성되는 다학제 설계팀을 구성해서 설계 프로젝트를 수행하도록 요구한다. 한편 설계 프로젝트팀을 지원하기 위해서 마케팅, 산업디자인, 특허법, 창의적 사고, 개념 설계 방법론, 문제 창출 사례 연구 등 다양한 강의를 제공하며, 다학제 교수진, 변리사, 외부 전문가로 이루어진 멘토 그룹이 개인별, 조별로 멘토링을 한다."

한 학기 동안 진행되는 각 주별 활동 내용은 대략 [표 9-1]과 같다.

공대생, 드디어
세상에 없던 것을 만들다

관찰을 통해 문제 발굴하기

학생들에게 제한 조건 없이 아이디어를 내라고 하면 대부분 버스나 지하철 등 학생 본인이 매일 이용하면서 불편함을 느낀 곳이나 우산, 유모차 등 주변에서 흔히 볼 수 있는 것들을 대상으로 아이디어를 찾기 시작한다. 그러나 쉽게 발견되는 일상의 불편함이 모두 좋은 문제로 바로 연결되는 것은 아니다.

많은 사람이 공유하는 불편함이지만 개선이 안 되는 가장 큰 이유는 들이는 비용 대비 불편함의 해소 정도가 매우 작기 때문이다. 대중교통이 여러 면에서 불편하지만 그걸 개선하기 위해 교통비를 몇 배 더 내라고 하면 큰 반대에 부딪힐 것이다. 우산이 비에 젖으면 휴대하기가 불편해진다고 빨리 말려 주는 부가적 기능을 도입하면 우산 가격이 몇 배로 오르고, 그러면 사람들은 차라리 기존의 우산을 말려서 쓸 것이다. 이렇듯 주변에서 흔히 겪고 있고 오랫동안 지속되어 왔던 것이 빨리 개선되지 않는 데에는 다 그럴 만한 이유가 있다. 다시 말해 찾아 낸 문제가 진정 좋은 문제가 되기 위해서는 성능뿐만 아니라 비용, 디자인, 휴대성 등 여러 측면에서 두루 나아진 점이 있어야 한다.

본 과목에 참여했던 학생들의 문제 발굴 사례를 몇 가지만 살펴보자. 어느 한 팀은 생활 건강이라는 분야에서 문제 발굴을 시도했다. 생활과 건강에 관련된 여러 회사를 벤치마킹하고 이와 관련하여 여러 가지 재미있는 아이디어를 냈지만, 이미 어디서 보았거나 경제성이 없어 진행하지 않은 것들이었다. 학생들은 낙담했고 다시 문제를 찾기 위해 나섰다. 그러던 중 한 학생이 간호사인 친구와 이야기를 나누다가 환자의 소변량을 측정하는 것이 여간 스트레스를 받는 일이 아니라는 이야기를 듣게 되었다.

여기에 착안하여 병원을 방문해 간호사들을 인터뷰한 결과, 소변량 측정은 환자의 수분 균형과 건강 이상을 가장 먼저 알려 주는 정보이고 입원 환자의 70%가 수행하는 가장 기본적인 작업이지만, 지난 몇 십 년 동안 방법적인 측면에서 전혀 개선이 이루어지지 않고 있다는 사실을 발견했다. 현장에서 일하는 간호사들은 소변통을 이용해 환자의 소변량을 일일이 측정하고 있으며, 이는 청결, 정확성, 업무 강도, 의료폐기물 발생 관점에서 많은 문제점을 야기하고 있었다. 더구나 이런 문제점들에 대한 개선 요청이 오랫동안 있어 왔으나 뚜렷한 대책이 없던 상태였다.

이에 학생들은 추가적인 심층 인터뷰를 통해 구체적인 필요를 확인한 후, 기존 소변통을 청소할 필요가 없고, 여성도 사용이 편리하며, 대변과 소변을 동시에 처리할 수 있고, 10밀리리터 이하의 단위로 정확하게 수분 균형 측정이 가능하며, 24시간 측정이 가능하고, 의료폐기물이 생기지 않는 자동 대소변 측정 장치를 개발하는 것을 문제로 정의하였다.

건설환경공학부와 기계공학과 학생들로 이루어진 또 다른 팀의 경우는 팀원들이 자주 이용하는 커피 전문점을 문제 발굴 장소로 삼았다. 학생들이 주목한 것은 깨끗한 매장 환경에서 유일하게 지저분한 곳인 분리수거대였다. 분리수거를 하지 않고 그대로 올려 두고 간 사람들 때문에 분리수거대 위에는 먹다 남은 음료가 담긴 컵이 쌓여 있고 분리수거대 내부에는 분리되지 않은 컵이 쓰레기와 뒤엉켜 있었다. 이것을 해결하기로 한 학생들은 우선 캠퍼스 내에 있는 커피 전문점을 돌며 또래의 점원과 손님들을 인터뷰하였다. 손님은 이미 음료 값을 지불하였는데 분리수거까지 하라 하니 불만이었고,

점원은 이것을 일일이 꺼내 손으로 분리해야 하는 작업이 고역이라고 했다. 그리고 분리를 제대로 안 하고 버리기 때문에 봉투가 금세 가득 차서 봉투를 자주 갈아야 하는 불편함도 있었다.

이 문제는 커피 전문점과 비슷한 형태의 분리수거대를 운영하고 있는 패스트푸드점에서도 마찬가지였다. 다만 패스트푸드점은 본사가 이를 수거해 가서 별도로 처리하므로 각 지점에서는 별 문제의식이 없었다. 스타벅스와 같은 대형 커피 전문점 역시 본사에 직접 문의한 결과 중앙에서 수거해 별도로 처리하므로 이 같은 문제에 대해 심각성을 느끼지 못하였다. 그러나 개인이 소유한 커피 전문점의 경우 직접 분리수거를 해야 하는데 이것이 점포 운영상 심각한 고충으로 드러났다. 이 같은 고객 인터뷰와 방문 조사를 통해 이 팀은 음료가 남은 컵을 그대로 넣기만 하면 저절로 분리수거가 되도록 하는 기계를 만드는 것을 문제로 정의하였다.

문제를 해결할 공학적 제품 설계하기

이렇게 문제가 정의되면 이를 해결할 공학적 제품을 설계해야 한다. 설계에도 체계적인 방법론이 있다. 문제를 더 작은 문제로 세분화하고 만족해야 할 여러 조건을 수치화한다. 그리고 이를 만족시킬 수 있는 다양한 작동 원리를 탐색하고, 차트를 이용하여 정리한 후, 몇 가지 작동 원리들을 조합하여 요구 조건에 맞는 제품의 설계 대안을 다수 도출한다. 이들 중 최적의 제품 설계 방법은 계량화된 수치를 기반으로 선정할 수 있다. 이론이야 이렇지만 실제로 제품을 설계하는 일은 경험과 체계를 요하는 것이어서 산업계에서 잔뼈가 굵은 멘토들과 많은 토론을 거치게 된다.

앞에서 예시한 자동컵분리수거기 제작팀의 경우 컵 뚜껑과 슬리브를 자동으로 분리해야 하고 남은 음료를 비워야 하며 종이컵과 플라스틱컵을 구분할 수 있어야 한다. 이를 위해 로봇 팔, 회전형 원통, 컨베이어 벨트와 같은 여러 가지 설계 대안들이 제시되었다. 이와 동시에 기존에 개발되었던 분리수거기를 조사하고 실제 운용되는 상황을 확인하기 위해 관악구의 재활용센터를 방문하기도 했다. 이를 기반으로 모터가 한 개만 있으면 되는 컨베이어 벨트식 방식을 최종 설계 대안으로 도출했다.

한편 자동소변측정기 팀의 경우 사용 후 소변통을 씻어야 하는 불편함을 없애고, 변기를 사용해 자연스럽게 측정할 수 있으며 기존에 설치된 변기에 장착함으로써 설치비나 범용성을 높여야 한다는 사용자 핵심 요구 사항을 목록으로 작성하고 이를 기반으로 기존의 변기에 놓는 것만으로도 설치가 끝나고 물을 내릴 때 같이 씻겨 나가는 제품 설계 방안을 마침내 도출하게 되었다.

아이디어를 검증할 시제품 만들기

설계가 끝나면 시제품을 만들어야 한다. 그러나 한 학기 내, 약 3개월의 기간 동안 문제 발굴에서 문제 정의, 제품 설계, 시제품 제작까지 마치는 것은 현실적으로 쉽지 않다. 그래서 보통 시제품 제작 시 모든 기능을 다 구현하지 않고 한두 가지 핵심 기능만 가진 파일럿 제품을 만들도록 요구한다. 이를 '핵심 기능 시제품(Critical Function Prototype)' 또는 '최소 기능 제품(Minimum Viable Product)'이라고 부른다. 핵심 기능 시제품을 통해 구현되는 핵심 기능은 최종 제품을 만드는 데 있어 가장 중요하면서도 전체 제품의 기능을 대표할 만한 것으로 선정한다.

시제품 제작은 본 과목에서 상당히 중요한 단계다. 문제를 정의하는 과정이 힘들고 많은 시간을 들여야 하지만 아이디어의 궁극적 검증은 시제품 제작을 통해 이루어지기 때문이다. 만약 시제품 제작 과정에서 실현되지 않거나 제작 후 소비자들의 반응이 미지근하면 다시 문제 정의 단계로 돌아가 아이디어를 새로 다듬어야 한다. 이 과정은 순환적이고 반복적으로 이루어지며 시제품이 완성되기까지 수차례 반복된다.

서울대학교 공과대학에서는 학생들의 시제품 제작 편의를 돕기 위해 2016년 초에 아이디어팩토리라는 공간을 마련했다. 아이디어팩토리에서는 3D 프린터와 레이저 커터 등 다양한 제작 장비를 구비하여 학생들의 시제품 제작을 지원하고 있다. 아이디어팩토리에는 제품 생산 경험이 있는 직원 엔지니어들이 상주하면서 상세 설계 및 시제품 제작 시 맞게 되는 어려움에 대해 조언해 준다. 학생들은 이렇게 해서 만든 시제품을 최종 전시회를 통해 외부에 선보여야 하기 때문에 막판에는 며칠씩 밤을 새면서 시제품을 만들기도 한다. 최종 전시회에는 외부 투자자들과 산업체 관계자들이 참관하는데, 이때 서로 다양한 피드백을 주고받기도 한다.

창의성 교육에서 가장 중요한 팀 커뮤니케이션

창의적 제품 개발을 위한 문제 발굴, 시제품 제작, 전시회까지의 단계 하나하나가 그리 만만치 않고 혼자서 다 해낼 수도 없기 때문에 보통 3~5명이 하나의 팀을 구성한다. 이때 가장 좋은 방법은 팀원 간에 전문성이 겹치지 않도록 하는 것이다. 그래야 상호 이해관계가 겹치지 않고 다양한 의견이 모일 수 있다. 특히 같은 학과 출신끼리 있으면 사고의 동질성이 생겨 새로운 아이디어가 나오기 어려운 경우가 간혹 발생한다. 그런 측면에서 다학제로 팀을 구성하는 방법은 창의성을 높이는 데 큰 도움이 된다.

같은 팀에 소속된 학생들의 성향도 팀워크의 성패를 좌우하는 중요한 요소다. 팀 내 모든 구성원이 동일한 성향을 보유한 경우라면 그 팀은 실패할 확률이 높다. 예를 들어 모든 사람이 CEO의 역할을 하려고 한다면, 반대로 모든 구성원이 제품 설계만 하려고 한다면 배는 산으로 갈 가능성이 높다. 하나의 팀은 CEO, 디자이너, 소프트웨어 엔지니어, 하드웨어 제작자, 마케터 등에 각각 재능이 있는 다양한 사람들로 구성되는 것이 가장 좋다.

그러나 구성원들의 다양한 배경은 팀워크 성공의 하나의 필요조건이지 이것만으로 성공이 보장되지는 않는다. 팀원 간 소통, 배려, 양보 및 건설적 의견 교환과 같은 커뮤니케이션 수준이 궁극적인 성패를 좌우한다. 학생들은 팀 커뮤니케이션을 통해 다른 사람의 주장을 듣고 분석하며 또 자기의 주장을 합리적으로 내세우는 방법을 터득한다. 이것이야말로 창의성 교육에서 가장 중요한 과정이다.

목적과 목표가 선명한 경우 카리스마 있는 사람이 팀을 이끄는 것이 효율적이지만, 새로운 것을 만들어야 하고 어디로 가야 할지 분명하지 않은 상황에서는 다양한 시도를 격려할 수 있는 친화력 좋고 이야기를 잘 들어 주는 사람이 팀을 이끄는 것이 효과적이다. 나와는 생각과 배경이 다른 사람을 어떻게 설득하고 같은 방향으로 가도록 할 것인가가 가장 어려운 문제일 수 있기 때문이다. 이 문제는 아이디어를 만들어 내는 과정보다 오히려 더 중요할 수 있다. 좋은 문제가 발굴되고 나면 팀원들과 더 잘 소통함과 동시에 내 문제라는 주인 의식과 조금 더 밀어붙이겠다는 오기와 배짱을 가질 필요가 있다. 새로운 것을 만든다는 것은 새로운 아이디어를 내는 것뿐만 아니라 많은 사람을 설득해 나가고 그 와중에 부딪히게 되는 반대와 어려움을 돌파해 내는 추진력과 배짱이 필요하기 때문이다. 이러한 추진력이 때로는 팀원들에게 강한 믿음과 신뢰를 주기도 한다.

공학 기술로 어떻게 타인을 설득하고 감동시킬지 고민하다

본 과목 수강 학생들에 대한 평가는 혁신성, 독립성, 다학제, 구체성, 유용성 등 다섯 가지 항목으로 이루어진다. 팀별 활동을 기본 전제로 하기 때문에 평가도 조별 평가 및 개별 평가를 혼합하되 최종 학점은 절대 평가로 정해진다. 과목의 특성상 수업 참여가 매우 중요하며 세 번의 평가단 리뷰에 대한 평점(5점 만점에 평가 즉시 점수 통보, 45% = 15% x 3), 최종 전시회 평가(상대평가, 20%), 최종 설계 보고서 평가(상대평가, 10%), 홍보책자 평가(상대평가, 5%), 참여도 평가(질문 횟수 및 수업 참여도를 담당교수와 조교가 팀별로 평가, 10%) 등을 모두 종합한다. 마지막으로 팀원 내부 평가를 통해 개인 학점을 조정한다.

학생들은 수업이 진행되는 동안 다른 팀으로부터 많은 피드백을 받게 되는데, 흥미로운 것은 피드백들이 어떤 부분에서는 비슷하지만 또 다른 부분에서는 개개인의 전공별로 꽤 다르다는 것이다. 교수진 사이에서도 의견이 다른 경우가 태반이다. 전공에 따라 같은 문제를 바라보는 시각이 이렇게 다를 수 있음을 확인하는 것만으로도 큰 경험이며, 이들의 피드백을 설계에 반영하면서 차츰 디테일이 살아나고 강한 설득력을 갖춰 가게 된다. 학생들은 이런 과정을 통해서 막연하게 알던 것들에 대해 차츰 핵심과 맥락을 이해하게 된다.

학기의 중반을 넘어가면 주제가 정해지고 문제를 구체화하기 시작하면서 창의적 제품 개발에 속도가 붙는다. 자기가 스스로 발굴해 낸 문제에 대한 몰입도는 상상 이상이다. 의사소통이 되지 않던 팀원들과도 친해지면서 서로 다른 관점으로 문제와 해법을 풍요롭게 만든다. 종강하는 날에는 서로의 결과물을 보고 감탄하고 격려를 아끼지 않는다.

본 과목에 대한 학생들의 평가는 꽤 긍정적이다. 2015년에는 강의 만족도가 5점 만점에 4.71이었다. 대학 전체 평균은 4.19였다. 2016년에는 대학 전체 평균이 4.2일 때 4.44였다. 담당 교수 입장에서 새로운 제품을 만들어 내기 위해 수업 시간에 열띤 토론이 벌어질 수 있도록 중재함은 물론, 수업 후 개인 면담까지 학생들과 상호작용을 매우 많이 해야 하는 과목이어서 어지간한 사명감과 열정 없이는 맡기 힘든 과목이다. 다음은 4학년인 학생이 강의 평가에 남긴 글이다.

> "지난 7학기 동안 들었던 수업 중에 최고의 강의였던 것 같습니다. 정말 이 수업을 공대생 전체 필수 과목으로 지정해도 될 만큼 저는 수업을 들으면서 공학에 대해서 다시 생각했고, 제가 진짜 공학도임을 되새길 수 있었습니다. 이렇게 문제를 스스로 발굴하고 그 해결책까지 제시할 수 있는 수업을 제공해 주셔서 진심으로 감사합니다."

창의적인 결과물은 의지와 열정만으로 만들어 낼 수는 없다. 아이디어와 전문 지식뿐만 아니라 자금, 조언자, 동료, 돌파력, 배짱, 경험 등이 두루 필요하다. 본 과목에서는 이들을 버무려 근사한 결과를 만들어 내는 종합 예술을 경험할 기회를 제공한다. 어느 정도 전공 수업에 익숙해졌다면 어떻게 공학 기술로 타인을 설득하고 감동시킬지 고민하는 창의성 교육 과목에도 참여해 보라고 권하고 싶다. 만드는 즐거움은 덤이다.

Chapter 10

창의로 구현한 '적정 기술'이 세상을 바꾼다

안성훈 교수 (기계항공공학부)

창의성을 동경하는 것은
인간의 본성

"해 아래에는 새 것이 없나니 무엇을 가리켜 이르기를 보라 이것이 새 것이라 할 것이 있으랴 우리가 있기 오래 전 세대들에도 이미 있었느니라"라는 전도서의 말씀과 같이 전혀 없던 무엇을 처음부터 새로 만들어 내는 '완전한 창조'는 인간의 영역이 아니다. 인간의 창의성은 이미 자연에 계시된 만물의 원리를 관찰하고 이해하고 이를 조합하고 변형하여 다른 대상에 적용하는 과정에서 나타난다. 그럼에도 무언가 새로운 것을 좋아하고 창의적인 아이디어, 제품, 디자인을 찾고, 창의성을 동경하는 것은 인간의 타고난 본성인 것 같다.

기계공학은 뉴턴의 고전 역학으로부터 최신 연구 분야인 나노와 바이오 분야에 이르기까지 매우 넓은 영역에 걸쳐 연구하는 학문으로, 창의성을 교육하기에 상당히 유리한 분야지만 교육의 커리큘럼은 전통적으로 딱딱하고 이론적이다.

기계공학을 전공으로 선택한 학생들 중에는 로봇, 자동차, 드론 등의 제품을 좋아해서 지원했다고 하는 경우가 많은데, 막상 대학에 들어와 이론 위주의 기초 과목들을 공부하게 되면 이런 질문을 한다. "재미있는 장치나 로봇을 만들고 싶은데 왜 이런 이론 공부만 해야 하죠?" 학생들은 대개 실습과 제작을 직접 해 볼 수 있는 수업을 좋아한다. 그러나 실제로 설계하고 만드는 과정에 들어가면 비로소 이론을 배우고 아는 것이 얼마나 중요한지 깨닫고 그제야 전공에 흥미를 찾았다고 말하곤 한다.

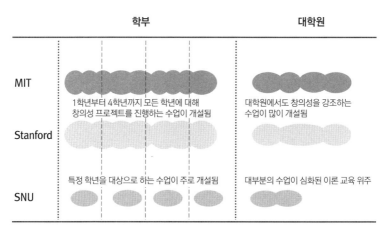

[그림 10-1] MIT, 스탠퍼드대학교와 서울대학교 기계공학과의 창의성 프로젝트 교육과정 비교

[그림 10-1]에서 볼 수 있듯이, 기계공학 분야에서 세계 최고의 교육과 연구를 하는 미국 MIT와 스탠퍼드대학교의 교과과정은 서울

대학교 기계공학과의 교과과정보다 학생들이 창의적으로 문제를 생각해 보고 발굴할 수 있도록 더 많은 기회를 제공한다. 서울대학교는 최근 공과대학 차원에서 창의적인 수업을 추가로 개설해 창의성 수업을 점차 늘리고 있는 추세다.

작은 것이 아름답다: 소외된 자들에 대한 배려

필자가 서울대학교에서 맡고 있는 제조고려설계(Design For Manufacturing, DFM) 수업은 제품 개발의 방법론과 시제품(prototype)을 만들어 보는 대학원 수업으로 2006년부터 시작하였다. 수업 시간에는 학생들이 만들어 보고 싶은 제품을 자유롭게 정해 만들기도 하고, 정보통신기술(ICT) 장치, 장애인용 제품(Quality of Life Technology, QoLT), 스포츠용품 등 주제를 정해 만들기도 한다.

제조고려설계 수업을 시작한 지 4년여가 되어 갈 무렵, 필자는 당시 박사 과정 중이던 네팔 출신의 대학원생 비나약 반다리 군과의 면담을 계기로 '네팔 솔라 봉사단'(현 글로벌 솔라 봉사단)이라는 신재생 에너지 봉사 활동을 기획하게 되었다. 학생들과 네팔에 가는 공학 봉사 활동을 준비하면서 개발도상국의 주민들을 도와주는 '적정 기술'에 관심을 갖게 되었고, 자연스럽게 적정 기술은 제조고려설계 수업의 프로젝트 주제 중 하나가 되었다.

적정 기술은 영국의 경제학자 에른스트 슈마허가 쓴《작은 것이 아름답다》에서 '중간 기술'이란 이름으로 처음 소개된 개념으로, 과학 기술의 혜택에서 소외된 지역을 배려하여 만든 기술이다. 이후 해당 지역의 경제, 환경, 문화에 적합하다는 의미로 '적정 기술'이란 이름으로 바뀌었다. 따라서 적정 기술은 첨단 기술을 사용하는 것이 아니라 해당 지역의 여건에 맞도록 만들어 현지의 노동력과 재료를 사용하고 친환경적으로 경제적인 도움을 주는 기술이다.

적정 기술의 정의를 온전히 따라 적용하는 것은 어렵지만 수업 주제를 개발도상국의 주민을 위한 적정 기술로 변경하자 수업을 듣는 학생들 사이에 많은 변화가 생겼다. 우선 우리나라에서 경험하지 못한 개발도상국의 환경을 고려하게 되었고, 제작비용도 현지인이 부담할 수 있는 수준으로 저렴하게 낮추도록 더 많은 고민을 해야 했다. 수업을 듣는 학생들도 다양한 전공과 국적을 가진 학생들로 범위가 넓어지면서 다양성에서 오는 창의성을 얻을 수 있었다. 예를 들면 세네갈에서 온 여학생은 자기 나라에 망고가 많이 나는데, 이를 가공할 에너지가 없어서 철이 지나고 남은 망고는 모두 버려진다고 하여 태양열 제습-건조기를 제안했다.

[그림 10-2] 태양열을 이용한 식물
-과일 건조기(DFM 2011)

제조고려설계 수업:
아이디어 발굴에서 특허 출원까지

제조고려설계 수업은 일반적으로 설계-제작이라는 정형화된 제품 개발 과정을 기본 틀로 하여 진행된다. [그림 10-3]과 같이 제조고려설계 수업은 제품 개발 절차에 따라 크게 개념 설계/상세 설계-재료 선택-제조 가능성 평가-시제품 제작의 순서로 진행되며 아래와 같은 몇 가지 특징을 제시한다.

1) 주제를 적정 기술과 장애인용 제품 등 국내외 사회문제를 해결하는 기술로 범위를 좁히고, 과목의 부제를 '적정 기술의 적용'으로 하여 수강생들도 적정 기술에 어느 정도 관심을 가지고 과목을 선택하게 유도한다. 그러나 자유 주제를 하겠다는 팀이 있으면 허용한다.

2) 100% 영어 수업으로 진행하여 외국인 학생도 들을 수 있고 다양한 전공을 가진 학생들이 참여하여 다국적/다학제 간 프로젝트 팀으로 구성한다.

3) 개념 설계 방법론, 트리즈, 브레인스토밍, 최신 스마트 재료 등 창의성을 과제에 반영하는 방법에 대한 내용을 강의한다.

4) 3D 프린터, 레이저 커터, CNC 밀링/선반 외에도 연구실의 각종 실험 장치 및 측정 장치를 수강생들이 사용할 수 있도

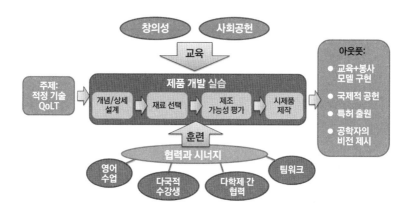

[그림 10-3] 제조고려설계 수업의 대략적인 구조와 특징

록 간단한 교육과 함께 공개한다. 또한 동시에 많은 프로젝트를 진행할 수 있도록 기계항공공학부의 실험실들, 공과대학의 아이디어팩토리, 글로벌사회공헌단의 착한공방의 장비도 안내하고 사용하도록 권유한다.

5) 기계적 시제품에 디자인/전자적인 기능을 융합하기 위해 캐드(Computer Aided Design, CAD), 유한요소법(Finite Element Method), 아두이노 등을 교육한다.

6) 제작할 때 비용, 조립의 편의성, 친환경성 등을 반영하여 제품의 대량생산이 가능하도록 제조고려설계(DFM), 조립고려설계(Design For Assembly), 친환경설계(Design For Environment) 등을 교육한다.

7) 가장 중요한 부분이 네 번에 걸친 팀별 발표다. 개념 설계, 상세 설계, 재료 선정, 최종 발표를 각각 약 7분간 진행하고

교수, 조교, 동료 학생들로부터 질문과 코멘트를 받는다. 시험 없이 발표와 결과물로만 평가를 받으며, 다른 학생들의 평가가 반영된다는 부담감이 오히려 해결책을 끝까지 찾아내는 데 동기가 되기도 한다.

8) 발표 며칠 전에는 진도 점검을 위해 교수 연구실에서 팀별로 진도 점검 회의를 한다. 학생들의 아이디어에 교수의 의견과 예상되는 문제점, 해결책을 자문해 주면서 더 좋은 아이디어와 제품으로 발전되어 가도록 도와준다. 한 학기 안에 아이디어를 발굴해서 시제품을 내고 특허까지 출원하려면 교수의 가이드가 상당히 필요하다.

9) 외부 전문가의 도움이 필요한 내용은 해당 분야의 유명한 전문가를 초청하여 세미나를 들으며 전문적인 아이디어를 얻는다. 서울대 법학전문대학원의 심영택 교수님, 디자인학부의 윤주현 교수님, 국제백신연구소(IVI)의 비탈 모가살레 박사님, 연세대학교의 김종배 교수님, 국립재활원의 송원경 박사님 등을 주로 초청하였으며 아이디어와 디자인에 대한 조언을 받았다.

10) 수업을 지원해 줄 조교를 선정하여 학생들의 프로젝트를 지원한다.

11) 발명진흥회, 기계항공공학부, 글로벌 사회 공헌단 등 후원기관의 재정적인 도움을 받아 충분한 재료비, 제작비뿐만 아니라 특허 출원을 위한 비용까지 학생들에게 제공하여

새로운 아이디어는 특허로 출원한다.

12) 수업에서 개발된 제품은 각종 경진대회나 학술대회에 참여하도록 유도하고, 방학 중 학생들이 글로벌 솔라 봉사단의 개발도상국 방문에 동행하여 현시에서 제품을 테스트한다. 일회성으로 마치는 과제도 있고 몇 년 동안 수업을 통해 계속 발전시켜 완성도를 높이는 것도 있다.

문제 발굴 단계: 사회 공헌성을 강조하는 창의성

무엇이 문제고 무엇을 만들 것인가가 중요하지만, 더 중요한 것은 왜(Why) 그 문제를 해결해야 하는지를 아는 것이다. 인간은 의미를 중요하게 여기고, 의미를 위해서라면 때때로 죽음을 무릅쓰기도 하고 손해를 감수하기도 한다. 마이크로소프트를 창업한 기업인이자 세계 최고의 자산가인 빌 게이츠 회장은 개발도상국의 화장실 문제를 해결하고 백신을 개발하는 일을 위해 수조 원의 개인 돈을 쏟아붓고 있다. 자신의 부에는 전혀 도움이 되지 않는 가난한 나라 사람들의 문제 해결에 시간과 노력을 기울이는 이유는 아마도 '왜' 다른 사람들의 어려움을 도와야 하는지 그 이유를 찾았기 때문일 것이다.

'왜'는 문제의 발굴과 해결에 매우 중요한 동기를 가져다준다. 먼저 어떤 제품(what)을 만들 것인가를 정하는 데에는 보통 두 가지 접근이 가능하다. 하나는 특정 제품이 있으면 좋겠다는 수요자의 요구 사항(customer's needs)에 따라, 또 하나는 이전에 없던 기술이나 아이디어를 이용해서 새로운 제품을 만들고 싶다는 기술의 발전(technology push)에 따라 신제품은 만들어진다.

문제 발굴 단계에서 창의적인 시간이 가장 많이 필요하다. "해 아래에는 새 것이 없다"는 성경 구절과 같이 완전히 없던 제품을 새로 만들어 내는 것은 인간의 능력 밖이기 때문에 창의적 아이디어는 '상대적으로 얼마나 새로운지'로 판단된다.

제조고려설계 수업의 평가 요소에는 창의성, 효과적 발표, 완성도 등이 있지만 그중 창의성은 매우 중요한 비중을 차지한다. 창의성은 몇 가지 방법을 사용하여 검증한다. 먼저 이미 존재하는 특허, 논문, 제품, 웹 문서에서 찾을 수 있는 아이디어는 새롭다고 보기 어렵다. 새로운 아이디어면서 사회공헌성이 담겨 있는지도 고려한다. 2015년부터는 서울대글로벌사회공헌단의 사회공헌형 전공 연계 수업의 일환으로, 제조고려설계 과제의 주제에 사회공헌성을 강조하고 있다.

'새로움'은 일반적으로 우리가 겪지 못하는 환경이나 신체적인 제약 조건에서 찾아볼 수 있다. 개발도상국의 어려운 환경을 알게 되고 장애인의 불편함을 알게 되면 그때까지 경험했던 세계보다 생각하는 범위가 넓어진다. 게다가 사람은 다른 사람을 돕는 일에서 삶의 가치와 의미를 느끼며, 이때 더욱 긍정적인 힘이 생기고 좀 더 열심히 창의적인 시도를 하게 된다.

[그림 10-4] 무인기를 사용한 백신 자동 투하 장치(DFM 2011) (좌),
네팔에서 백신과 의약품을 드론으로 전달하는 테스트(DFM 2015) (우)

예를 들어 드론이 아직 대중화되지 않아 무인기는 먼 거리에 폭탄을 떨어뜨리는 용도로만 생각했던 2011년에 이미 제조고려설계 수업의 한 조는 드론에 소형 백신 냉장고를 싣고 개발도상국의 오지에 백신을 자동으로 전달하는 아이디어를 구현했다(그림 10-4). 이것이 바로 창의성이 만들어 낸 앞선 시도다. 그 이후 2015년 제조고려설계 수업의 엔젤스윙 팀은 글로벌 솔라 봉사단의 일원으로 네팔에서 백신을 배달하는 간단한 시험 비행을 현지에 가서 시험했다.

설계 및 시제품 제작 단계:
뚝딱뚝딱 만들어 보는 체험

제품을 만들게 된 동기가 어떻든지 간에 무엇을 만들지 결정되면, 손으로 스케치를 하거나 컴퓨터를 사용하여 대략적인 그림을 그리는 개념 설계(conceptual design)를 하게 된다. 그리고 구체적인 치수,

사양, 재료 등을 결정하고 캐드를 사용하여 제작에 들어갈 준비를 마친다. 수치적인 해석이 필요한 제품이라면, 컴퓨터 시뮬레이션을 통하여 예상되는 문제를 제거하고 개선된 설계안을 마련한다. 3D 프린터 등으로 몇 번의 시제품을 만들어 제품을 최종 단계에 가깝게 개선한다. 그 이후는 기업에서 하는 제조 공정이 필요한 단계다. 그런데 최근에는 재료적인 강도까지 구현하는 3D 프린터를 사용하면서 저렴하고 빠르게 실제 환경에서 사용할 수 있는 시제품을 만들고, 또 시제품 제작 시간을 줄일 수도 있게 되었다.

개념 설계와 시제품 제작의 단계에서는 뚝딱뚝딱 만들어 보는 체험도 중요하다. 개념 설계 단계에서 찰흙, 유연하게 변형되는 플라스틱, 종이 등으로 형상을 직접 만들어 보는 것이 다양한 아이디어를 도출하는 데 도움이 된다.

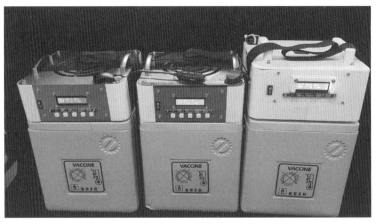

[그림 10-5] 3D 프린터를 사용하여 개발한 오토바이/자동차 장착용 백신 냉장고(DFM 2016)

[그림 10-5]는 시제품 제작 장비를 사용하여 개발한 백신 냉장고로, 오토바이나 자동차에 장착할 수 있게 만든 것이다. 2016년 1월에 네팔에서 처음으로 시험하였고, 이때 발견된 단점을 보완한 후 2016년 12월부터는 탄자니아, 말라위, 케냐, 네팔, 캄보디아 등의 병원에 보급되고 있다. 이 제품은 오토바이나 자동차의 발전기에서 나오는 버려지는 전기를 이용해 냉장을 유지하는 것으로, 여기에 사용된 기술이 바로 적정 기술이다.

이 제품을 만든 수업은 과학기술정보통신부와 한국연구재단의 공적개발원조(Official Development Assistance, ODA: 선진국에서 개발도상국이나 국제기관에 하는 원조) 사업과 탄자니아 적정기술거점센터 사업의 내용으로 선정되었고, 이 제품은 대표적인 적정 기술 10개 중 하나로 언론에 소개되었다.

적용 및 봉사 단계: 교육과 봉사를 연계하는 서비스 러닝

대학의 중요한 사명 세 가지는 교육·연구·봉사인데, 제조고려설계 수업에서 개발된 제품과 기술은 연구와 봉사로도 발전되고 다시 교육으로 돌아온다. 연구에서 창의성은 가장 중요한 덕목으로 평가받는 만큼 창의적인 교육은 연구와 연계될 수 있다. 또한 제조고려설계는 적정 기술이라는 남을 위한 기술을 주제로 하므로 봉사와도 줄이 닿아 있다. 교육·연구·봉사를 연계하는 것은 의외로 간단하다. 창의적인 적정 기술 제품을 연구 개발해 개도국에 가져가 현지에서 사용하고 적용하는 것이다.

예를 들어 온돌은 밥을 짓기 위해 피운 불에서 발생하는 열을 구들에 저장해 난방을 하고 연기는 굴뚝으로 내보내는 우리의 고유 기술이다. 2011년 글로벌 솔라 봉사단이 네팔을 방문하였을 때 실내 환기와 난방에 문제가 있음을 관찰하고 2012년 네팔 팅간 마을에 온돌을 시범적으로 적용해 보았다. 제조고려설계 수업에서 고구려/발해식 온돌에 대해 실험으로 연구해 보고, 여름 방학 동안 체계적으로 실험 결과를 얻었다. 이 결과를 바탕으로 [그림 10-6]과 같이 네팔 현지의 재료와 현지인들의 솜씨로 50여 가구에 온돌을 설치하였다.

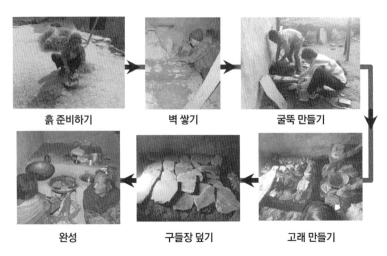

흙 준비하기 벽 쌓기 굴뚝 만들기

완성 구들장 덮기 고래 만들기

[그림 10-6] 네팔 산간 마을에서 현지의 재료로 현지인과 함께 설치한 고구려/발해식 온돌

우리나라에 전통 온돌에 대한 연구는 이미 많아서 그다지 새로울 것이 없지만 우리나라 고유의 바닥 난방 및 환기 시스템을 네팔 현지의 자연 재료로 만들고 평가하였더니 새로운 연구가 되었고, 이는 국제적인 저널 논문으로도 출판되었다. 이렇게 학기 중 수업을 통해 제품을 개발하고, 이를 방학 때 현장에 가서 적용하고 연구하고 평가하는 것은 '순환형 공학 교육 모델'이라 할 수 있다. 일반적으로 교육과 봉사를 연계하는 교육 방법을 서비스 러닝(service learning)이라고 하는데, 적정 기술을 사용하여 교육과 연구를 봉사와 연계하는 일련의 과정은 '서비스 리서치 러닝(service research learning)'이라고 할 수 있을 것이다.

창의적 방법으로 구현하는 한국형 적정 기술

대부분 대학의 제품 개발 수업에서는 새로운 기능이나 형태를 가진 제품을 만드는 방법을 가르친다. 방법을 배우는 길은 교과서와 이론으로도 어느 정도 제시할 수 있지만, 실제로 자신이 생각하는 제품을 재료로 구체화시키고 성능이 기대한 대로 나오는지 평가하고 제품을 생활에 적용하는 것은 실습을 통해서 더 확실히 배울 수 있다.

'실제로' 생각하고, 구상하고, 만들고, 테스트하는 모든 과정은 창의성을 발전시키는 활동이다. 여기에 '적정 기술'이라는 주제로 개발도상국 주민, 장애인 등 다른 사람을 돕는다는 의미를 부여하면 수업을 듣는 학생들이 더 열심히 참여하는 동기가 된다.

하이테크에 비해 적정 기술이 상대적으로 저급한 기술이라고 생각하기 쉬우나 필요 이상의 사양을 지양하고 꼭 필요한 기능을 낮은 비용으로 구현하는 것을 목표로 하는 적정 기술은 제품 개발 수업뿐 아니라 다양한 분야의 산업에도 적용될 수 있는 매우 유용한 교육이라고 생각한다. 비단 낮은 수준의 기술만이 아니라 첨단 정보통신 기술과 생산 기술로 삶의 질을 높이도록 적절하게 적용한다면 또 다른 의미의 적정 기술이 될 수 있다. 머지않은 미래에 창의적인 방법을 사용하여 한국형 적정 기술과 적정 기술 제품이 더 많이 개발되기를 기대한다.

Chapter 11

융합을 통한 창의로
분야를 넘나드는
버서틸리스트를 키우다

윤주현 교수 (디자인학부)

다양한 학문의
융합을 통한 시너지

　서로 다른 분야의 전문가들이 모여 있다 보면 뜻밖의 아이디어가 나오기도 하고, 그 뜻밖의 아이디어는 각 전문가가 해당 분야를 맡음으로써 구체화되기도 한다. 같은 분야의 전문가들만 모여 있다면 가능하지 않은 일들이 일어난다.

　필자가 수학한 카이스트에서는 공대와 디자인 전공의 협업이 자연스러운 환경이지만, 1986년 국내 최초로 공과대학에 디자인학과가 신설될 때만 해도 일부 교수들이 반대 서명을 할 정도로 당시로서는 매우 파격적인 일이었다. 요즘은 다양한 전공 분야를 융합하여 좋은 결과를 얻은 사례를 쉽게 찾아 볼 수 있으며, 더욱이 기술이 고도화된 4차 산업혁명 시대에는 여러 전문가의 협업 없이는 이룰 수 없는 일들이 더 많아진다.

세계에서 가장 혁신적인 기업으로 꼽히는 디자인 전문 기업 아이데오(IDEO)는 애플, 마이크로소프트, HP, 도요타, LG 등 글로벌 회사들이 디자인을 맡기는 곳이다. 아이데오에서는 제품 개발 단계에서부터 아이디어와 기술, 디자인 등 다양한 분야의 사람이 참여하여 전문 지식을 공유하고 접목하면서 프로젝트를 진행하는데, 이러한 결과물로 나온 제품들은 남다른 독창성으로 좋은 반응을 얻으면서 유명해졌다. 이들은 또한 세계 최고의 창의 학교로 인정받는 스탠퍼드대학교의 디스쿨과 연계하여 혁신적인 제품을 탄생시키면서 산학협력의 좋은 사례로도 꼽힌다. 통합, 융합을 통한 시너지를 잘 활용할 줄 아는 스마트한 기업의 사례다.

융합 교육의 모범 사례로 꼽히는 핀란드의 알토대학교는 디자인예술대학, 경영대학, 공과대학을 하나로 통합해 세계적인 대학으로 자리 잡았다. 핀란드는 일찍이 21세기형 인재를 키우기 위해 학제 간 융합이라는 방법을 택한 것이다. 노키아는 무너졌지만, 핀란드가 북유럽에서 손꼽히는 스타트업 강국으로 설 수 있었던 이유 중 하나는 알토대학교의 혁신적인 교육 시스템 때문이라는 말이 나올 정도다.

알토대학교 학생들은 해마다 11월에 '슬러시(Slush)'라는 스타트업 컨퍼런스를 개최하는데, 일반적인 스타트업 컨퍼런스와 달리 강연회인 TED와 록 페스티벌을 혼합한 형식으로 기획하여 유럽에서 가장 각광받는 스타트업 축제가 되었다. 11월에 이미 추위가 시작되는 헬싱키는 오후 3시만 돼도 거리가 깜깜해지고, 거리는 눈과 흙이

뒤섞인 '슬러시'로 질척거린다. 그래서 축제의 이름도 '슬러시'다. '제정신이면 11월에 헬싱키에는 안 간다'는 말이 나올 정도인데 요즘은 이러한 헬싱키로 전 세계 2만여 명의 스타트업 관련 종사자들이 모이고 있으며, 현재 유럽 최대의 대형 컨퍼런스로 성장하였다.

아이디어의 홍수 시대에 혁신하는 법

새로운 것을 만드는 일도 찾는 일도 쉬웠던 때를 지나, 지금은 새로운 아이디어라고 생각해 내면 이미 지구촌 어딘가에 나와 있을 확률이 높은 아이디어 홍수 시대다. 홍수에 마실 물 찾기가 어렵듯, 아이디어 홍수 시대에 새 아이디어를 찾기는 더 어렵다. 이제 창의성은 '무(無)'에서 '유(有)'로 새로이 만드는 것도 중요하지만, 기본적인 것에서 미처 보지 못한 면을 발견하여 허를 찌르고, 익숙한 것을 새롭게 그리고 낯설게 여기고, 기존에 나온 것들을 잘 융합하는 것이 더 의미 있는 창의 활동이 되었다. 창의성의 아이콘으로 불린 스티브 잡스도 "창의성이란 연결하는 능력"이라고 말한 바 있다. 기술 업계 최대 혁신의 산물 중 하나로 꼽히는 애플의 아이폰도 익숙한 것들의 새로운 편집이며 결합이다. 즉, 전화와 컴퓨터, 오디오, 카메라를 연결한 결과물일 뿐이다. 그러나 아이폰은 그 이상이 되었다.

디자인은 그 어떤 분야보다 창의성이 요구되며, 다양한 분야를 통

272

합할 수 있는 능력이 무엇보다 중요하다. 정보가 없던 시절에는 지식을 많이 가진 사람이 능력 있는 사람이었지만, 정보의 홍수 시대에는 데이터의 검색이나 저장은 컴퓨터에 맡기고, 기존의 데이터를 개념화, 유형화하는 능력이 더 중요시되는 것과 비슷하다.

창의성은 다양한 경험과 지식의 기반에서 나온다. 이러한 의미에서 창의적인 활동은 다양한 분야를 통합할 수 있는 디자인적 사고와 필수 불가결한 관계라고 할 수 있다. 창의성이 인간에게 내재된 성향이라면, 창의력은 후천적인 창의성 교육을 통해 발휘할 수 있는 능력이다. 따라서 교육을 통해 창의성을 키우는 노력, 훈련을 한다면 누구나 창의력이 뛰어난 사람이 될 수 있다.

창의력을 키우기 위한 방법에는 여러 가지가 있을 것이다. 창의적 인물로 손꼽히는 이들에게서 힌트를 얻자면, 20세기 천재 물리학자 아인슈타인은 골똘히 반복해서 생각하면서 창의성을 키웠고, 세계 4대 디자인 어워드를 석권하여 천재 디자이너로 불리는 카이스트 배상민 교수는 '생각 노트'라는 개인 기록을 통해, 우리나라의 대표 광고인 박웅현은 고전 읽기를 통해 창의성과 영감을 얻는다고 하였다. 이 외에도 로버트 루트번스타인의 《생각의 탄생》에서는 관찰, 형상화, 추상화, 패턴 인식, 패턴 구성, 유추, 몸으로 생각하기, 감정 이입, 다차원적 사고, 모형 제작, 놀이, 변형, 통합 등의 열세 가지를 위대한 혁신가들의 창조적 사고 방법으로 꼽기도 했다.

이러한 창조적 사고 방법이나 과정은 디자인의 원리 중 하나이기도 하다. MIT 공대의 세계적인 미디어 융합 기술 연구소인 미디어랩은 단일한 재능을 가진 개인이 타 분야와의 교류에 의해 시너지를 일으키는 프로그램이다. 이곳에서는 개발의 가치를 '만들어 보는 것(Prototyping)'에 두며, '일단 해 보는 것(Just do it)'을 격려하고, '경험 중심의 배움(Learning by doing)'에 교육의 방점을 찍는다. 이러한 융합·통합·협동의 과정이 창의적 사고의 핵심 기법이며, 우리는 이를 통해 새로운 지식을 만들어 낸다. 디자인이란 이러한 독창적인 사유에 적합성을 가진 해결안을 만드는 과정이다.

이 시대에 창의성이 더욱 강조되는 것은 비슷한 것으로부터의 차별화다. 호기심이 그 변화의 동력이며 추진력이 혁신으로 다다르게 한다. 혁신을 일으키기 위해서는 창의적인 아이디어가 필요하고, 창의적인 아이디어는 다양한 시각의 융합과 도전적 실천에 의해 이루어진다. 새로운 눈으로 시대의 흐름을 읽고 빅데이터를 분석해 새로운 가치를 창출하기 위해 융합팀이 운영된다. 이상적인 융합적 사고, 디자인적 사고, 창의적 사고는 다양한 사고를 하되 그 문제 해결을 자신의 전문 분야뿐 아니라 다른 분야에서도 찾아보려는 태도다. 혁신이란 항상 모험적이고 반복적인 실패 속에서 나온다.

우뇌와 좌뇌가 결합된 창의 혁신가를 키우는 통합창의디자인

통합창의디자인은 서울대학교 미술대학 디자인학부에서 제안하

274

는 연계 전공 프로그램으로, 디자인, 공학, 경영학이 융합된 다학제적인 학부 교육 프로그램이다. 본 전공은 디자인 분야에서 다학제 융합 교육을 통해 통합적 문제 해결 능력을 갖춘 창의적인 인재를 키우기 위해 만들어졌다. 2009년 신설되어 미술대학 디자인학부, 경영대학 경영학과, 공과대학 기계항공공학부가 참여하였으며, 이후 컴퓨터공학부 산업공학과, 생활과학대학 소비자아동학부, 의류학과, 공과대학 건축학과, 전기정보공학부, 사회과학대학 심리학과 등이 추가로 참여하여 다학제 교육 시스템을 완성하였다. 명확한 연구 목표나 가치를 제시하여 특성화 설정, 학생의 연구 역량과 선택에 따라 디자인 교육을 받거나 디자인 사고 역량을 갖춘 전문가가 될 수 있는 융통성 있는 시스템을 구축하고자 하였다.

21세기 환경에서 경쟁력을 갖는 새로운 산업 분야를 개척, 선도하기 위하여 디자인 중심으로 인문, 예술, 사회과학, 공학, 경영 등 디자인 관련 학문 분야의 전문성, 창의성, 실용성을 두루 갖춘 전문 인재를 키우고 새로운 고부가가치 비즈니스를 창출하기 위한 제반 전략으로 다음과 같은 인재상을 제시한다.

1) 비즈니스 마인드를 갖춘 크리에이터: 예술(우뇌적 창조성)과 기술(좌뇌적 창조성)의 융합을 매개하는, 감성 가치 시대의 선도적 디자이너 육성.
2) 디자인 씽킹이 가능한 뉴 엔터프리너: 창조적 디자인 사고를 배양함으로써 새로운 비즈니스를 창출할 수 있는 기업인 육성.

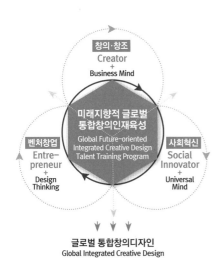

창의·창조
Creator
+
Business Mind

미래지향적 글로벌
통합창의인재육성
Global Future-oriented
Integrated Creative Design
Talent Training Program

벤처창업
Entre-
preneur
+
Design
Thinking

사회혁신
Social
Innovator
+
Universal
Mind

글로벌 통합창의디자인
Global Integrated Creative Design

[그림 11-1] 통합창의디자인 전공에서
추구하는 인재상

3) 공공과 환경의 이익을 지향하는 사회적 이노베이터: 총체적이고 창의적인 문제 해결력을 바탕으로 사회적, 환경적 가치를 실현하는 혁신가 육성.

통합창의디자인의 전공 수업은 크게 세 가지 과정을 거치게 된다. 영감과 비전을 얻게 하는 '세미나', 다학제적 지식의 융합과 협동을 경험하는 실습 과정인 '프랙티스', 자율적 대외 활동을 지원하기 위한 '프로젝트'다.

융합 플랫폼의 시도: 통합창의디자인 세미나

외부에서 에너지를 주지 않으면 질서를 파괴하는 방향으로 간다는 열역학 제2의 법칙 '엔트로피 법칙'이 있다. 즉, 좋은 에너지를 주면 향상된 방향으로 간다고 할 수 있다. 동기부여가 되면 일의 진행이 쉽지만, 동기부여가 없으면 발동이 걸리기 어렵다. 우물 펌프도 마중물을 부어야 물이 샘솟는다. 학생들에게 좋은 사람을 만나게 하는 것, 롤모델을 만들어 주는 것이 마중물이 될 수 있다. 따라서 진로를 정하는 데 있어 좋은 롤모델이 될 만한 사람이나 다른 분야의 사람들을 만날 기회를 마련해 주어 영감을 얻는 기회를 제공하고자 했다.

이러한 선상에서 통합창의디자인 전공에서의 세미나 수업은 15주간 융합 디자인이나 창의성 교육과 관련한 전문가들을 초청하여 융합형 교육과 프로젝트 경험에 대한 실천 사례를 중심으로 한 강연을 펼치는 형식으로 진행한다. 초기에는 다양한 분야의 교수 및 전문가들을 섭외하여 세미나 수업을 진행하였다. 그런데 학생들의 주도적인 참여가 부진한 아쉬움이 남았다. 하여 학생들이 연사를 미리 만나 사전에 알고 싶은 것을 인터뷰하여 연사들로 하여금 준비하도록 하며, 학생들에게 미리 강연자에게 할 질문을 준비하게 하고, 질의 시간을 주도하여 진행하게 하였다. 강연 후에도 학생들에게 심층 인터뷰를 하게 하는 등 적극적인 참여를 유도하고, 해당 내용을 자신에게 적용하여 시뮬레이션하고 개선점을 찾아 나누게 하는 등의 세미 프로젝트를 병행하였다.

경험 중심의 창조성 키우기: 통합창의디자인 프랙티스

통합창의디자인 프랙티스는 다학제적 융합팀을 조성하여 집단 창

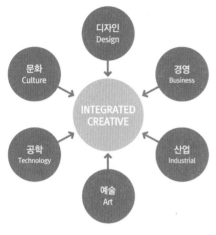

[그림 11-2] 다학제 팀으로 진행하는
경험 중심의 실습

의성을 키우기 위한 협동 실습 과정이다. 사용자의 심각한 문제를 발견하고 창의적이고 혁신적인 솔루션을 제공하며 처음부터 끝까지 프로세스를 경험하게 한다. 그뿐 아니라 창업에 대한 꿈을 키우고 다양한 비즈니스 모델을 개발할 수 있는 기업가 정신, 전문적 리더십 능력을 강화하기 위해 전문가에 의한 티칭과 팀워크의 기회, 그리고 산업과 밀착된 교육 환경을 제공한다. 학생들은 팀을 구성하고 팀워크를 키워 나가는 경험을 통해 사회 및 산업에서 필요한 노하우를 배울 수 있다.

학생들은 그해 가장 이슈가 되는 라이프스타일 및 기술 트렌드를 주제로 경험 중심의 창조성을 키울 수 있는 기회를 부여하기 위해 프로젝트를 진행한다. 그중 기업의 후원에 의해 이루어지는 'Creative Challenge'는 4개 대학 학생 간 교류 경진 프로그램으로, 학교별 여러 전공이 섞인 다학제 팀을 구성하고 리서치 – 주제 선정 – 리서치 – 디자인 및 구현 – 평가 등의 프로세스를 거쳐 오리엔테이션 – 중간발표 – 최종 발표의 과정을 통해 팀별 프로젝트 전시 및 자체 내 공모전까지 하게 된다.

티밍: 성별, 국적, 학과가 골고루 섞이는 팀 구성

팀은 디자인, 기획, 소프트웨어, 하드웨어 개발 영역 등 역할 별로 나누기도 하고, 원하는 프로젝트를 선택하는 식으로 나누기도 한다. 역할을 선택할 때는 원하는 역할을 선택할 수 있게 하였다. 즉 디자인 전공이어도 기획이나 소프트웨어 영역을 선택할 수 있다. 가능하면 성별이나 국적, 소속 학과가 골고루 섞이도록 팀을 구성하는데, 그 전에 학생들은 자기소개 및 홍보를 통해 수업에서 자신이 기여할 수 있는 것과 하고 싶은 일을 발표한다. 팀이 구성되면 한 학기 동안 함께 프로젝트를 진행하므로, 팀 구성이 승패를 좌우할 만큼 무척 중요한 단계다.

팀이 선정되면 서로의 역할을 정한다. 우선은 팀을 주도적으로 이끌 사람이 있어야 하는데, 해당 프로젝트의 주제에 따라 창의적인 프로세스 위주라면 디자인 전공 학생이 팀장을 맡고, 기술적 지식이 필요한 주제라면 공학 전공 학생이 주로 팀장을 맡는다.

다양한 전공자가 참여하는 수업이라 다채로운 만큼 더 많은 소통이 필요하기 때문에 토의 시간을 충분히 주어 서로를 알아가도록 하는 것이 중요하다. 세상에서 가장 행복했던 순간, 가장 가지고 싶었던 물건, 평생 기억나는 장난감 자랑하기 등을 이야기하면서 공감 능력을 키우며 주제에 도움이 되는 아이디어로 발전시킬 수 있다. 팀 내에서의 소통 시간도 많이 주어지지만, 역할 별로 팀을 구분하여 진행할 때는 역할 그룹 미팅도 해야 한다. 그러나 공통적으로 전공별로 배워야 할 지식이 많이 필요하므로 늘 시간이 부족하다.

강의 및 전문가 세미나를 통한 정보 습득

3D 모델링, 소프트웨어, 디자인 프로그래밍, 로봇·토이 전문가, 인공지능(AI) 전문가, 3D 프린팅, 증강현실(AR)과 가상현실(VR), 특허 및 공모전 등등에 관하여 외부 인사들의 세미나도 듣고 로봇 포럼을 운영하기도 하면서 성공 사례를 간접적으로 경험하게 한다.

리서치 및 주제 선정

로봇과 토이의 역사, 시장 상황 및 트렌드, 인간 경험 증강 등의 관련 기술, 현 제품에 대한 사용성, 대상층의 세대별·직업별 라이프스타일 등의 조사를 4주 정도 진행한다. 이 과정은 학생들이 다양한 자료를 통해 새 프로젝트의 주제에 관해 영감을 받기 위한 것도 있지만, "Don't reinvent the wheel" 즉, 이미 있는 것을 개발하려 애쓰지 말라는 의미도 크다.

아이데이션 워크숍

리서치를 하면서 나온 프로젝트 아이디어를 브레인스토밍 등을 통해 발전시키는 핸즈온 워크숍 단계다. 이를 위해 레고나 클레이 등을 제공해 학생들은 어린아이처럼 블록을 만들면서 리서치를 통해 정한 프로젝트 방향을 구체화하고, 지식과 아이디어를 형태로도 고안하는 작업으로 더 정교화시키기도 한다. 시제품화 하려면 아이디어를 스케치로 간단하게 표현하고 그것을 3차원 화상의 컴퓨터그래픽 작업으로 옮기는 렌더링을 거친다.

시제품 제작

이렇게 발전시킨 아이디어는 최종 제품으로 내기 전에 프로토타이핑, 즉 시제품화 하는 작업을 거친다. 모델링을 하고 나면 그대로 목업 제작, 즉 모형 제작을 진행한다. 최근에는 복잡한 단계를 거치지 않고 스케치 후 바로 아이소핑크 등의 압축스티로폼이나 플레이도와 같은 점토로 모형을 직접 만든 후 그것을 3D 스캔을 통해 바로 3D 프린팅을 한다. 이후 학생들은 로봇 및 장난감의 움직임과 작동 방식을 고안해 아두이노나 라즈베리파이, 로봇운영체제(ROS), 오픈 CV 등을 이용해 프로그래밍을 한다.

과거에는 인화비, 필름비를 고려하여 심사숙고해서 사진 촬영을 했는데, 디지털 사진 기술의 발달로 이제는 사진을 여러 번 찍는 것이 큰 일이 아닌 것처럼, 시제품을 제작하는 단계도 기술의 발달로 학생과 교수 사이의 여러 논의를 통해 여러 번의 시제품을 만들 수 있게 되었고, 기능성과 적합성을 수시로 조절해 나간다.

홍보 영상 제작

제품을 홍보하기 위해서는 홍보 영상물이 필요하다. 학생들은 제품을 기획하게 된 배경을 설명하기 위해 소외된 할아버지, 외로운 어린이, 바쁜 엄마 등의 역할을 맡아 영상에 직접 출연하여 촬영하기도 하고, 아이디어를 처음 냈던 장소나 정보를 시각적으로 잘 전달하기 위해 자료를 편집하여 영상을 만들기도 한다.

수업의 테두리를 넓힌 대외 활동

프로젝트는 교내뿐 아니라 대학 간 교류 프로그램으로 교외에서도 이루어진다. 학생들이 우물 안 개구리가 되지 않게 할 뿐 아니라 좀 더 적극적으로 프로젝트에 참여하게 만드는 동기부여 및 선의의 경쟁이 생긴다. 마지막에는 기업 관계자 및 전문가를 초청하여 신랄한 피드백 및 멘토링을 받는다. 또한 격려를 위해 우수한 팀을 선정해 시상도 한다. 디자인/컨셉/솔루션/테크놀로지/UX(사용자경험)/커뮤니케이션 부문으로 나누어 심사하고, 부문별 심사 뒤 전체 대상을 발표한다. 특허 출원도 진행하며, 국내외 학회에서 논문을 발표하거나 비디오 쇼케이스, 전시 데모에 출전한다.

프로젝트의 예

다음은 토이·로봇 개발 프로젝트에서 나온 학생들의 결과물이다.

1) Buddy: 아기와 함께 성장하는 인터랙티브 로봇

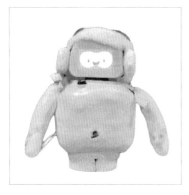

[그림 11-3] Buddy

아이의 발육 상태에 맞추어 크기가 커지는 로봇으로, 사물인터넷과 인공지능을 이용하여 아이에게 같이 성장하는 친구와 같은 느낌을 줄 수 있다. 또한 아기의 발달 단계에 맞춰서 아기 취향과 능력에 맞는 놀이와 자극을 제공한다. 예를 들어, 처음에는 함께 벽 짚고 걷기를 하다가 아기가 달리기 시작하면 '무궁화 꽃이 피었습니다' 놀이를 함께하며 자연스럽게 신체적 발달을 도울 수 있고 노래 부르기, 역할 놀이 등을 통해 아이의 인지·사회적 발달을 촉진하는 친구이자 동반자 역할을 할 수 있다(2017년 컴퓨터-인간상호작용학회(CHI 2017) 비디오쇼케이스에 출품, MUI 2017에서 논문으로 발표되었다).

2) Peekabot: 술래잡기 놀이를 통한 상호작용 로봇

장기적인 경기침체에 따른 맞벌이 부부의 증가와 출산 기피 현상이 맞물린 결과로, 최근 집에서 혼자 시간을 보내는 아이들이 늘어나고 있다. 따라서 부모의 보살핌을 받을 수 없을 때 친구처럼 함께 상호작용하며 감정을 공유할 수 있는 로봇의 개발을 아이디어로 낸 것이다.

[그림 11-4] Peekabot

이 로봇은 까꿍 놀이에서 착안한 것으로, 카메라와 모터 및 센서를 가지고 있고 기계 학습 과정을 거치면서, 실내 공간에 자신의 모습을 숨기거나 놀이 대상자가 숨었을 경우 찾는 등 상호작용을 통한 놀이를 제공한다(CHI 2017 비디오쇼케이스에 출품했고, 2017년 대학IT연구센터협의회 포럼(2017 ITRC FORUM)에 전시, 2017년 한국디자인학회(KSDS 2017)에 해당 로봇에 대한 논문이 발표되었다).

3) Groo: 이야기를 들려주는 교육 로봇

[그림 11-5] Groo

그루 로봇은 어린이, 특히 8~13세의 어린이들에게 이야기를 들려주는 로봇으로, 중간에 로봇이 제시하는 수학 문제나 수수께끼, 도전 과제를 잘 풀어야 다음 이야기로 넘어갈 수 있다. 제시된 수학 문제를 아이가 종이에 풀고 로봇에게 보여 주면, 로봇은 풀이 과정을 보고 맞는지 확인할 수 있다. 아이들은 로봇과의 상호 작용을 통해 공부를 놀이로 인식할 수 있고, 무엇보다 우정 관계를 가져 긍정적인 심리 효과를 기대하며 디자인했다.

4) PIO: 노인들을 위한 치매 예방 로봇

[그림 11-6] PIO

우리나라 치매 인구가 70만 명을 넘어서면서 치매는 단순 노인 질병을 넘어 심각한 사회문제로 대두되었다. 현재 로봇을 통한 치매 치료의 대표적 사례로는 일본의 'Paro'나 'Aibo'가 있다. 주로 동물의 형태이며 노인들에게 정서적 친근함을 통해 접근한다. 또 다른 형태로는 다양한 모션을 따라하게 유도하거나 기억력 향상을 돕는 로봇이 있다. 하지만 가장 큰 문제는 비용이다. 따라서 합리적인 금액으로 많은 치매 환자를 도울 수 있는 로봇을 만들었다(창업 진행 중).

5) 모야: 양방향 교육 로봇

맞벌이 부부가 증가하면서 외로움을 느끼는 아이들도 많아졌다. 이에 친구와 교육의 역할을 동시에 만족시켜 줄 대체 로봇의 필요성에서 착안한 로봇이다. 일방적인 정보 전달을 위주로 했던 기존 교육용 로봇과 달리 영유아가 지시하는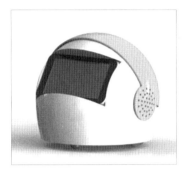

[그림 11-7] 모야

사물에 대한 정보를 전달하는 양방향 교육 시스템을 구축하였다(SK 에서 주관하는 2017년 Creative Challenge 대상 수상 작품).

홀로서기 수업:
통합창의디자인 프로젝트

통합창의디자인 프로젝트는 홀로서기 수업이다. 통합창의디자인 프로젝트는 자율적으로 개별 프로젝트를 진행하는 것으로, 융합혁신디자인공모전과 다양한 워크숍, 산학 협동 등의 활동뿐 아니라 공모전 및 특허 출원 등을 경험하도록 지원한다. 학생들의 자율 과제

PCT/KR2015/010306 소화기에 장착되는 안전장치 및 이를 이용한 안전 서비스 제공 방법	10-2015-0139428 광대역 이동통신망과 연동된 하이패스 시스템	10-2016-0183089 이동 로봇 장치 및 그것의 동작 제어 방법
PCT/KR2015/010794 우회경로로 차량을 유도하는 안전장치. 이를 이용한 차량 유도 방법 및 차량 유도 시스템	10-2016-0183090 성장 로봇 장치 및 동작 제어 방법	10-2016-0183092 식당 운용 시스템 및 식당 운용 방법

[그림 11-8] 학생들의 특허 실적

로 학생들이 직접 지도 교수를 선정하고 연구팀도 구성하고 연구 주제도 정해서 한 학기 동안 진행한다. 더 나아가 디자인 융합 연구로의 확산을 위해 연구 결과를 출판물로 발간하고, 국제 컨퍼런스에서 발표하기도 하며, 한·중·일 대학생 교류 프로그램인 'International Urban Media Design 워크숍' 및 'HCI Creative Award'에서 전시하기도 한다.

지도 교수 선정부터 팀 구성, 주제 선정 등이 모두 자율적으로 이루어진다. 연구 과정도 자신들이 짜고, 지도 교수와 개별적으로 약속 시간을 잡아 프로젝트를 진행한다. 지도 교수는 연구 주제에 따라 공대, 디자인학부, 경영학부 등으로 바뀐다. 이때는 자율성이 학생들에게 동기부여가 된다. 제한 사항이 없어 학생들의 창의성을 자극하기 때문에 주제도 제품, 서비스, 시스템 등 다양한 형태로 나온다.

이렇게 나온 프로젝트 성과물은 연구에만 그치는 것이 아니라 전시나 특허, 학술대회 발표, 공모전 출품 등을 통해 대외적으로 소개하여 외부 평가를 받을 수 있도록 독려한다. 그러한 차원에서 디자인학부에서 디자인을 중심으로 한 다학제적, 융합적 접근을 통해 새로운 미래 가치를 제시하고, 사회적 혁신과 지속 가능한 삶의 방식을 추구하는 디자인을 모색하고자 국제융합혁신디자인 공모전(Co-Creative Design Competition, CCDC)을 열기도 했다.

1차에서는 교내 통합창의디자인 관련 교수들에게 심사를 받고, 2차에서는 다른 대학교에서 융합 교육을 하고 있는 교수나 기업체 전문가가 참여해 멘토링을 해 주는 심사를 받으며, 3차에서는 학생들의 작품을 전시한 후 해외 저명인사들을 초청해 심사를 받았다. 교내뿐 아니라 대외 전문가들의 직접적인 조언을 받으면서 학생들의 결과물은 발전에 발전을 거듭하게 되었다.

도달 목표는 다재다능한 인재,
버서틸리스트

통합창의디자인 연계 전공 과정에서 융합 교육의 효과를 기대하며 사용자경험(UX), 인터랙션, 미디어 아트, 시각 미디어 및 제품 디자인, 컴퓨터 그래픽스 및 프로그래밍, 관련 사업 창업 및 경영 등에 대한 실무와 교육 등의 다양한 경험을 제공했다. 이 과정을 거치면서 융합적 사고뿐 아니라 디자인에 대한 더 깊이 있는 이해를 가진 전문가가 양성되었다. 또한 스티브 잡스가 말한 '커넥팅 더 닷(connecting the dot)'처럼 서로 다르게 보이는 분야를 연결하니 새로운 분야가 들어왔다. 바로 미디어/피지컬 인터랙션 디자인을 아우르는 사용자경험(UX)/인간-컴퓨터 인터랙션(HCI) 분야다.

일본 가전계의 애플이라 불리는 발뮤다의 대표 테라오 겐은 록 뮤지션으로 성공을 꿈꾸다가 애플사 제품이 소개된 디자인 잡지를 본 후 기타 대신 공구를 들고 사업에 뛰어든다. 그가 창업한 디자인 창조 기업 '발뮤다'는 당시 사양 제품으로 취급되던 선풍기 대신 신개념의 '그린팬'을 개발하여 큰 성공을 거두게 된다. 전혀 다른 전공을 넘나들어 성공한 좋은 사례라 할 수 있다. 이렇듯 다른 분야를 넘나들 수 있는 사람을 만드는 것이 통합창의디자인 연계 전공 과정의 목적이다. 다양한 부분을 코디할 수 있는 제너럴리스트와 한 분야의 스페셜리스트 중 누가 더 중요한가를 따지기보다, 다재다능한 인재인 버서틸리스트(versatilist)로 키움으로써 원활한 커뮤니케이션과 메타인지적 사고로 융합할 수 있는 플랫폼을 만들고 실제 실행하여 창의적 방법으로 문제를 해결해 나가는 인재로 만드는 것이다.

한 분야를 깊이 파고드는 것은 중요하다. 그 과정에서 자신의 역할이 분명해지기 때문이다. 그러나 학부 과정에서는 여러 분야에 대한 관심을 갖는 것이 오히려 디자인적 사고를 확장하는 데 도움이 되며, 그런 과정을 거친 뒤 석사 과정에 진학하면 디자인뿐 아니라 다른 분야에서도 자신의 역량을 발휘하는 인재로 성장할 수 있다.

필자가 수학한 뉴욕대학교의 티쉬예술대학에는 ITP(Interactive Telecommunications Program) 과정이 있는데, 생산, 비즈니스, 네트워크(엔지니어링)의 세 분야에서 대학 교육을 받은 학생 중 융합 프로젝트 연구에 필요한 협동 능력과 오픈마인드, 열정이 있는 학생을 선발하여 미디어 관련 기술과 기법을 가르친다. 이 과정을 통해 피아니스트에서 미디어 퍼포밍 아티스트로, 무용수에서 모션 캡처 아티스트로 탈바꿈한, 디지털을 입힌 새로운 장르의 전문가가 탄생하기도 하였다.

학생의 능력과 기대 수준에 따라 너무 힘들다고 하소연하는 학생에서부터 미래 진로를 바꾼 인생 수업이었다는 학생까지 반응은 다양하다. 수강한 학생들 중 전공을 바꾸어 진학하는 경우도 있고, 수업 후 창업을 준비하는 학생들도 종종 나온다.

통합창의디자인 과정을 통해 학생들은 자체 프로젝트, 산학 프로젝트, 연구 프로젝트 등 다양한 형태의 프로젝트를 경험할 수 있다. 또한 여러 학문 분야가 모여서 협동하는 과정과 이론적 접근 방법에 대한 다양한 논의를 통해 협동 연구에 대한 이해를 넓히고, 다양한 전공에서의 관점으로 문제를 바라보게 되면서 실제 연구에서도 창의적인 답안을 모색할 수 있다.

통합창의디자인 과정은 맞춤형 융합 교육 과정으로서 학생의 목표와 선택에 따라 자유롭게 운영한다. 융합형 공동 지도(Co-tutoring) 수업으로 운영하고, 엔터프리너 양성을 위한 실무 중심의 수업을 전개한다. 장기·단기형 교과목의 유기적인 혼합 구성과 맞춤형(Self-customized) 교과과정으로 더 거듭나야 한다.

그러한 의미 있는 연구나 프로젝트 결과가 있기 위해서는 융합 연구에 맞는 프로젝트 주제와 새로운 것에 도전하는 문화와 환경, 서로 다름을 인정하며 소통할 수 있도록 용어의 정리를 통한 원활한 커뮤니케이션, 그리고 꾸준한 지원 및 관리 등이 선결 요소다. 21세기 디자인·창의 시대를 맞아 국가 디자인의 선진화를 이루기 위해서는 디자인을 창조 산업의 핵심으로 인식하고 디자인과 타 분야와의 융합을 통해 창출되는 긍정적 효과를 확산시켜야 한다. 우리 사회 각 분야의 전문가들이 실제 융합 디자인이 일어나는 환경에서 벌어지는 경험 사례를 공유하고, 국내외 전문가들의 경험 사례를 통해 성공과 실패의 요인을 분석하여 더 나은 방법론을 만들어 나가야 할 것이다. 또한 언젠가 본 대학에 본 전공 프로그램의 심화 과정으로 대학원이 생기기를 기대해 본다.

Chapter 12

경영의 본질은
'이윤 추구'가 아니라
'새로운 삶의 창조'

박남규 교수 (경영학과)

남들이 생각하지 못했던
새로운 방식

필자의 '디자인 사고와 혁신'이라는 수업 시간에는 필기, 교과서, 시험이 없다. 이른바 3무(無) 수업이다. 대신 프로젝트 형식으로 수업을 바꿔 몰입도를 높이고 학생들의 문제 해결 능력과 창의력을 높이는 혁신을 시도했다.

이 수업의 강의 목표는 학생들이 벤처 기업을 창업할 수 있을 정도의 아이디어를 내도록 하는 것이다. 남다른 관찰력을 가지고 소비자의 필요를 찾고, 생각을 발전시켜 상품화하고, 자신의 제품을 어필하는 과정을 통해 학생들에게 기업가적 마인드를 훈련시키는 것이다. 제품의 아이디어를 찾는 과정에서 기업의 가치와 아이디어의 발전, 마케팅에 대해서도 고민하고 공부한다. 그야말로 '경영' 수업

이다. 이 수업에서 좋은 성적을 거두려면 치열하게 창의적인 아이디
어를 내야 한다.

그렇다면 기업이란 무엇일까? 1970~80년대에는 경영대학에서
기업에 대해 이렇게 가르쳤다. "기업은 이윤 극대화를 추구하는 조
직이며, 기업의 생존 조건에서 가장 중요한 것은 이윤이다." 기업의
본질을 이윤 극대화로 이해하는 경영자들은 매년 비용 절감 혹은 매
출 증대라는 경영 목표를 세우고, 새벽부터 밤늦은 시간까지 조직
관리에 혼신의 노력을 다했다. 기업을 이렇게 경영하면 과거보다 좀
더 많은 이윤을 창출할 수는 있겠지만, 해당 경제 시스템이 반드시
선순환구조를 갖게 되지는 않는다.

요즘 경영대학에서는 기업의 본질에 대해 이렇게 가르친다. "소비
자가 경험하지 못했던 새로운 삶을 창조(New Life Creation)하고, 이
과정에서 발생하는 가치(Value Creation)를 극대화하는 것이다." 과거
와 비교하여 소비자의 생활방식을 얼마나 변화시켰는지, 이를 통해
서 이제까지 없던 새로운 가치를 창조할 수 있는지의 여부가 기업의
생존에 매우 중요한 요소가 되고 있기 때문이다.

기업이 새로운 삶과 가치를 창출한다는 의미는 매년 10% 이상의
매출 성장률을 이어 가고 있는 전자상거래 기업 아마존(Amazon)을
보면 쉽게 이해할 수 있다. 아마존은 오프라인에서의 실질적인 소비
자의 삶과 온라인의 편의성을 결합시킨 '대시버튼(Dash Button)'이
라는 새로운 혁신을 창조하였다. 생수, 화장지, 세제처럼 소비자들
이 일정한 주기를 가지고 반복적으로 구매하는 생필품은 개별 고객

마다 한 번에 구매하는 양이 거의 일정하다는 사실에 착안하여 온라인 구매 방식을 혁신시켰다. 생필품을 수납하는 공간에 해당 브랜드가 인쇄된 버튼을 부착해 두고, 버튼을 누르기만 하면 모든 구매 및 결제 과정이 자동으로 처리되고, 해당 생필품이 정해진 시간에 집으로 배달되는 방식이다. 여기에서 한발 더 나아가 2017년부터는 대시 버튼을 아예 인터넷상에서 구현하는 방식으로 전환시켜서, 온라인 구매에 소요되는 시간을 90% 이상 단축시켰다.

소비자의 삶을 새롭게 만들어 가야 하는 기업의 본질적 역할은 세계의 어떤 기업보다 한국 기업에게 특히 중요하다. 정보통신기술이 발전하고, 이를 활용할 수 있는 데이터가 증가할수록 경제의 본원적 생산성은 증가하지만, 반대로 월급을 받으며 일할 수 있는 일자리는 계속 감소하기 때문이다. 특히 수출 시장 의존도가 높은 한국 기업은 국내를 넘어 세계 시장의 소비자를 위한 혁신적인 가치와 삶을 창조하지 않으면, 새로운 일자리를 만들기가 매우 어렵다.

새로운 삶과 가치를 창조하는 일에는 항상 치열한 경쟁이 따른다. 삼성전자와 애플을 지켜보면 이러한 경쟁이 어느 정도인지 쉽게 짐작할 수 있다. 같은 업종에 있는 삼성전자의 영업 이익률은 약 15% 정도지만, 애플의 영업 이익률은 30%를 쉽게 초과한다. 애플의 영업 이익률이 높은 이유는 삼성전자와 달리 독자적인 운영체제를 기반으로 자기만의 하드웨어를 제작할 수 있기 때문이다. 이처럼 가치를 창조하는 경쟁에서 살아남기 위해서는 남들이 생각하지 못했던 새로운 방식이 절대적으로 중요해진다. 경영학 분야에서 창의성이 필요한 이유가 바로 여기에 있다.

경영학에서 창의적 사고 역량을 향상시키기 위해서 필자가 사용하는 교육 방법은 네 가지로 구분할 수 있다. 첫째, 개개인이 가지고 있는 현재 자신의 창의적 사고 역량을 정확하게 파악하도록 한다. 둘째, 새로운 가치를 남들과 다르게 인지할 수 있는 공감 능력을 향상시킨다. 셋째, 남들이 보지 못하는 것을 볼 수 있도록 한다. 마지막으로 남들이 생각하지 못하는 것을 생각할 수 있도록 한다.

창의적 사고 역량을 향상시키는 방법 1: 자신의 현재 상태를 정확하게 인식한다

자신이 현재 가지고 있는 창의적 사고 역량을 파악하도록 하기 위해서, 필자는 정규 학기가 시작되면 2~3주 이내에 개개인의 창의적 사고 역량을 평가하는 시간을 갖는다. 많은 사람이 창의성은 어느 순간 불현듯 떠오르는 직관적인 것, 혹은 어떤 일을 해결하기 위해서 오랜 시간 생각하는 과정에서 우연하게 발생하는 행운이라고 생각한다. 하지만 지능을 측정하는 아이큐 테스트가 있는 것처럼 창의성 역시 측정할 수 있다고 보기도 한다. 지난 50년간 수많은 학자가 창의성 측정 방법에 대해 연구하였으며, 창의성이 갖는 매우 복합적인 속성 때문에 그동안 각기 다른 다양한 목적에 맞는 창의성 측정 방법들이 200개 이상 개발되었다. 창의성 측정 방법을 분류하는 가장 대표적인 방법으로는 교육이론가인 로데스의 4P 모델이 있다. 여기서 4P는 창의적 성격(Person), 창의성이 발현되는 사고 과정(Process), 창의적 산출물(Product), 창의성이 발현되는 환경(Press; environment)에 대한 측정을 말한다.

창의적 성격(Person)을 측정하는 방법은 창의적 성과로 유명한 과학자, 발명가, 예술가 등의 전기, 자서전, 과거 업적 등을 토대로 창의적인 사람들이 공통적으로 지닌 성격, 성향, 지적 능력 등을 관찰하여 공통점을 찾아내는 방법이다. 가장 대표적인 측정 방법은 심리학자인 해리슨 고흐가 창안한 창의적 성향 검사(Creative Personality Scale, CPS)다.

창의적 사고 과정(Process)을 측정하는 방법은 개인이 지닌 창의적 능력과 잠재력을 측정하는 기법인 심리측정학(psychometrics)을 기반으로 연구되어 왔다. 가장 대표적인 측정 방법으로는 인지발달 심리학자 길포드의 지능 구조(Structure of Intelligence, SOI) 모형과, 길포드의 연구를 이어받아 토랜스가 개발한 창의적 사고력 검사(Torrance Test of Creative Thinking, TTCT) 등이 있으며, 이를 통해 발산적 사고 능력을 측정할 수 있다.

창의적 산출물(Product)을 측정하는 방법은 기업의 경우 출원된 특허 수, 출시된 신제품 개수, 수상 경력 등을 사용하거나, 외부 전문가 집단을 활용하여 창의적 산출물이 지녀야 하는 기본적인 속성 등을 평가하는 방법이 있다. 가장 많이 사용되는 방법 중 하나는 사회

심리학자 아마바일이 개발한 합의 평가 기법(Consensual Assessment Technique, CAT)이다.

창의적 환경(Press)을 측정하는 방법은 개인이 속한 조직적 환경이 얼마나 창의성 발현을 촉진 또는 저해시키는지 다양한 환경적 속성을 통해 측정하는 것인데, 대표적 측정 방법은 사회심리학자 아마바일이 개발한 창의적 환경 척도인 'KEYS'다.

해외 학계에서는 창의성을 과학적인 학문으로 접근하고 이에 대한 연구를 확산시키려는 노력이 꾸준히 증가하고 있다. 사회과학 분야에서 국제적으로 검증받은 SSCI급 저널《*Journal of Creative Behavior*》(1967년 창간),《*Creativity Research Journal*》(1988년 창간),《*Creativity & Innovation Management*》(1992년 창간) 등에는 개인 및 조직의 창의성 전반에 대한 다양한 연구들이 이루어지고 있다. 또한 미국의 뉴욕주립대학교 버펄로캠퍼스에는 국제창의성연구소가 설립되어 창의성 석사 과정과 다양한 프로그램을 개설하여 수많은 창의성 전문가를 양성하고 있다.

필자가 수업에서 활용하는 창의성 측정 방법에서는 개인의 창의적 사고 능력을 측정하기 위해 iCreate 창의성연구소에서 개발한 개인별 평가 시험을 활용한다. 약 90분에 걸쳐서 진행되는 평가를 통해 학생들에게 총 23개의 창의적 사고 역량 관련 지표를 제공한다. 학생들에게 자신의 창의적 사고 역량의 현재 상태를 정확하게 피드백해 주는 과정은 창의성을 함양하는 데 매우 의미 있는 출발점이 된다. 가장 대표적인 효과는 본인의 창의성이 매우 높음에도 상대적으로 낮다고 착각하는 학생들에게 긍정적인 격려를 할 수 있는 것은 물론이고, 지나치게 자신을 과대평가함으로 인해서 창의성에 대한 학습 동기가 저하되는 현상을 예방할 수 있다.

창의적 사고 역량을 향상시키는 방법 2: 공감 능력을 향상시킨다

인류에게 필요한 새로운 삶을 창조하기 위해서 학생들이 가장 먼저 갖추어야 하는 능력은 현재의 삶이 불편하다는 것을 인식할 수 있는 능력이다. 특히 본인의 경험뿐만 아니라 타인이 겪고 있는 불편함을 일반인보다 매우 강하게 인식할 수 있어야만 해당 문제를 해결하려는 의지가 생긴다. 예를 들어 인터넷에서 물건을 구매하는 고객이 10여 차례에 걸쳐서 마우스를 클릭하고 있는 모습을 보면서, 구매까지 여러 단계를 거치는 것이 불편하고 힘든 일이라고 여길 수 있어야 한다는 것이다. 그렇지 않으면 인터넷에서 클릭을 단 한 번도 하지 않고 구매를 마칠 수 있는 창의적인 서비스를 생각해 낼 수 없기 때문이다.

학생들의 공감 능력을 배양시키기 위해서 필자가 사용하는 교육 기법은 다양한 극단적 상황을 강제적으로 부여하는 것이다. 예를 들어 가로 세로 1센티미터의 종이를 가지고 가장 많은 경제적 가치를 창조하기 위해서는 무엇을 어떻게 해야 하는지에 대한 과제를 부여하고, 일주일 이후에 발표하도록 하는 것이 대표적이다. 이 외에도 한 방울의 물을 가지고 최대의 경제적 가치를 창조하는 방안에 대한 과제를 부여하고, 다음에는 1초라는 시간에 대해서, 동작 한 가지에 대해서, 밀가루 한 스푼에 대해서도 동일한 과제를 부여한다. 물론 이런 과제를 통해서 학생들이 결과물을 발표한 이후에는 필자가 준비한 다양한 사례들을 공유하는 시간도 갖는다.

처음 해당 과제를 수행하게 된 학생들은 매우 힘들어한다. 하지만 비슷한 과제를 진행할수록 학생들이 시간, 물질, 자원, 공간 등을 인식하는 능력이 확연히 달라지는 것을 확인할 수 있다. 학생들에게서 이런 의미 있는 변화가 보이면, 필자는 학생들에게 또 다른 맥락의 미션을 부여한다. 예를 들면 3~4명의 학생을 한 그룹으로 편성한 후에 개별 팀 단위로 식당, 커피숍, 은행 등과 같은 특정 형태의 서비스 업종을 선택하여, 해당 매장에서 고객 및 직원들이 움직이는 모습을 총 10시간 정도 관찰하게 하고, 여기서 자신들이 발견한 다양한 문제점을 팀원들이 토론을 통해 정리하여 해당 내용을 발표하게 한다.

이런 일련의 과정을 통해서 학생들에게 새로운 체험을 하도록 수업을 진행해 보면 학생들이 인식하는 시간, 공간, 움직임, 경제적 가치에 대한 공감 능력이 의미 있게 달라지는 것을 확인할 수 있다.

창의적 사고 역량을
향상시키는 방법 3:
남들이 보지 못하는 것을 본다

창의성을 향상시키기 위해서는 남들이 쉽게 보지 못하는 현상들을 볼 수 있는 능력을 갖추어야 한다. 이런 역량을 길러 주기 위해서 필자는 퍼즐링 기법(Puzzling Method)을 활용한다.

퍼즐링 기법은 축구나 야구 같은 스포츠 중계방송에서 특정 장면을 보다 세밀하게 보기 위해서 사용하는 슬로우 비디오 판독 기법에 기반한다. 퍼즐링 기법은 다양한 조건이나 환경, 구성 요소들을 고려하여 단순하게 보이는 행동들을 최대한 자세하게 세분화시켜서 일련의 연결되는 프로세스로 도식화하는 것으로, 이 방법을 통해서 창의적인 대안을 도출할 수 있다. 퍼즐링 기법은 평소에 반복적으로 하던 행동이나 업무에서 문제점이 발생하지만 해결책을 쉽게 찾을 수 없을 때, 혹은 별다른 문제점이 보이지 않지만 현재를 보다 창의적이고 획기적으로 바꿔 보고 싶은 경우 커다란 효과를 발휘할 수 있다. 예를 들어 화단에 물을 주는 일, 출석을 부르는 일, 교실 청소 등과 같이 우리가 일상에서 매일 반복적으로 하는 일을 누가, 언제, 어디서, 무엇을, 어떻게, 왜와 같은 다양한 관점에서 생각해 보면 일상적인 일들을 획기적으로 변화시킬 수 있다. 기업의 경우에도 퍼즐링을 통해 불필요한 서류 업무를 자동화시키거나 기존에 있던 두 부서의 업무 프로세스를 전폭적으로 수정하여 통합하는 등 예전에는 전혀 생각하지 못했던 대안들을 찾을 수 있다.

먼저 퍼즐링 기법을 사용하기 위해서는 해당 기법을 적용할 주제를 결정해야 한다. 현재 문제를 해결하거나 획기적인 변화를 주고 싶은 제품, 서비스, 프로세스, 활동 등 주제는 매우 다양하게 선택할 수 있다. 예를 들어 가장 창의적인 제품 개발하기, 편리하고 효율적인 서비스 제공하기, 학업 혹은 업무 생산성 높이기 등 창의적 사고가 필요한 모든 영역이 주제가 될 수 있다.

주제를 확인한 후에는 퍼즐링 기법을 활용할 팀을 구성해야 하는데, 기본적으로 5명을 한 팀으로 구성하여 각자가 퍼즐링을 통해 아이디어를 구상하도록 하되, 각 팀에서 1명은 중재자로서 토론자들의 의견을 중재 및 정리하는 역할을 맡도록 한다.

팀 구성이 완료되면 각 팀 별로 주제가 적용되는 대상을 선정하는데, 이때 대상이라고 하는 것은 주제에 해당되는 제품이나 서비스 혹은 활동과 관련된 행위 주체를 의미하며, 같은 활동이라도 적용 주체에 따라 해결해야 하는 문제점이 달라질 수 있다. 예를 들어 "점심 배식의 효율성을 창의적으로 높여 보기"라는 주제에 대해서도 유치원생과 중·고등학생, 대학생, 직장인 등 적용 대상에 따라 프로세스가 달라질 수 있으며, 같은 중·고등학교라도 학급 배식이냐 식당 배식이냐에 따라 고려해야 할 부분들이 달라질 수 있기 때문이다.

각 팀 별로 대상 선정이 완료되면, 선정된 대상과 관련된 행동을 처음부터 끝까지 순차적으로 자세하게 열거하여 도식화하는 퍼즐링 과정을 진행한다. 예를 들어 "점심 배식의 효율성을 창의적으로 높

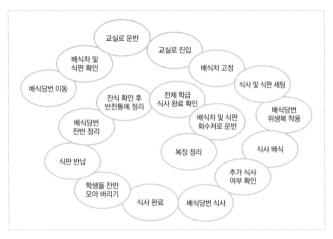

[그림 12-1] 점심 배식 과정에 대한 퍼즐링 기법 예시

여 보기"라는 주제에 대해서 중·고등학교의 학급 배식을 대상으로 설정해 보자. 이 경우에 학급 배식의 과정을 최대한 자세하게 열거해 보면 [그림 12-1]과 같이 퍼즐링을 만들 수 있다. 점심 배식 과정을 도식화한 퍼즐링 기법을 통해 각 팀별로 생산적이고 창의적인 대안을 찾는 분석 과정을 진행한다.

퍼즐링 기법을 처음으로 학습하는 학생들은 숙련도가 높지 않아서 다양한 실수와 시행착오를 거듭하지만, 해당 기법을 사용하는 빈도수가 증가할수록 실력이 빠르게 향상되는 것을 발견할 수 있다. 퍼즐링 기법을 사용하면서 나타나는 가장 중요한 효과는 남들이 보지 못하는 것을 볼 수 있는 사고 역량이 향상된다는 것이다.

창의적 사고 역량을
향상시키는 방법 4:
남들이 생각지 못한 것을 생각한다

학생들이 보다 창의적으로 성장하기 위해서는 기존에 있던 아이디어를 남들이 생각지 못한 방법을 통해 획기적으로 바꾸거나, 새롭게 확장하고 추가하거나, 남들이 보지 못하는 문제점을 발견하여 창의적으로 제거할 수 있는 능력이 있어야 한다. 이런 목적을 위해 필자가 수업 시간에 사용하는 기법은 바로 'CAR' 기법인데, 이 기법은 아이디어에 대한 '변화(Change)', '확장(Add)', '제거(Remove)'를 기반으로 하는 세 가지 방식을 활용하여 남들이 생각하지 못한 창의적인 아이디어를 낼 수 있는 사고 역량을 길러 줄 수 있다.

학생들이 CAR 기법을 올바르게 활용하기 위해서는 가장 먼저 기존의 사물이나 아이디어를 변화, 확장, 제거하는 세 가지 방법에 대하여 정확하게 이해해야 한다. 예를 들어 우리가 사용하는 가습기를 아주 창의적으로 변화시키는 경우를 가정해 보자.

가장 먼저 변화(Change)라는 방식은 기존 가습기가 가지고 있는 다양한 속성들을 다양한 방법으로 바꾸는 것을 말한다. 예를 들어 기존 가습기에 있는 작동 버튼들을 음성 인식 방식으로 변화시키거나, 바닥에 놓는 가습기를 천장에 매달아서 사용하는 방식으로 변화시키는 것이다. 두 번째 방법인 확장(Add)은 기존 가습기가 가지고 있지 않는 속성들을 추가하는 방법으로 창의적인 아이디어를 찾는 것이다. 예를 들어 가습기에 야간 조명 기능을 추가해서 밤에는 은은한 실내조명 역할을 하게 만들거나, 가습기의 출구를 1개에서 3개로 확장하고, 3개의 출구에 서로 다른 색깔을 내는 조명을 장착하는 방식, 혹은 음악을 재생할 수 있는 기능을 추가하는 것을 말한다. 마지막으로 제거(Remove)는 기존 가습기가 가지고 있는 속성을 제거하는 방식으로 새로운 아이디어를 찾는 것을 말한다. 예를 들어 가습기에 물통이 없어도 항상 물이 공급될 수 있게 하여 번번이 물을 갈아 주는 번거로움을 없애거나, 혹은 가습기 자체를 없애고 천장에 매립형으로 바꾸거나, 혹은 겨울에는 가습기지만 여름에는 가습기 대신 제습기의 역할을 할 수 있도록 바꾸는 것을 말한다.

CAR 기법을 활용하기 위해서 가장 적합한 인원은 5명이 좋지만, 필요한 경우에는 4명으로 구성하는 것도 가능하다. 참여하는 사람의 숫자가 상당히 많은 경우에는 개별 역할을 2~3명에게 동시에 부여하는 방법으로 한 팀이 10명 혹은 15명까지 확장될 수도 있다.

개별 팀원들에 대한 역할 부여는 위에서 설명한 변화(C), 확장(A), 제거(R)를 각각 1명에게 부여하고, 중재·사회자(Moderator), 그리고 서기(Book Keeper)를 각각 1명에게 부여한다.

중재·사회자는 팀원들이 보다 효과적이고 자유롭고 즐거운 분위기에서 토론할 수 있도록 팀원 간에 중재 역할을 수행해야 하고, 동시에 시간 설정 및 진행과 같은 사회자 역할을 담당해야 한다. 특히 팀원들이 맡고 있는 역할 간에 충돌이 일어나거나 혹은 취사선택해야 하는 경우 중재자의 역할이 매우 중요하다. 그리고 서기는 팀원들이 제시하는 다양한 토론 내용들을 꼼꼼하게 기록하면서 전체적인 아이디어를 만들어 가는 역할을 하는 방식이다. 총 인원이 4명일 경우에는 중재·사회자와 서기를 한 사람에게 맡길 수도 있다.

CAR 기법은 혼자서 해결하기 힘든 문제를 해결하거나 혹은 매우 창의적인 아이디어 및 대안을 도출해야 하는 경우에 사용하면 효과적이다. 수업 시간에 조별로 창의적인 결과물을 만들기 위해 경쟁하는 경우, 별다른 진척 없이 많은 시간을 소모적인 토론으로 낭비할 때가 많다. 또는 매년 반복적으로 개최하는 학교 축제와 같은 행사를 기획하는 경우에 항상 새로운 아이디어를 찾기 위해 여러 번 고민을 거듭하지만 별다른 성과가 없는 경우가 많다. CAR 기법은 이런 경우에 학생들의 토론과 사고력을 혁신적으로 개선시켜 줄 수 있다.

치열한 경쟁에서 살아남는 법

학생들이 문제를 찾고 아이디어를 내고 결론을 도출하는 과정 속에서 필자는 학생들에게 '틀렸다'라는 말을 하지 않는다. 교수의 멘트를 절대시하는 학생들에게 자칫 발전 가능성을 없애는 독이 될 수 있기 때문이다. 단, 방향성을 잃은 팀에게는 질문을 던져 답을 찾게 하고 다른 팀의 아이디어를 참고해 보라고 하는 등의 조언은 해 준다.

사회는 치열한 전쟁터다. 고객의 삶에 새로운 가치를 부여한다는 것은 결코 쉬운 일이 아니다. 이러한 도전 정신과 창조 정신이 융합된 기업가적 마인드를 훈련받고 사회로 나가는 것과 사회에 나가 무작정 부딪히는 것에는 차이가 크다. 필자는 수업을 통해 학생들이 기업가적 마인드를 정확하게 이해하고 이를 실행할 수 있는 창의적 인재로 성장해야 한다고 생각한다. 따라서 수업은 여러 아이디어를 마음껏 내고 마음껏 실패할 수 있는 장이 되어야 한다. 이를 통해 스스로 문제를 찾고 개선된 방향으로 답을 찾아 나갈 수 있다. 이것이 필자가 정답이 없는 문제를 찾게 하고, 스스로 그 답을 생각하게 만드는 살아 있는 수업을 시도하는 이유다.

필자는 매년 창의성 수업에서 새로운 시도를 하려고 노력하지만, 수업 내용 면에서 아직도 개선의 여지가 매우 많다. 하지만 창의성 향상을 위한 다양한 노력이 공유되고, 공유 과정을 통해 창의 교육이 새롭게 발전하는 과정을 거칠 수 있기를 희망한다.

Chapter 13

창의적 기업가를
만드는 여섯 가지 방법

이찬 교수 (농산업교육과 산업인력개발학)

기업가 정신의
신선한 재료, 창의성

병아리는 부화 시기가 되면 밖으로 나오기 위해 껍질을 쪼아 댄다. 그것이 '줄(啐)'이다. 이때 어미 닭이 그 신호를 알아차려 바깥에서 껍질을 쪼아 줌으로써 병아리의 부화를 돕는다. 이렇게 어미 닭이 밖에서 쪼아 주는 것을 '탁(啄)'이라 한다. 줄과 탁이 동시에 일어나야 비로소 한 생명이 건강하게 태어난다. 병아리가 알을 깨고 나오는 과정에서 비롯된 '줄탁동시(啐啄同時)'라는 사자성어는 이상적인 사제지간을 의미하는 표현으로, 교육적 성과를 이루기 위해서는 학생 스스로의 노력에 더하여 적절한 시기에 조력자의 개입이 중요하다는 점을 일깨운다. 필자는 '줄탁동시'를 교육 철학으로 삼고 있다. 학생들을 가르칠 때 항상 줄탁동시를 염두에 두면서, 4차 산업혁명 시대에 인공지능(AI)과 협업할 수 있는 인간 고유의 역량을 함양하기 위하여 창의성을 길러 주는 것을 지상 최대의 과제로 삼고 있다.

필자는 서울대학교 농업생명과학대학에서 '농생명 및 식품산업 기업가 정신' 과목을 담당하고 있다. 기업가 정신은 위험을 감수하며 도전적으로 새로운 기술과 혁신을 도모하여 기업의 성장과 사회적 가치를 만들어 내려는 의식이다. 창의성의 일반적인 정의가 잠재적으로 유용하고 새로운 아이디어나 상품을 만들어 내는 것이라고 볼 때, 기업가 정신과 창의성은 불가분의 관계다. 즉, 창의성은 기업가 정신의 핵심 요소다.

필자는 수업을 통해 줄탁동시를 실행하기 위한 방법을 적용하고, 창의성을 갖춘 인재를 키우는 데 초점을 맞췄다. 머신러닝 능력을 갖춘 인공지능과 협업해야 할 미래의 직업 세계는 창의성과 혁신 능력을 지닌 인재를 요구한다. 특히 미래 사회에 일자리 대다수가 자동화된다는 전망은 창의성에 대한 요구를 증폭시킨다. 인공지능과 로봇 기술의 발달에 따라 가까운 시일 안에 일자리의 절반 이상이 사라질 수 있다는 비관적 전망은 로봇으로 대체될 수 없는 인간 고유의 영역으로 여겨지는 창의성을 가진 인재 육성이 시대적 요구임을 반영한다. 많은 학자들이 입을 모아 우리가 현재 처한 일자리 문제를 해결할 열쇠로 창의성을 꼽는다는 사실은 필자의 기업가 정신 수업 취지와도 맥락을 같이 한다.

이에 필자는 창의성 교육방법론을 인적자원 개발(Human Resource Development)이라는 렌즈로 조망하고, 이를 기업가 정신의 혁신성

(innovativeness), 진취성(proactiveness), 위험감수성(risk-taking)이라는 세 가지 요소로 수업에서 제시하고 있다.

첫째, 혁신성은 기존의 관행에서 벗어나 새로운 아이디어를 만들어 내고 실험하는 것이다. 혁신성은 새로운 업무 절차를 개발하고 기술, 제품 혹은 프로세스에 있어 독특한 접근을 시도하는 활동에서 확보된다. 따라서 혁신적인 인재는 새로운 무언가에 도전하고 실험해 보는 것에 거리낌이 없으며, 이 과정에서 다른 사람들이 모방할 수 없는 본인의 것을 개발하는 능력을 갖춘 사람이라고 볼 수 있다.

둘째, 진취성은 새로운 상품이나 서비스를 도입하거나, 미래의 수요에 대비하여 환경을 조성하고 변화시키는 등의 일에 앞서 나가며 신속히 대응하고자 하는 의지다. 따라서 진취적인 인재는 현재의 환경에 대해 전략적으로 접근하여 새로운 아이디어를 적극적으로 도입하는 사람이라고 볼 수 있다.

셋째, 위험감수성은 이미 시도된 방식을 탈피하여, 불확실한 결과를 감수하면서도 새로운 시도를 하고자 하는 의지다. 일반적으로 위험을 감수하는 조직은 결단력이 있으며, 전략적 결정을 비교적 빠르게 내릴 수 있고, 이를 통해 전반적인 성과를 향상시키는 특성이 있다. 따라서 위험감수성을 갖춘 인재는 위험을 감수하면서도 새로운 길을 개척해 나가는 사람이라고 볼 수 있다.

종합하면 기업가 정신을 갖춘 인재는 불확실한 결과에도 기꺼이 새로운 접근을 시도하면서, 현재의 상황에 대한 전략적 파악이 가능하고, 이 과정에서 본인만의 성과를 창출해 내는 인재라고 볼 수 있다. 이에 필자는 기업가 정신을 갖춘 인재를 양성하기 위해 앞의 세 가지 요소를 함양하기에 적합한 다음의 여섯 가지 교수법들을 적용하며 학생들의 긍정적 변화를 모색하고 있다. 여섯 가지 교수법은 혁신성을 기르기 위한 블루오션 전략과 스캠퍼 기법, 진취성을 키우기 위한 마인드매핑과 만다라트, 위험감수성을 키우기 위한 디자인 씽킹과 트리즈 등이다. 이러한 교수법들이 기업가 정신을 길러 주는 데 어떻게 활용될 수 있는지 살펴보면 다음과 같다.

버림으로써 혁신하다: 블루오션 전략과 스캠퍼 기법

혁신적인 인재는 기존의 것을 과감히 버리고 새로운 것을 만들어 낼 수 있어야 한다. 따라서 옛것을 버리고 새로운 전략을 시도할 수 있도록 사고를 확장시켜 줄 필요가 있다. 블루오션 전략과 스캠퍼 기법은 아이디어 창출 과정에서 버림을 통한 파괴적 혁신을 추구하는 교수법이다.

블루오션 전략(Blue ocean strategy)은 능력과 에너지를 집중하여 새로운 시장을 개척할 수 있도록 전략적 요소들을 도출한다. 블루오션 전략을 도출하기 위한 다양한 방법론이 존재하는데, 이 중에서 블루오션 창출을 통하여 조직의 개발 및 발전 방향을 도출하기 위한 분석 도구를 'ERRC 구성표'라 부른다. 여기서 ERRC는 전략을

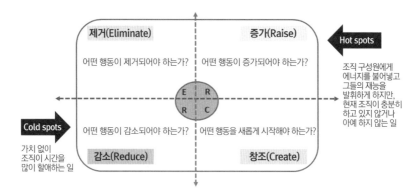

[그림 13-1] ERRC 구성표

도출하는 데 필요한 제거(Eliminate), 감소(Reduce), 증가(Raise), 창조
(Create) 등의 요소를 말하며, ERRC 구성표를 살펴보면 [그림 13-1]
과 같다.

블루오션 전략의 백미는 제거 요소를 도출하는 데 있다. 카카오톡
이 문자메시지 이용료를 제거하면서 성공했듯이, 통상적으로 마땅
히 있어야 한다고 여겨졌던 부분들을 제거하는 행위 자체가 역발상
적인 접근을 의미하기 때문이다. 기업가 정신 수업에서 학생들에게
블루오션 전략 워크숍을 실시하면, 대다수 학생들이 제거 및 감소
요소들을 정리하고 적절한 단어로 표현하는 것을 어려워한다. 이는
자연스러운 반응이다. 막연하게 생각하던 문제들을 네 가지 영역으
로 명확하게 분류하여 제시하는 것은 낯선 작업인 만큼 고민이 필요
하기 때문이다.

스캠퍼 기법은 사고의 영역을 일정하게 제시함으로써 비교적 구

체적인 의견이 나올 수 있도록 유도하는 브레인스토밍 기법의 일종이다. '스캠퍼(SCAMPER)'란 대체(Substitute), 조합(Combine), 응용(Adapt), 수정/확대(Modify/Magnify), 다른 용도로 사용(Put to other uses), 제거(Eliminate), 재배치/역발상(Rearrange/Reverse)을 뜻하는 영어 단어 일곱 개의 이니셜로 만든 말이다. 여기서도 기존의 아이디어를 대체, 조합, 재배치 및 역발상 하는 등의 일련의 사고 과정이 학생들로 하여금 기존에 익숙했던 방식으로부터 탈피하게 한다.

심리학자들의 연구에 따르면, 스캠퍼 기법을 수업에 활용할 경우 학습자의 창의성과 자기 효능감을 향상시키는 데 긍정적인 영향을 미친다고 한다. 학생들은 스캠퍼 기법을 통해 끊임없이 사고를 진작시키는 지구력을 키우면서 '사고 근육'이 길러지는 모습을 보였다.

학생들은 상기 두 가지 기법에서 '제거'를 통해 혁신을 이끌어 낼 때 초기에는 당혹감을 감추지 못했다. 하지만 집단 토론 방식인 버즈토의(Buzz Discussion) 등 자유롭게 발언할 수 있는 분위기를 형성해 주자 기발한 아이디어들이 봇물처럼 쏟아져 나왔다. 일례로 학생들은 '교수 없는 전공 수업'을 생각해 내기도 했는데, 기성세대에게는 다소 발칙한 아이디어들이 실제 플립 러닝(flipped learning; 온라인을 통한 선행학습 후 오프라인에서 교수와 토론식 수업을 진행하는 방식) 등으로 학교 현장에 적용되고 있음을 감안해 볼 때, 버림을 통해 혁신성을 키우는 일은 기업가 정신 수업의 백미를 보여 주었다.

거침없이 뻗어나가는 생각의 화살: 마인드매핑과 만다라트

기업가 정신의 두 번째 요소로 꼽히는 진취성은 미래의 변화에 참여하고 목표를 향해 뻗어 나가려는 의지를 의미한다. 필자의 기업가 정신 수업에서는 진취성 고취를 위해 마인드매핑(Mind Mapping)과 만다라트(Mandal-Art) 기법을 활용하였다.

영국의 심리학자인 부잔이 개발한 마인드매핑은 문자 그대로 '생각의 지도'란 뜻으로, 자신의 생각을 지도 그리듯 이미지화하여 사고력, 창의력, 기억력을 한 단계 높이는 두뇌 계발 기법이다. 새로운 아이디어를 도출할 때 떠오르는 단어나 문구, 기호, 그림 등을 잊지 않도록 종이에 옮겨 놓은 후 해당 항목 간의 관련성을 파악하고 연

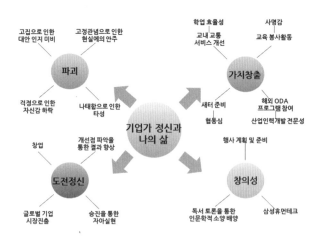

[그림 13-2] 마인드매핑 예시

몸관리	영양제 먹기	FSQ 90kg	인스텝 개선	몸통 강화	축 흔들지 않기	각도를 만든다	위에서부터 공을 던진다	손목 강화
유연성	몸 만들기	RSQ 130kg	릴리즈 포인트 안정	제구	불안정 없애기	힘 모으기	구위	하반신 주도
스테미너	가동역	식사 저녁7숟갈 아침3숟갈	하체 강화	몸을 열지 않기	멘탈을 컨트롤	볼을 앞에서 릴리즈	회전수 증가	가동력
뚜렷한 목표·목적	일희일비 하지 않기	머리는 차갑게 심장은 뜨겁게	몸 만들기	제구	구위	축을 돌리기	하체 강화	체중 증가
핀치에 강하게	멘탈	분위기에 휩쓸리지 않기	멘탈	8구단 드래프트 1순위	스피드 160km/h	몸통 강화	스피드 160km/h	어깨주변 강화
마음의 파도를 안만들기	승리에 대한 집념	동료를 배려하는 마음	인간성	운	변화구	가동력	라이너 캐치볼	피칭 늘리기
감성	사랑받는 사람	계획성	인사하기	쓰레기 줍기	부실 청소	카운트볼 늘리기	포크볼 완성	슬라이더 구위
배려	인간성	감사	물건을 소중히 쓰자	운	심판을 대하는 태도	늦게 낙차가 있는 커브	변화구	좌타자 결정구
예의	신뢰받는 사람	지속력	긍정적 사고	응원받는 사람	책읽기	직구와 같은 폼으로 던지기	스트라이크 볼을 던질 때 제구	거리를 상상하기

[그림 13-3] 메이저리거 선수 오타니 쇼헤이의 만다라트 예시

결하여 창의적 아이디어를 고안하는 것인데, 간단한 준비로도 세부 아이디어까지 접근할 수 있어 매우 유용한 교수법이다.

만다라트는 일본의 디자이너 이마이즈미 히로아키가 개발한 발상 기법으로 'manda+la+art'가 결합된 용어인데, 'manda+la'는 '목적을 달성한다'는 뜻이고, 'mandal+art'는 '목적을 달성하는 기술', 그 툴 을 의미한다. 만다라트는 목적 달성이라는 큰 과제를 주고 학생들이 생각에 생각을 이어나갈 수 있도록 징검다리를 놓아 주는 기법이다. 만다라트는 핵심 목표를 설정하고, 그에 따른 여덟 가지 세부 항목 을 구체화하여 도표로 구조화하기 때문에, 뚜렷한 목표 의식을 세우

기에 적합하며, 실천 방안의 우선순위를 선정하고 세분화할 수 있다는 점에서 효율적이며 손쉽게 사용할 수 있는 교수법이다.

마인드매핑이 다양한 아이디어를 도출하여 범주화하는 데 초점을 두었다면, 만다라트는 핵심 목표를 달성하기 위한 다양한 아이디어 및 전략을 도출하고, 세부 접근법을 구상한다.

기업가 정신 수업에서 마인드매핑과 만다라트는 팀 프로젝트 주제 선정 및 학습 내용 정리에 이르기까지 새로운 아이디어나 지식 등을 일목요연하게 정리한다. 암기 위주의 입시 교육에 익숙한 일부 학생들은 본인의 생각을 팀 전체의 사고 과정에 녹여 내야 하는 과제가 주어지면 이내 주저하고 자신감 없는 모습을 보이기도 한다. 이런 경우에는 마인드매핑과 만다라트 기법을 적용하고 교수자가 퍼실리테이터(facilitator; 토론 촉진자)의 역할을 적절하게 수행함으로써 효과를 볼 수 있다.

일례로 식품 산업을 창업하는 데 관심을 보이던 한 학생이 만다라트 기법을 시장성 분석에 적용해도 되는지 질문을 했다. 시장성 분석에는 일반적으로 문제 해결식 접근 방법을 적용하는데, 여기에 확산적 사고를 골자로 하는 만다라트를 이용하겠다는 것이었다. 예상 밖의 질문이었으나 과업이 어떻게 진행되는지 살펴보고자 해당 학생에게 충분히 활용 가능한 도구임을 안내하고 지지해 주었다. 학생은 이내 만다라트의 핵심 목표에 특정 지역을 적고, 8개의 세부 목표에 요식업 종류를 분류하였다. 그리고 하위에 다시 지역의 맛집 리스트를 8개씩 작성하였는데, 그 이후 학생은 시간 날 때마다 기재된 맛집에 들러 맛집의 시장성과 지리적 요인, 여러 성공 요인을 분석하고 음식의 품질을 평가하였다. 학기말에 그 학생은 맛집 추천 어플리케이션 개발 사업계획서를 제출했다. 이러한 창의적 활동과 그 결과물은 특정 교수법의 정형화된 활용에 국한하지 않고, 학생들의 자유로운 적용 의지의 강화에서 비롯된 것이다.

위험 변수를 감소시키는 창의 방정식: 디자인 씽킹과 트리즈

기업가 정신의 세 번째 요소로 정의된 위험감수성은 새로운 시도를 위해 위험을 무릅쓰겠다는 의지를 의미한다. 하지만 위험을 감수하는 인재는 단지 새로운 시도를 위해 무모하게 도전하기보다, 새로운 도전에 따라 어떠한 위험이 닥칠지 예측하고 도전의 성과를 내기 위하여 어느 정도의 노력을 투입해야 하는지 파악하는 역량이 필요하다. 디자인 씽킹과 트리즈 기법을 팀 프로젝트에 도입할 경우, 체계적인 문제 해결 방법을 익혀 위험감수성을 길러 줄 수 있다.

디자인 씽킹(Design Thinking)은 혁신적인 아이디어 창발을 이끄는 대표적인 방법이다. 디자인 씽킹이란 기술적으로 실현 가능하며, 합리적인 사업 전략을 실현할 수 있고, 사용자의 요구를 최대한 충족시킬 수 있는 아이디어를 도출하는 과정이다. 디자인 씽킹의 시작에는 사용자 중심으로 상황을 관찰하고 공감하며 문제점을 발견하는 데 있다. 이 '공감'의 과정을 거쳐 무엇이 문제인지 '정의'한 후에, 해당 문제를 해결하기 위한 방안과 관련한 아이디어를 도출한다. 이후 해당 아이디어를 실제 결과물 형태로 제작한 후, 결과물이 실제로 활용될 수 있는지를 테스트하는 과정을 거친다. 이러한 '시제품 제작' 단계와 '테스트' 단계가 디자인 씽킹의 핵심이며, 이 두 단계를 거쳐야만 혁신적인 아이디어가 추상적인 차원의 존재를 넘어 실질적인 결과물로 진화될 수 있기 때문이다.

필자는 기업가 정신 수업에서 '100일 프로젝트'라는 조별 과제를 통하여, 한 학기 동안 학생들이 디자인 씽킹의 과정을 거쳐 새로운 사업 아이템을 구상할 수 있도록 하였다. '100일 프로젝트'는 하루에 끝마칠 수 있는 작은 행위들을 축적시켜, 이를 포트폴리오로 구성하여 프로젝트로 진화시키는 방식이다. 해당 프로젝트를 통하여 학생들은 지속적으로 피드백을 받고, 해당 피드백을 반영하여 사업 아이템을 구체화시킨다. 실제로 수강생 중 일부는 잉여 농산물을 활용한 입욕제 아이템을 가지고 서울대학교 창업 경진 대회에서 입상하기도 하였다. 이와 같은 가시적인 수상 실적 못지 않게 교육적으로 의미 깊은 것은, 학생들이 하나의 아이디어를 지속적으로 고찰하며, 이를 점차 발전시키는 과정을 체험했다는 것이다.

트리즈(TRIZ)는 러시아어인 'Teoriya Resheniya Izobretatelskikh Zadach'의 줄임말로, 영어로는 'Theory of Inventive Problem Solving'으로 풀이한다. 문제를 해결하기 위한 혁신적인 아이디어나 솔루션을 얻기 위한 방법론이다. 트리즈를 통해서 주어진 문제에 대해 가장 이상적인 결과를 정의하고, 그 결과를 얻는 데 관건이 되는 모순을 극복할 최적의 해결안을 얻는다.

트리즈를 개발한 러시아의 천재 과학자 겐리히 알츠슐러는 "세상을 바꾼 창의적인 아이디어들에는 일정한 패턴이 있다"라는 가설을 세우고 1946년부터 17년 동안 전 세계에서 창의적으로 손꼽히는 특허 20만 건을 분석한 결과, 가장 많이 활용된 아이디어에서 패턴 40개를 뽑아내 '트리즈'라는 이론을 정립했다. 새로운 사물이나 프로젝트를 대할 때 40개의 원칙을 떠올리면 경쟁자들이 미처 생각지 못한 새로운 아이디어를 떠올릴 수 있다는 것이다.

앞서 언급한 기업가 정신 수업의 '100일 프로젝트'에서 많은 학생이 사업 아이템을 구상하는 과정 중에 다양한 어려움에 봉착하였다. 이를 해결하기 위해 프로젝트 진행시의 문제점을 도식화시키는 데에 트리즈를 활용하였다. 필자는 많은 학생이 시간과 예산 부족을 가장 편차가 큰 변수로 여길 것이라 짐작했으나, 실제 학생들이 겪는 어려움의 원인은 팀원 간 관계와 성취해야 하는 과업의 딜레마 상황이었다. 트리즈를 활용하여 딜레마적 상황을 해결할 수 있는 묘책을 강구하도록 유도하였더니, 한 팀은 팀원 간 소통의 창구가 되는 단체 채팅방의 폐해로 자료 구조화의 어려움을 토로하였는데, 이 변수를 정규 오프라인 회의로 대체하면서 팀 과업 절차를 개선해 나가는 데 성공하였다. 방정식을 활용한 변수 조정은 사실 수렴적 사고에 해당한다. 창의성을 확산적 사고의 전유물로만 오해하기 쉬우나, 진정한 의미의 창의성은 확산과 수렴의 반복, 그 균형이 확보되었을 때 나타났다.

교육 현장에서 피어나는
창의적 인재

  필자는 기업가 정신 수업을 설계하고 진행하는 과정에서, 다양한 교수법을 통해 학생들이 변화하는 모습을 체험하였다. 이는 창의성 교육이 개인의 창의성 발현에 실질적인 영향을 미친다는 것을 암시한다. 창의력 연구자인 낸시 내피어와 미카엘 닐슨은 개인의 창의성 발현 양상을 (1) 틀을 깨는 사고(out-of-discipline thinking), (2) 분야 내 전문성(within-discipline mastery), (3) 정형화된 과정(disciplined process) 등 세 가지로 제시한 연구를 발표했는데, 이러한 세 가지 방향성은 앞서 소개한 교수법들을 통해 함양할 수 있다(그림 13-4).

  첫째, 틀을 깨는 사고는 블루오션 전략, 스캠퍼 기법이 상정하는 창조적 혁신과 연관이 깊다. 버림의 혁신을 추구하는 블루오션 전략과 스캠퍼 기법의 기저에는 탈일상적 사고가 있다. 통상적으로 필요하다고 여겨지는 요소들에 대한 재고와 그것을 버리는 사고의 훈련은 관성을 벗어나는 사고력을 키운다.

  둘째, 분야 내 전문성은 마인드매핑과 만다라트 기법이 요구하는 거침없는 사고의 확산과 일맥상통한다. 마인드매핑과 만다라트 기법을 도출하는 과정을 거치며 새로운 아이디어를 고안하고 체계화하여, 각각의 아이디어를 연결하고 확장하는 과정을 경험한다. 즉, 아이디어의 시각화와 조직화를 통해 기존 아이디어를 개발하고 확산시키며, 그 동선의 흐름에 따라 규율 내 전문성을 심화시키는 것이다.

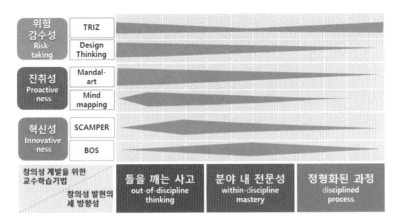

[그림 13-4] 창의성 계발을 위한 교수학습 기법과 창의성 발현의 세 방향성 비교

셋째, 디자인 씽킹과 트리즈 기법의 창의 방정식은 정형화된 과정으로 이해할 수 있다. 창의적 사고에 규율적이고 정형화된 과정이 기반이 된다는 사실은 언뜻 모순처럼 느껴질 수 있다. 하지만 새로운 아이디어를 도출하였을 때 이를 세부 전략화하고, 필요한 절차를 정렬하는 정형화된 과정은 확산적 사고를 촉진하고 불필요한 요소를 제거하는 데 효과적이라는 점에서, 정형화된 과정을 가능하게 하는 창의 방정식인 디자인 씽킹과 트리즈 기법은 창의성 계발에 적합하다(표 13-1).

이상으로 혁신성, 진취성, 위험감수성 등 기업가 정신의 세 가지 요소에 따라 창의성 교수법을 정리하였다. 또한 각각의 창의성 계발 교수법의 기대 효과를 제시하였다. 실제 수업에서 학생들은 공통적으로 새로운 방법론에 따라 사고하는 과정을 낯설어했지만, 점차 사고의 영역을 확장해 나가며 창의적인 행동을 보여 주었다.

분류		목표	기대 효과
혁신성	블루오션전략 (Blue Ocean Strategy)	잠재 능력과 에너지 개척을 위한 전략적 요소(ERRC) 도출	-전략 도출부터 사례 연구까지 다양한 형태의 전략적 학습 가능
	스캠퍼 (SCAMPER)	새로운 아이디어의 도출을 위한 기존 아이디어의 대체, 조합, 응용, 수정·확대, 다른 용도로 사용, 제거, 재배치·역발상	-창의성에 대한 지식 축적 및 자기 효능감 향상 -끊임없는 아이디어 수정을 통한 사고 지구력 배양
진취성	마인드매핑 (Mind Mapping)	시각화를 통한 아이디어의 도출, 조직 및 범주화	-전뇌적 학습 유도 -독창력 신장 -협업, 협동을 통한 진취성 강화
	만다라트 (Mandal Art)	핵심 목표를 성취하기 위한 아이디어 및 전략 도출, 세부 접근법 구상	-강제력을 통한 학생의 잠재된 창의력 발휘 -다차원적 측면의 거시 전략 및 액션 플랜 도출에 효과적
위험 감수성	디자인 씽킹 (Design Thinking)	공감-정의-아이디어 생성-시제품 제작- 테스트의 반복적인 과정을 통하여 아이디어의 개발 및 구체화	-순환적 과정을 통하여 아이데이션 심화 -다면적 사고
	트리즈 (TRIZ)	다양한 문제 상황에 대한 대안을 일반적 프레임워크 적용을 통해 도출	-상충관계의 변인을 조절하여 문제 해결 -전략의 선택·실행을 반복하면서 혁신적 사고를 실험

[표 13-1] 창의성 계발 교수학습 기법의 분류, 목표 및 기대 효과

필자가 기업가 정신 수업에서 활용한 여섯 가지의 교육방법론이 창의성 계발의 완성을 의미하지는 않는다. 첫술에 배부를 리 만무하지만 학생들이 사고를 확장해 나가는 모습을 관찰하면서 창의성이 교육 현장에서 체계적으로 길러질 수 있으며, 궁극적으로 창의적 인재 교육에 대한 가능성을 확인하였다.

필자가 제시한 교수학습 기법뿐만 아니라 다양한 창의성 계발 방법론을 탐색하고, 이를 적용하여 혁신성, 진취성, 위험감수성 등의 기업가 정신 속성을 지닌 창의 인재를 키워 가야 할 것이다. 구체적인 전략을 몇 가지 제시하면 다음과 같다.

첫째, 대상자별 특성에 맞는 교수법을 정의하고 단기 프로그램화할 필요가 있다. 이러한 단기 프로그램은 반복적인 기획 및 운영을 통해 프로그램 신뢰성과 타당성이 입증되어야 할 것이다.

둘째, 창의성 계발 교수법을 효과적으로 운영할 수 있는 전문 퍼실리테이터의 양성이 요구된다. 일반 교과를 가르치는 교수자의 창의성 계발 및 교수 역량도 중요하지만, 창의성 교육이 비가시적이고 중장기적인 목표와 전략을 취해야 함을 감안할 때, 전문 퍼실리테이터의 양성은 필수적이다.

셋째, 학생 취업 및 창업 장려 정책과 맞물려 운영될 수 있는 가칭 창의성 캠프 등을 설계하고 검증된 창의성 계발 교수법을 집대성하여 적용할 필요가 있다. 이러한 활동은 정부 정책 및 주무 부처의 체계적인 지원과 사회의 관심이 조화를 이룰 때 실현 가능하다.

4차 산업혁명의 성패 여부는 창의성에 있음을 누구도 부정할 수 없을 것이다. 이러한 시대적 흐름에 부응하기 위해 민·관·학이 합심하여 창의성 계발에 대한 컨트롤 타워를 마련했을 때, 기대 이상의 부가가치를 만들어 낼 창의적 인재, 기업가 정신을 갖춘 인재가 체계적으로 육성될 수 있을 것이다.

Chapter 14

창의성 교육,
온라인 도구를
활용하다

임철일 교수 (교육학과)

창의성의 두 기둥:
확산적 사고와 수렴적 사고

　학자들마다 창의성에 대한 다양한 정의를 제시하고 있지만 대체로 새로우면서 유용한 것을 만들어 내는 능력 혹은 역량을 의미한다는 점에서는 일치한다. 창의성의 특성에 대해 이야기할 때 자주 언급되는 대표적인 문제가 있다. [그림 14-1]과 같이 작은 상자 안에 압정이 들어 있고, 초와 성냥이 주어진 상황에서 벽에 초를 붙일 수 있는 방법을 찾으라는 문제다. 이 문제를 어떻게 창의적으로 해결할 수 있을까?

　여러 가지 해결책을 생각할 수 있는데, 창의적이라고 평가받을 수 있는 해결책 중 하나는 상자 안에 있는 압정을 쏟아 내고, 상자 위에 초를 올려놓은 후 그 상자를 벽면에 압정으로 붙이는 것이다. 압정이 들어 있던 상자를 다른 용도로 활용하는 이 방법을 생각해 냈다면 창의적인 능력이 있다고 고려해 볼 수 있다. 새로우면서도 실현 가능한 아이디어를 찾아낸 것이기 때문이다.

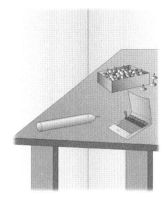

[그림 14-1] 창의적 문제 해결을 위한 상황의 예

그렇다면 창의력을 어떻게 기를 수 있을까? 예로 제시한 문제와 같이 단순한 상황이면서 특정 분야의 전문 지식이 많이 요구되지 않는 경우에는 다양한 대안을 찾는 확산적 사고(divergent thinking)로도 충분하다. 확산적 사고는 문제 해결 과정에서 정보를 광범위하게 찾고, 상상력을 동원하는 사고법이다. 그러나 만약 공과대학의 기계공학 수업에서 제품 개발에 대해 배우는 경우라면 상황이 다르다. 문제도 복잡하거니와 해당 분야의 기초 및 전문 지식을 활용해야 하므로 새롭고도 유용한 해결책을 생각해 내기가 쉽지 않다. 새로운 아이디어가 실제적으로 구현될 수 있다는 것을 보여 주기 위해서는 전문 지식을 종합적으로 검토해야 한다. 이러한 경우에는 주어진 상황에서 최선의 해결책을 찾아가는 수렴적 사고(convergent thinking)를 활용해야 하며, 여러 사람과의 협력이 필요하다.

우리는 여기에서 창의성을 키우는 데 영향을 주는 두 가지 요인을 확인할 수 있다. 하나는 창의성의 중요한 사고 유형인 확산적 사고와 수렴적 사고를 함께 활용해야 한다는 것이며, 다른 하나는 이 과정에서 다른 사람과의 협업이 필요하다는 점이다.

그렇다면 확산적 사고와 수렴적 사고 능력을 기르기 위해서는 어떻게 해야 하는가? 무엇보다도 교육적으로 안전한 환경 속에서 확산적 사고와 수렴적 사고를 체계적으로 경험하는 것이 필요하다. 하지만 실제 수업에서 학생들이 확산적 사고와 수렴적 사고를 적절하게 체험하면서 그것을 자신의 사고 능력으로 발전시키는 일은 쉽지 않다.

협력 또한 마찬가지다. 어떤 문제를 창의적으로 해결하기 위해 개인이 아니라 여러 명이 한 팀을 이루어 활동하는 경우가 있다. 대학 수업에서도 팀별 과제를 부여하는데, 이 과정이 결코 쉽지 않다. 특별한 안내와 지침이 없을 경우 몇몇 학생이 과제를 주도하거나, 무임승차하는 학생이 나타나기도 한다. 최적의 해결안을 창의적으로 도출하는 데 있어서 합리적 근거가 미약하거나 팀원 간의 대화와 조율이 제대로 이루어지지 않는 경우도 종종 생긴다. 개인의 독단적인 의견에 좌우되거나, 근거를 제대로 제시하지 않고 직관에만 의지하는 경우도 많다. 이는 결국 협업을 통한 창의적 문제 해결에 대해 부정적인 인식을 갖게 하여, 학생들 사이에 팀별 문제 해결 활동이 포함된 강좌를 수강하지 않으려는 반응이 나타나기도 한다.

이상을 종합할 때, 창의성과 관련하여 다음과 같은 질문이 가능하다. 확산적 사고와 수렴적 사고를 개인의 수준에서만이 아니라 팀으로서도 자연스럽게 경험하기 위해서는 어떤 교육적 지원이 필요한가? 무임승차 문제를 해결하면서 팀원 간의 의견 조율도 가능하도록 어떻게 안내할 수 있는가? 한 명의 교수자가 30여 명의 학생들을 대상으로 창의성 관련 수업을 운영할 때 어떤 모형과 환경을 제공해야 하는가? 창의성을 요구하는 좋은 문제만 제시하면 되는가, 아니면 그 이상의 안내와 지원을 할 필요가 있는가? 창의성을 촉진하는 물리적 교실 환경의 구축(예를 들어 워크숍 공간 등) 이외에도 문제 해결 활동을 전체적으로 모니터링하면서 안내할 수 있는 온라인 환경이 필요한가? 학생들이 확산적 사고와 수렴적 사고를 경험할 때 이를 안내할 수 있는 교실 내 도구(예를 들어 플립차트 등)를 확보해야 하는가? 학생들 간 의사소통을 촉진하기 위한 다양한 온라인 도구들을 제공할 필요가 있는가? 이렇게 다양하고 수많은 문제와 질문에 대한 답이 이루어져야 한다.

이 글에서는 학생들이 확산적 사고와 수렴적 사고를 경험하면서 팀별로 협업을 통해 문제를 창의적으로 해결하는 데 있어서 온라인 도구가 어떻게 도움을 줄 수 있는가를 다루고자 한다.

창의성은 문제를 해결하는 과정에서 드러난다

어떤 문제를 창의적으로 해결하기 위한 접근 방법 중의 하나로 'CPS 모형'이라는 것이 있다. 'CPS'는 'Creative Problem Solving(창의적 문제 해결)'의 머리글자에서 온 말이다. CPS 모형은 확산적 사고와 수렴적 사고를 반복적으로 실행하면서 다양한 아이디어가 나오는 과정과 합리적인 결정을 내리는 과정을 안내하기 위하여 개발되었다. 이 모형은 미국의 광고회사 BBDO 창립자 중 한 사람인 알렉스 오스본이 회의 시간에 신입사원들이 아무 말도 꺼내지 못하는 것을 보고 생각했다는 브레인스토밍(brainstorming)에 기초를 두고 있다. 브레인스토밍은 일정한 주제에 관해 구성원이 자유롭게 아이디어를 제시하도록 하여 좋은 아이디어를 찾아내려는 방법이다. CPS 모형은 브레인스토밍을 통하여 확산적 사고를 촉진한 후 다시 수렴적 사고를 통하여 창의적이면서도 최적의 해결안을 도출하는 형태로 제안되었다. 이후 지속적인 연구가 이루어져 [그림 14-2]와 같은 CPS 모형 6.1 버전이 제시되었다.

CPS 모형은 관리 요소인 '문제 해결 계획'과 과정 요소인 '문제 이

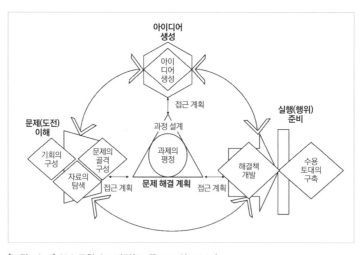

[그림 14-2] CPS 모형 6.1 버전(Treffinger 외, 2000)

해', '아이디어 생성', '실행 준비'로 구성되어 있다. '문제 해결 계획'
에서는 전체 모형 중 어느 단계를 사용할 것인가를 결정한다. 상황
에 따라 전체를 다 적용하지 못하고 일부만 적용할 때도 있기 때문
이다. 단계별 과정 요소는 '기회의 구성', '자료의 탐색', '문제의 골격
구성', '아이디어 생성', '해결책 개발', '수용 토대의 구축' 등 여섯 가
지 세부 단계로 나누어진다. 요컨대 문제가 발생했을 때 문제의 성
격을 포괄적으로 이해하면서 문제를 재설정하고, 그에 따른 해결안
의 개발과 실제성을 확보하기 위한 세부 단계를 포함하는 것이다.

또한 각 단계마다 확산적 사고와 수렴적 사고의 적절한 조화를 강
조하며, 이를 위해 관련된 사고 도구의 활용이 가능하다. 사고 도구
로는 브레인스토밍 이외에도 다양한 아이디어 중 핵심 의견을 선
택하는 히트(Hits), 제시된 의견을 장점(Plus), 단점(Minus), 흥미로
운 점(Interest)으로 구분하여 분석하는 PMI, 제시된 의견에 대해 준
거에 따라 평가 점수를 부여하여 최적의 안을 선정하는 평가행렬표
(Evaluation Matrix) 등이 있다.

CPS 모형은 창의성을 경험하는 과정을 안내하는 기준 역할을
한다는 점에서 의미가 있다. 결국 창의성은 문제를 해결하는 과정을
통하여 드러나는 것이다. 교수와 학생들은 문제의 성격과 주어진 여
건에 따라서 전체 하위 과정을 다 거칠 수도 있다. 이 경우 대체로 한
학기 수업 전체에 걸쳐서 문제 해결 활동이 이루어지게 된다. 또는
한 시간 혹은 한 차시 수업 중에만 실시하여 아이디어 생성과 같은
중간 단계만 경험할 수도 있다. 이 모형을 통하여 확산적 사고와 함

께 수렴적 사고를 반복적으로 실행하면서 다양한 아이디어를 도출하고, 그것을 여러 각도에서 평가하는 활동을 안내받게 된다.

최근까지 창의적 문제 해결 과정은 주로 교실 안이나 오프라인 공간에서 활용되었다. 학생들은 주어진 문제를 해결하기 위해 팀을 구성해 교실 안 혹은 교실 밖에서 칠판, 노트, 플립차트 등을 이용하거나 컴퓨터로 기록하는 등의 방식을 취해 왔다. 그러나 SNS를 통한 온라인 의사소통 방식이 일상화된 환경을 고려할 때, 창의적 문제 해결 활동을 온라인에서도 활발하게 실행할 수 있는 방안을 모색할 필요가 있다.

온라인 게시판 기능을 다양한 형태로 확장·발전시킬 경우, 앞에서 언급한 창의적 문제 해결 단계마다 이루어지는 확산적 사고와 수렴적 사고 과정을 지원하는 것이 가능하다. 특히 팀별 활동에서 일부 무임승차자가 발생하는 문제를 팀원 간 약속을 통해 온라인 게시판 등에 일정 횟수 이상의 의견을 올리게 하는 방식으로 적절하게 해결할 수 있다. 또한 기존에는 교실 안과 밖의 오프라인에서 학생들이 팀별로 문제 해결 활동을 할 때 교수자가 적절하게 모니터링할 수 없었다. 하지만 온라인 활동을 병행할 경우 교수자가 학생들의 활동에 적절히 개입하고 지원할 수 있게 된다. 이러한 가능성에 주목하여 창의적 문제 해결 활동을 안내하고 지원하는 온라인 도구 및 시스템에 대한 개발이 이루어지고 있다.

어떤 온라인 도구를
활용할 수 있는가?

창의적 문제 해결 활동을 안내하고 지원하기 위해 개발된 온라인 도구에는 지금까지 크게 두 가지 형태가 있다. 하나는 일반 온라인 게시판이나 카페 등을 변형하여 활용하는 방식이다. 게시판이나 카페 등에 팀 의견을 올리고, 이를 조정하는 과정을 팀원들끼리 수행하는 것이다. 다른 하나는 별도의 온라인 지원 시스템을 개발하는 것이다. 전자는 그다지 비용을 들이지 않고 간편하게 활용할 수 있으나 사용에 있어서 그 기능이 제한적일 수밖에 없다. 반면 후자는 개발 비용이 들지만 창의적 문제 해결 과정을 전체적으로 안내하면서 팀별로 확산적 사고와 수렴적 사고를 할 수 있는 도구들을 온라인상에서 구현할 수 있다는 장점이 있다.

필자는 공동 연구를 통해 창의적 문제 해결을 위한 '온라인 지원 시스템'을 개발하였고, 현재 대학 수업에서 활용하고 있다. 이 시스템은 개인 혹은 팀별로 사용할 수 있으며, CPS 모형 각 단계마다 확산적 사고를 지원하는 사고 도구(브레인스토밍)와 수렴적 사고를 지원하는 사고 도구(히트, PMI, 평가행렬표)를 제공한다. 또한 시스템 안에서 팀 구성이 가능하며, 팀 자료실, 공지사항, 토론방, 채팅 등의 기능을 제공함으로써 동시적 혹은 비동시적 의사소통을 촉진해 팀 프로젝트 진행을 지원한다.

[그림 14-3]은 온라인 시스템의 예시 화면이다. 왼쪽에는 CPS 모

형의 하위 과정을 선택할 수 있게 되어 있으며, 해결책 개발 단계에서 활용할 수 있는 브레인스토밍, 히트, PMI, 평가행렬표 도구가 제시되어 있다. 팀장과 팀원들은 각 단계에서 어떤 도구를 어떤 용도로 사용할 것인지 결정하고 그에 따라서 이 시스템을 활용하게 된다. 예컨대 [그림 14-3]처럼 브레인스토밍을 활용하여 개인별로 3개의 의견을 내고 모든 팀원들이 의견을 제시하고 나면 그 결과를 사용자별 혹은 항목별로 보면서 전체 의견을 파악하게 된다.

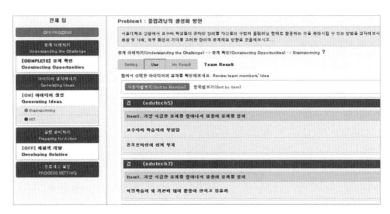

[그림 14-3] 창의적인 문제 해결을 지원하는 스마트 지원 시스템: 브레인스토밍 활동 예시 화면

브레인스토밍을 통하여 제시된 많은 아이디어들을 하나하나 검토하는 수렴적 사고를 위해서는 앞에서 언급한 PMI나 평가행렬표를 사용할 수 있다. [그림 14-4]는 PMI를 통하여 개별 의견의 장점, 단점, 흥미로운 점을 학생 개인이 작성한 것을 보여 주고 있다. 이 과정을 통하여 각각의 의견을 면밀히 검토하면서 최종안을 선택하게 된다.

[그림 14-4] 창의적인 문제 해결을 지원하는 스마트 지원 시스템: PMI 예시 화면

앞에서 제시된 브레인스토밍이나 PMI와 같은 도구들은 하나의 시스템 안에 포함되어 있는 것들이지만, 상황에 따라서는 이미 개발된 외부 도구, 특히 스마트폰이나 태블릿의 어플리케이션을 활용할 수도 있다. 예컨대 패들렛(Padlet)이라는 도구는 브레인스토밍을 도와줄 수 있는 웹 서비스로 [그림 14-5]에서와 같이 학생들이 자신의 스마트폰을 활용하여 의견을 제시하면 그것이 바로 PC와 빔 프로젝트를 통하여 팀원들 간에 공유될 수 있다. 온라인 도구를 활용하여 학생들이 손쉽게 자신의 의견을 제시하고 공유할 수 있는 것이다. 향후 이러한 어플리케이션들이 앞에서 제시한 시스템에 통합되리라 예측할 수 있다.

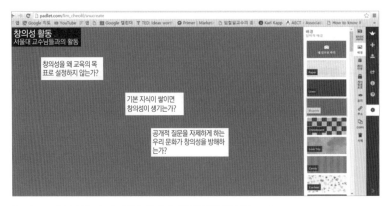

[그림 14-5] 브레인스토밍 지원 도구 혹은 어플리케이션의 예: Padlet

로봇 만들기에 활용된
온라인 지원 도구와 시스템

지금까지 소개한 온라인 지원 도구와 시스템을 활용한 대학 수업이 여러 차례 운영되어 왔으며, 여기에서는 지난 2015년 1학기 서울대학교 공과대학 기계항공공학부 3학년 전공 교과목에서 적용된 사례를 소개하고자 한다.

이 교과목에서 학생들은 고객이 요구하는 기능을 충족하는 동시에 그에 따른 제한 조건들도 고려하는 최적의 설계를 하여 그것을 팔릴 수 있는 제품으로 개발하는 과정을 학습하게 된다. 학생들에게 주어진 과제는 로봇을 설계하고 제작하는 것인데, 로봇이 해야 할 일은 [그림 14-6]과 같이 영역 A에서 영역 B로 이동하며 레일 1 받침대 위의 골프공을 레일 2 받침대 위로 이동시키고, 다시 영역 B에서 영역 A로 이동하며 레일 2 받침대 위의 골프공을 레일 1 받침대 위로 이동시키는 것이다. 이 과제는 6~8명이 한 팀이 되어 한 학기 동안 수행한다. 학생들은 이 주제에 맞는 로봇을 창의적으로 설계 및 제작함으로써, 실제로 공학적 지식을 적용해 보고 이를 통해 체계적인 공학 설계 방법론을 배우게 된다.

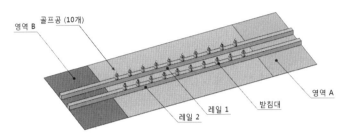

[그림 14-6] 서울대학교 기계항공공학부 설계 프로젝트 문제

　창의성을 위한 온라인 도구와 시스템 적용을 위하여 우선 기존 수업에서 창의적인 로봇 설계를 위해 진행된 팀 프로젝트의 주요 절차를 분석하였다. 이를 기반으로 온라인 지원 도구와 시스템을 전체 팀 프로젝트 중 '개념 설계' 단계에서 활용하기로 결정하였다.

　'개념 설계'란 고객이 요구하는 기능과 제한 조건들을 수렴하여 이를 충족할 수 있는 설계 대안들을 창안하고 그중 최적의 설계 대안을 선정하는 단계를 의미한다. 이후 최적의 설계 대안을 시제품 레이아웃으로 구체화하고 이에 대한 검증을 거친 후, 제품 제작 도면을 작성하고 시제품을 제작하게 된다. 일련의 공학 설계 과정 중에서 창의적이고 다양한 설계 대안들을 도출하고 팀별로 논의를 통해 최적의 설계 대안을 선정하는 것은 개념 설계 단계에서 집중적으로 이루어진다. 여기서 학생들은 기존에 없던 창의적인 로봇을 제작해야 하는 문제를 해결하기 위해 온라인 지원 시스템의 '아이디어의 생성'을 활용하였다.

수업은 다음과 같은 단계로 진행되었다. 학기 초에 학생들에게 온라인 도구와 시스템에 대한 오리엔테이션을 실행하였다. 이후 2주 차에는 시스템을 이용해 팀 이름을 짓게 함으로써 시스템을 연습할 수 있는 기회를 제공하였다. 또한 매뉴얼을 제공하여 학생들이 스마트 지원 시스템을 원활히 사용할 수 있도록 지원하였다.

학기 중에는 팀별로 다양한 설계 대안을 도출하고 그중 최적의 설계 대안을 선정하는 개념 설계를 3주 동안 진행했다. 이 과정에서 온라인 형태의 확산 및 수렴 사고 도구를 팀별로 자율적으로 활용하여 개념 설계를 수행하였다. 학생들은 온라인 지원 시스템을 통해 개념 설계의 세부 단계들 중 '동작 원리 탐색'에서는 확산적 사고 도구를, '도출된 설계 대안들의 비교 분석을 통한 최적 설계 대안의 선정'에서는 수렴적 사고 도구를 사용하였다. 세부 기능별 동작 원리들을 가능한 한 빠짐없이 탐색하는 것은 개념 설계 단계 중 가장 핵심적인 부분이다. 팀의 모든 구성원이 로봇의 각 동작 원리에 대해 기존에 생각하지 못했던 아이디어를 적극적으로 제시하는 확산적이고 창의적인 사고가 요구되는 단계다. 이때 [그림 14-7]과 같이 팀별로 온라인 지원 시스템의 확산적 사고 도구인 브레인스토밍을 사용하여 창의적으로 다양한 동작 원리들을 수업 시간에 검토할 수 있었다. 이렇게 나온 동작 원리들을 여러 형태로 조합하여 다수의 설계 대안들이 도출되었다.

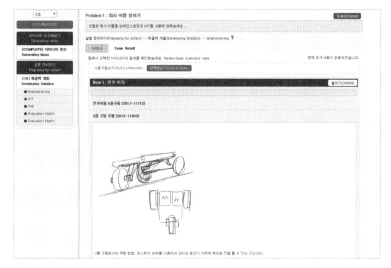

[그림 14-7] 공과대학에서의 창의적인 문제 해결을 지원하는 온라인 지원 시스템 적용 사례

다음으로 도출된 설계 대안들을 비교 분석해서 최적의 설계 대안을 선정하는 데 온라인 지원 시스템의 여러 가지 수렴적 사고 도구를 사용하였다. 각 팀은 도출된 여러 개의 설계 대안을 일련의 평가 기준을 가지고 상(3점), 중(2점), 하(1점)로 평가하였다. 이 단계에서 온라인 지원 시스템의 수렴적 사고 도구인 평가행렬표를 사용하였다. 그 후 고객의 요구 사항을 충분히 충족하지 못하는 몇 가지의 설계 대안을 제외하고, PMI를 통해 나머지 설계 대안들에 대해서 구

체적인 장점 및 단점에 대한 해결책 토의를 실시하였다. 최종적으로 남은 설계 대안에 대해 온라인 지원 시스템의 평가행렬표를 사용해, 가중치가 부여된 여러 항목에 따라 1~5점의 구체적인 수치로 평가하여 최적의 안을 도출하는 과정을 경험하였다.

창의성 교육에 활용된 온라인 도구와 시스템의 효과

창의성을 위한 온라인 도구와 시스템을 활용하는 수업의 경우, 온라인 도구와 시스템의 효과만을 순수하게 분리하여 분석하는 것은 쉽지 않다. 또한 일반적인 창의성 수준, 문제 해결의 수준, 창의성에 대한 태도, 협동 수준 등을 측정하는 것도 쉬운 일이 아니다.

그 대신 온라인 도구와 시스템이 다른 교육 요소들과 통합적으로 어우러지면서 실제 수업에 적용되는 과정을 관찰하고, 학생들과의 면담과 설문을 통하여 어떤 점이 학습에 도움이 되었는지, 어떤 점을 향후에 개선할 필요가 있는지 평가하는 것이 더 실제적이라고 할 수 있다. 왜냐하면 교육을 혁신하려는 많은 노력이 그 자체만으로 또는 몇 번의 시도만으로 효과가 있는 경우는 드물며, 교수자와 학생의 의견을 분석하여 총체적인 교수 방법을 개선하고 최적화하는 과정이 오히려 더 의미 있기 때문이다.

창의적 문제 해결 활동의 효과

수업에서 온라인 도구와 시스템을 활용한 후 학기 말에 설문을 통해 학생들의 반응을 알아보았다. 학생들은 온라인 도구와 시스템의 긍정적 효과로서 다음과 같은 의견을 제시하였으며 이를 정리하면 [표 14-1]과 같다. 확산적 사고 도구를 통해서는 다양한 아이디어를 생성할 수 있으며, 시간적으로 여유가 생겼고, 수렴적 사고 도구를 통해서는 신속한 의사결정과 객관적 평가가 가능했고, 결과에 대해 신뢰할 수 있다는 점 등이 제시되었다.

사고 도구	효과	의견	응답자 수 (총 43명)
브레인 스토밍	긍정	다양한 아이디어 생성	15
		시간적 여유	7
	부정	사고의 지연	8
		아이디어의 중복	2
HIT	긍정	신속한 의사 결정	4
	부정	형식적인 의사 결정	1
PMI	긍정	객관적 평가	4
	부정	사고의 지연	1
평가행렬표	긍정	평가 결과의 신뢰성	10
		평가 결과를 한눈에 확인	5
	부정	의사 결정에 대한 논의 부족	1

[표 14-1] 창의적 문제 해결 활동의 사고 도구의 효과

반면 부정적 효과로는 확산적 사고 도구를 사용할 때 사고가 지연되거나 아이디어의 중복이 발생한다는 점, 그리고 수렴적 사고 도구를 사용할 때 의사 결정에 대한 논의가 부족했던 점 등이 지적되었다.

심층 면담에서 보인 학생의 대표적인 반응은 다음과 같다. 먼저 확산적 사고 도구인 브레인스토밍은 아이디어를 생각해 내는 데 필요한 시간적인 여유를 주어 다양한 아이디어를 생성할 수 있다는 점에서 대부분의 학습자들이 긍정적인 의견을 주었다.

> "어떤 토론은 모여 있어 봤자 시간만 허비하고 더 이상 추가적인 아이디어도 안 나오는 경우가 많아요. 예를 들어서 '팀 이름 정하기'는 뜻하지 않은 순간에 번쩍 하고 떠오르는 참신한 아이디어가 필요한데, 팀원들끼리 모여만 있다고 해서 되는 건 아니잖아요. 그런 점에서는 온라인을 사용하는 게 좋았어요."

그러나 일부 학생은 브레인스토밍 과정 중에 사고 활동이 지연되어 오히려 창의적 사고에 방해가 된다고 언급하기도 했다.

> "시스템을 사용해서 브레인스토밍을 하게 되면 시간 간격이 생기잖아요. 처음 아이디어와 거기에 대해서 아이디어를 덧붙이기까지 시간 간격이 생기면 창의적인 생각을 떠올리는 데 단점이 될 수 있는 것 같아요."

한편 수렴적 사고 도구인 히트는 신속한 의사 결정에 도움이 되었다는 의견이 제시되었다.

  "(히트를 활용하면) 의사결정이 빠르게 이루어질 수 있어요. 자기주
  장이 강한 사람도 수긍할 수 있고요. 저도 다른 사람들이 선택하
  는 걸 보고 수긍한 적도 있고요."

각각의 의견에 대한 장점 및 단점, 흥미로운 점을 논의하는 수렴 도구인 PMI의 경우는 객관적 평가에 도움이 되었다고 언급하였다.

  "입장을 정리해서 올릴 수 있고, 나중에 생각난 장점이나 이것
  보다는 이게 낫다는 식의 추가적인 의견이 있으면 또 올릴 수 있
  고, 그리고 해결책 같은 경우는 회의에서 바로 안 나오더라도 온
  라인상에서 의논하다 보면 새로운 해결책이 올라와요."

평가행렬표에 대해서는 많은 학생이 긍정적인 의견을 주었다. 학생들은 평가행렬표를 이용함으로써 한눈에 평가 결과를 확인할 수 있고, 평가 결과의 신빙성이 확보된다는 점에서 수렴적 사고 과정에 많은 도움이 되었다고 언급하였다.

  "오프라인에서 회의를 하면 상대방에 대한 호감도에 따라 의견
  이 좋아 보일 수도 있고, 안 그럴 수도 있고, 또 같은 의견이라도

말하는 사람의 언변에 따라 설득력이 다른데, 평가행렬표를 이
용하면 객관적으로 평가하고 투표할 수 있어서 좋았어요."

반면 일부 학생들은 중요한 의사 결정의 경우 오프라인에서 이루
어져야 더 효과적이라는 의견을 내기도 하였는데, 이는 설계 대안을
선택할 때 온라인에서는 의사 결정을 위한 충분한 논의가 이루어지
는 데 일정한 한계가 있다는 것을 보여 준다.

"아이디어를 내는 것까지는 괜찮은데, 그것들을 평가하고 선정
하는 데 있어서는 직접 얘기해서 토론하는 게 나을 것 같아요."

팀 프로젝트 수행 효과

창의적 문제 해결을 위한 온라인 도구는 팀 단위의 활동을 지원하
기 위해 제안되었다. 온라인 지원 시스템을 팀 프로젝트 수행에 적
용한 효과에 대해 학생들은 [표 14-2]와 같은 반응을 보였다. 학습
자들은 긍정적 효과로 참여도와 팀 결속력 증가, 효율적이고 체계적
인 프로젝트 운영, 기록의 구조화 및 용이성 등을 제시하였고, 부정
적 효과로는 의사소통의 동기 저하와 이중 작업 발생으로 인한 번거
로움 등을 지적하였다.

효과	의견	응답자 수 (총 79명)
긍정	효율적, 체계적 프로젝트 운영 (시간 단축, 복잡한 문제 해결)	24
	참여도/결속력 증진	14
	기록의 구조화, 용이성	10
부정	의사소통의 동기 저하 및 어려움	54
	이중 작업 발생	6

[표 14-2] 팀 프로젝트 수행 효과

긍정적인 효과는 크게 세 가지로 볼 수 있다. 첫째, 시스템을 적절하게 활용하면 효율적이고 체계적인 프로젝트 운영에 도움이 된다. 기존의 오프라인 회의의 경우, 다양한 아이디어를 수합하는 과정, 즉 브레인스토밍 단계에서 자칫 상당한 시간이 소요될 수 있는데 온라인 시스템을 통해 이러한 시간을 단축할 수 있다. 특히 본 교과목에서와 같이 다양하고 창의적인 아이디어의 발산과 그에 대한 수렴적 사고가 요구되는 과제에서 시스템 사용이 도움이 되었다는 의견도 제시되었다.

"오프라인 회의는 비효율적이라는 생각이 들기도 해요. 오프라인 회의를 갖더라도 온라인에서 한 번 정리한 후 하면 효율적으로 할 수 있지 않을까 싶어요."

둘째, 팀원들의 참여도와 결속력을 증진할 수 있다. 오프라인 회의에서는 소극적이거나 불성실한 팀원도 온라인 시스템에서 의견 제시를 의무화함으로써 보다 책임감 있고 적극적으로 참여하게 되는 것이다.

"시스템에서 인원별, 항목별로 확인할 수 있잖아요. … 인원별로
확인하면 팀원들이 했는지 안 했는지 쉽게 파악이 가능하니까요."

셋째, 의견에 대한 기록 측면에서 용이성을 제공해 준다는 것을 확인해 볼 수 있다. 각 의견을 제시한 당사자가 직접 자신의 아이디어를 기록하여 업로드 함으로써 영역별로 데이터 저장이 용이하고, 각 설계 대안에 대한 평가 점수 및 장·단점을 즉시 확인할 수 있다는 점에서 학생들의 만족도가 높았다. 어떤 학생은 해당 시스템이 '회의록'의 기능으로 유용하다고 진술하기도 했다.

"팀원들의 활동이 고스란히 자료로 남아서 기록들을 저장하는
데 편리했어요."

반면 부정적인 측면도 언급되었는데, 우선 의사소통의 동기나 효율성이 저하된다는 점이 지적되었다. 온라인 시스템을 사용할 때 오프라인보다 의사소통에 대한 의욕이 떨어지고, 아이디어를 그림이나 수식 등으로 표현해야 하는 경우 이를 구현하는 데 불편함이 있다는 것이다. 다시 말해 오프라인에서 직접 그림을 그려 가며 설명하

는 것이 보다 효과적인데, 온라인으로 의사소통할 경우 집중력이 저하되고 번거로움이 발생한다는 것이다.

> "설계 대안이라는 것 자체가 기계로 그리기보다, 손으로 그리는
> 게 훨씬 쉽거든요."

또한 오프라인에서 이미 논의된 내용을 온라인상에 다시 등록하게 되기 때문에 이중 작업이 발생한다는 점도 부정적인 측면으로 지적되었다.

> "오프라인에서 모여 논의했던 것을 온라인상에서 또 정리해야
> 하니까 추가적인 일이 발생한다는 생각이 들기도 하죠."

분석 결과, 전반적으로 부정적인 응답을 제시한 학생이 다소 많았던 이유는 전공필수 과목이어서 학생들이 쉽게 자주 만날 수 있었던 점과, 교과목의 특성상 아이디어를 설명하려면 그림이나 수식이 필요한데 그림이나 수식은 손으로 그리는 것이 익숙해 오히려 온라인 지원 시스템을 활용한 팀이 번거롭고 부담이 되었던 것으로 추측된다.

창의적 문제 해결을 위한
미래 역량

창의성 교육을 위한 다양한 노력들이 이루어지고 있는 이 시점에, 창의적 문제 해결을 위한 확산적 사고와 수렴적 사고를 지원하는 온라인 도구와 시스템의 개발 및 적용 가능성에 주목할 필요가 있다. 창의성이 중요함에도 불구하고 개별 교수자가 많은 학생의 창의적 문제 해결 과정을 지속적으로 모니터링하면서 지도하는 것은 쉽지 않다. 또한 학생들은 창의적 문제 해결을 팀별로 진행할 때 여러 가지 문제들을 경험한다.

창의적 문제 해결을 지원하는 온라인 도구나 시스템은 이러한 문제를 해결하면서 창의성 교육을 지원하는 방식의 하나로 제시되었고, 실제 교육 현장에 적용되면서 학생들로부터 긍정적인 반응도 많았지만 부정적인 의견도 확인할 수 있었다. 긍정적인 측면은 온라인 도구들이 적절하게 사용될 때 다양한 아이디어 생성, 신속한 의사결정, 객관적 평가 등이 가능하다는 것이고, 이런 장점은 온라인 도구나 시스템을 개발하여 적용해야 하는 이유를 잘 반영하고 있다.

반면 부정적인 측면으로는 현재까지의 온라인 도구들이 직관적 인터페이스(예컨대 도면이나 수식을 지원하는 기능 등)를 적절하게 제공하지 못한다는 점과, 오프라인 활동이 가능하거나 혹은 오프라인 활동이 더 효율적이거나 자연스러운 경우에는 오히려 온라인상의 의사소통이 번거롭다는 점이 언급되었다. 이런 점은 보다 면밀한 분석과 대응이 필요하다고 볼 수 있다. 대체로 비슷한 연령대에 대학 캠퍼스라는 동일한 시공간에서 교육을 받는 학생들의 상황에서 어쩌면 이런 반응은 자연스럽다고 할 수 있다. 그러나 이들이 대학 졸업 후 사회에 나가 창의적 문제 해결을 요구받는 상황은 특정한 시공간에 제한되지 않는 경우가 더 많을 것이다. 따라서 시공간에 상관없이 소통하고 조율하는 능력은 점점 더 필요해질 것이다.

창의적 문제 해결을 위하여 온라인 도구와 시스템을 적절히 활용하는 능력 또한 우리가 새롭게 강조해야 하는 미래 역량이라는 점에서 앞으로 학생들이 온라인 도구와 시스템을 자연스럽게 활용하기 위한 연구가 지속될 필요가 있다.

PART3

창의 혁명으로
창조형 인재 만든다

21세기 들어 첨단 기술의 발전이 가속화됨에 따라 우리는 그 어느 때보다
급격한 삶의 변화를 경험하고 있다. 이러한 변화는 인간의 삶을 더욱 풍요롭고
편리하게 만들어 주는 한편, 예측하지 못했던 여러 문제점을 안겨 준다.
대표적인 예가 바로 산업의 기계화 · 자동화에 따른 노동 수요의 감소다.
로봇, 인공지능 등은 인간이 하던 단순한 일을 대체하기 시작했다.
이제 정형화된 업무들은 인공지능에게 맡기고, 인간에게는 보다
새로운 산출물을 만들어 낼 수 있는 창의적 역량을 요구하게 되었다.

Chapter 15

긴 터널에 들어선
우리 세대가 미래를
위해 꼭 해야 할 일

김경범 교수 (서어서문학과)

허수아비가 되어 버린 창의성,
그래도 답은 오직 창의성!

　2005년 인구통계에서 예고되었던 저출산 고령화 사회는 이제 현실이 되었다. 2017년 발표된 통계청 자료에 따르면 우리 사회는 생산가능인구 100명이 36.2명을 부양하고 있는데, 시간이 흘러 가면서 피부양인 수는 2025년 47.1명, 2035년 66.8명, 2065년 108.7명으로 늘어난다. 반면 생산가능인구는 2018년부터 줄어들기 시작한다. 통일과 같은 급격한 변수를 고려하지 않는다고 하더라도, 우리 눈앞에 어두운 미래가 드러난 셈이다.

　우리 사회는 언제 끝날지 예측하기 어려운 긴 터널로 들어섰고, 암울한 불안의 그림자는 우리 사회의 모든 영역에 짙게 드리워져 있다. 일자리, 복지, 세금, 연금을 두고 세대 간 갈등이 표출되고, 대

기업 위주의 경제는 빈부 격차의 심화로 이어지고 있으며, 사회 곳곳의 양극화 현상은 갈수록 심해지고 있다. 교육에서도 마찬가지다. 현재가 암울한데 우리가 아무 것도 하지 않는다면 미래는 곧 현재다. 우리는 무엇을 어떻게 해야 할까?

인구 감소는 우리에게 완전히 새로운 현실이다. 하지만 경제적 측면에만 국한한다면 인구 감소와 고령화로 인한 생산력 저하 문제는 해결책이 없는 게 아니다. 미래 세대가 과거 및 현재 세대보다 더 높은 생산성을 확보하고 있으면 해결된다. 그러므로 질문을 다시 규정해야 한다. 새로운 질문은 이것이다. '우리 세대가 지금 무엇을 어떻게 해야 미래 세대가 우리 세대보다 더 높은 생산력을 갖게 할 수 있을까?' 우리는 지금 새로운 질문에 답해야 한다.

우리가 살아갈 시대는 4차 산업혁명으로 불리는 새로운 시대다. 새로운 시대의 생산성은 기존에 없던 지식을 창출하여 새로운 산업을 만들어 내고, 또 새로운 지식을 기존 산업에 적용하여 혁신을 이룰 때 높아진다. 따라서 우리 사회의 생존은 창의적 지식을 창출할 수 있는가에 달려 있다. 그러므로 새로운 지식을 창출하고 활용할 수 있는 사람이 절실하게 필요하다. 다시 말하면 지금 우리가 다음 세대를 위해 할 수 있는 일이 바로 교육을 통해 새로운 지식을 창출할 수 있는 창의적 인재를 육성하는 것이다. 우리가 너무나 잘 알고 있지만 한 번도 실행으로 옮겨 보지 못한 이 과제가 저출산 고령화 사회, 4차 산업혁명, 사회적 양극화 시대를 살아가는 우리의 시대적 과제다.

학생들이 창의적인 지식을 창출할 수 있는 역량을 갖추려면 유아 교육, 초등 교육, 중등 교육, 고등 교육, 평생 교육 등 모든 교육기관이 학생의 창의성 육성이라는 일관된 방향을 향해 움직이도록 교육 전반에 걸친 근본적인 대개혁이 필요하다.

　역대 정부에서도 늘 창의성 교육을 주장해 왔다. 대학 입시, 교과 과정, 비교과 활동 등에서 '창의성'이라는 표현이 수시로 등장하지만, 정작 창의성 교육을 실행하기 위한 정책 수단은 목적과 유리되어 있었다. 창의성을 키워야 한다는 목소리는 높았지만 창의성을 키우는 교육 정책은 시행되지 않았다는 뜻이다. 대개는 구호에 그치거나 선언적 표현에 그치고 말았고, 현실을 바꾸기 위한 지속적인 추동력을 상실하여 금방 좌초되기도 했다. 장관 교체, 정권 교체에 따라 극단적으로 바뀌는 교육 정책의 사례는 한두 가지가 아니다.

　대학 입시에서 내신을 강화하고, 교육과정을 개정하여 교과별 시수를 조정하며, 수능을 등급제나 선택형으로 바꾼다고 학생들의 창의성이 키워지지 않는다. 교육 현장에서는 모든 변화를 잠깐 스쳐 가는 바람이자 업무만 가중시키는 짐으로 이해한다. 학부모들은 온통 자기 아이의 유불리만을 따지고 든다. 그동안 정부는 리더십이 없었고 교육과정에서 추구하는 창의성의 개념은 모호했다. 창의성을 기르는 교육 자료와 교수법도 없는데다가, 학교 교육은 수능 중심의 대학 입시에 매여 있으니 정부의 정책 수단과 목표가 서로 틀어질 수밖에 없다. 그리고 우리 사회는 그것을 당연하게 여기거나 무심히 지나쳤다. 목표는 거창하게 내놓았지만 이를 실현할 도구가 없으니, 창의성이라는 용어가 허수아비처럼 빈 들판에 홀로 서 있는 형국이다.

다음 세대가 창의적 지식을 창출하도록 키워 내려면 우리는 지금 누가 무엇을 어떻게 가르쳐야 할지 원점에서 다시 설계해야 한다. 여기에는 그동안 교수 개인의 역량에 맡겨 두었던 대학 학부 교육의 혁신도 포함된다. 그리고 대학 입시를 연결고리로 하여 고등학교 교육과 대학 교육을 연결해야 창의성 교육의 체계가 갖춰진다.

실패로 끝난
창의성 교육을 위한 시도들

해방 이후 학교 교육은 선진 지식을 더 빠르게, 더 많이 습득하는 데 초점을 맞춰 왔다. 표준화된 지식의 양적 확대를 지향했고, '개인'의 특성과 다름보다는 '전체'의 동질성을 더 우선시했다. 그러다가 세계화 시대를 앞두고 1980년대 후반부터 학교 교육과 대학 입시를 비판적으로 성찰하기 시작했다. 이른바 '국민교육헌장'에 사문화된 단어로 존재하던 창의성의 가치는 1987년 교육개혁심의회에서 사고력 개념을 논의하면서 본격적으로 부각되기 시작했다. 그 결과 1994학년도부터 대학수학능력시험이 시행되었다. 1960~70년대의 본고사와 1980년대 학력고사라는 과목 단위의 평가에서 1990년대 수능으로 전환되는 변화의 바탕에는 창의적 인재를 육성하려면 단순 반복형 지식의 암기보다는 통합적 사고력이 더 중요하다는 인식이 깔려 있었다.

그래서 통합적 사고력을 평가하는 초기 수능은 창의성 교육을 위한 첫 시도였다고 볼 수 있다. 초기의 수능 문항은 지금의 수능 문항보다 훨씬 더 교과 간 통합적 사고력(지금의 용어로는 '융합적 사고력')을 요구했다. 하지만 결과적으로 수능은 창의성 교육으로 이어지지 못했다. 그 이유로 두 가지를 들 수 있다. 하나는 통합적 사고력과 선다형 객관식 문항 사이의 근본적 모순이다. 창의적인 생각을 통해 '유일한 정답'을 찾아야 하는 모순을 말한다. 창의적인 답은 여러 개이거나 기존에 존재하지 않는 답일 것이다. 초기 수능이 창의성 교육으로 이어지지 못한 또 다른 원인은 통합적 사고력 신장을 위한 교육 여건 즉, 교사의 인식, 역량, 수업 자료, 수업법, 교육 과정, 학교 문화, 행정적 지원 등을 갖추지 못한 채 평가 체계만을 바꾸었기 때문이다.

이 두 가지 문제점 때문에 수능은 원래 의도와 달리 결과적으로 사교육의 주범이 되었다. 1990년대 초, 고등학교는 사고력 위주의 수업이 아니라 기존의 지식 암기와 문제 풀이 중심의 학습 방식을 유지했다. 그런데 새로운 수능에 더하여 대학별 고사까지 준비해야 했던 학생들은 학교 교육만으로는 불안하여 본격적으로 사교육을 찾기 시작했다. 사교육도 효과가 없기는 마찬가지였지만, 학생과 학부모들의 불안한 마음에 사교육에 대한 환상이 자리 잡게 되었다. 그래서 단순 반복과 주입식 교육에 최적화된 사교육에 의존하여 통합적 사고력을 측정하는 시험에 대비하는 모순된 상황이 만들어졌다. 사교육은 통합적 사고력을 지향하는 수능의 문제 유형 때문이 아니라 수능과 학교 교육의 괴리 때문에 번성했고, 학생들이 사교육에 의존하니 학교 교육은 더욱 황폐화되었다. 새로운 평가 체계에 대비할 수 있는 교육 자료와 수업 방법을 정부가 제시하거나 학교 스스로 갖추었어야 했지만, 정부도 학교도 그렇게 하지 못했다. 개별 교사의 자율권도, 개별 학교 단위의 자율권도 배제된 교육 행정 시스템과 학교 문화도 학교 교육의 변화를 막고 있었다. 1995년 5·31교육개혁에서 자율화를 강조했지만 교육 관료들이 위로부터 추진하는 강압적 개혁은 교육 현장에 변화를 가져오지 못했고, 자율화는 깃발에 그치고 말았다.

악순환은 이렇게 시작되었고 시간이 흘러가면서 공교육 황폐화와 사교육 의존도는 더욱 심화되고 고착화되었다. 그러다가 2000년대 첫 십 년 동안 학교 교육과 수능 사이의 괴리로 생긴 사교육 문제를 해결하고자 두 가지 대안이 등장했다. 하나는 수능 시험과 학교 교육의 친밀성을 강화하여 학교에서 가르치고 배운 교과 지식을 수능에 더 많이 출제하는 방안이었다. 이 방안에서 더 나아간 대책이 EBS 교재에서 수능 문제의 70%를 출제하는 이른바 'EBS 연계 정책'이었다. 정부로서는 미래를 위한 창의성 교육보다 당장 눈앞에 놓인 사교육 대책이 더 중요했다. 하지만 그 결과 미래의 문제도 현재의 문제도 해결하지 못했다. 사고력 중심의 수능이 사실상 학력고사 방식으로 돌아가는 것을 의미하며, 결과적으로 이미 체계를 갖춘 사교육의 효과를 더욱 높여 주었을 뿐이다. 그러면서 수능의 본래 취지였던 통합적 사고력은 연기처럼 사라지고 말았다. 다른 대안은 수능 중심의 입시를 다른 무엇인가로 대체하는 방안이었다. 그 다른 무엇의 선택지는 내신 비중의 확대, 논술, 입학사정관제였다. 하지만 결과적으로 이 세 가지 모두 사교육의 확대를 막지는 못했다. 그리고 이 두 가지 방안은 정시모집과 수시모집으로 구분되는 현재의 대입 체제를 만들어 냈다. 이 대안들은 눈앞의 입시 문제를 해결하기 위한 단편적인 발상이었으며, 적어도 학력고사 방식의 수능이나 내신 강화는 논리상 창의성 교육으로 이어질 수 없었다.

혁신적으로 교실 수업이 바뀌어야 한다

논술과 입학사정관제는 어떻게 운영하느냐에 따라 창의성 교육과 연결될 수 있다. 정부는 사교육을 줄이고 다양한 유형의 학생을 선발하기 위해 2007년부터 입학사정관제를 도입했다. 입학사정관제는 점수만 보고 기계적으로 선발하는 기존의 학생 선발 방식에서 벗어나 다양한 영역에서 발현될 수 있는 학생의 장점을 종합적으로 판단한다. 다양한 유형의 학생들이 대학에 들어올 때 창의성이 발현될 토양이 만들어지기 때문에, 대학은 학생이 어떻게 준비해야 좋은 평가를 받는지 알려 줌으로써 고등학교에 창의성 교육이 자리 잡게 만드는 촉매가 되었다. 정부가 설정한 다양성의 개념을 창의성으로 발전시켜 대학 입시와 창의성 교육을 연결한 것이다.

2014년에 입학사정관제는 학생부 종합 전형으로 변모하면서 학교 교육과 대학 입시를 동시에 변화시키고 있다. 이 새로운 입시는 창의성 교육을 위한 우리 사회의 두 번째 시도였다. 정부도 2015년 9월 23일 '공교육 정상화'를 위한 핵심 과제로서 창의융합형 인재 양성을 목표로 하는 〈2015 개정 교육과정 총론 및 각론〉을 확정·발표하였다. 2009 개정 교육과정의 목표인 "창의적인 인재 양성"에 "융합"이라는 단어를 추가한 것이다. 새로운 교육과정은 "바른 인성을 가지고 인문학적 상상력과 과학기술 창조력으로 새로운 지식을 창조하고 다양한 지식을 융합하여 새로운 가치를 창출하는 사람"을 육성하고, 개인의 창의성을 넘어 사회적 창의성으로 범위를 확대하고자 만들어졌다. 교육과정도 창의적 인재 육성을 지향하고, 대학 입시의 한 축도 그러하니 창의성 교육의 기반이 갖춰진 듯하다.

그런데 이 목표를 이루기 위한 수단을 보면 고개를 갸웃거리게된다. "통합사회·통합과학 등 문·이과 공통 과목 신설, 연극·소프트웨어 교육 등 인문·사회·과학기술에 대한 기초 소양 교육을 강화"하며, "교과별 핵심 개념과 원리를 중심으로 학습 내용을 적정화하고, 교실 수업을 교사 중심에서 학생 활동 중심으로 전환하기 위한 교수·학습 및 평가 방법을 제시"하는 것이 창의융합형 인재를 기르기 위한 정책 수단이다.

"통합사회·통합과학 등 문·이과 공통 과목 신설"은 "인문·사회·

과학기술에 관한 기초 소양 교육을 강화"와 연결되지만, 실제 교과 편성에서는 기존 교과에 한두 과목을 더하거나 덜 하는 정도에 지나지 않는다. 문·이과 학생 모두에게 사회와 과학 과목을 이수하도록 하는 것은 사실상 2005년부터 적용된 7차 교육과정 이전으로 돌아간다는 뜻이니 새로운 내용이 아니다. "연극·소프트웨어 교육"은 "학생들의 꿈과 끼를 키울 수 있는 교육과정"으로 연결되지만 원하는 학생들에게 기회를 제공할 여건이 마련되어 있지 않다. 연극과 소프트웨어를 가르칠 수 있는 학교가 전국에 얼마나 있을까. "교과별 핵심 개념과 원리를 중심으로 학습 내용을 적정화"했다는 문구는 교과 분량을 약간 줄였다는 의미다. 창의융합형 인재 양성이라는 큰 목표에 비하면 그야말로 수단이 미미하다.

다만 창의성 혹은 창의적 인재 육성을 위해 정부가 정말로 "교실 수업을 교사 중심에서 학생 활동 중심으로 전환하기 위한 교수·학습 및 평가 방법을 제시"한다면, 이는 매우 큰 의미가 있다. 1995년 5·31교육개혁에 등장했던 학생 중심 수업, 자기주도적 학습, 수행평가가 지금도 새롭고 의미 있다면 "교실 수업을 교사 중심에서 학생 활동 중심으로 전환하기 위한 교수·학습 및 평가 방법"이 그동안 제시되지 않았거나, 학교 교육이 정부가 제시한 교수·학습 및 평가 방법을 받아들이지 않았다는 의미가 된다. 그 이유로는 정부의 무관심과 무대책이 가장 크다고 할 수 있다. 그 다음으로 교사들의 무관심 혹은 타성, 그리고 수능 위주의 대입제도가 다른 이유가 될 것이다. "교실 수업을 교사 중심에서 학생 활동 중심으로 전환하기 위한 교수·학습 방법"이 실행된다면 고등학교 교육이 창의성 중심으로 전환될 수 있는 가능성이 열린다. 물론 국가 교육과정의 최소화, 단위 학교에 교육과정 편성 및 운영의 자율권 부여, 완전히 새로운 대입 제도 등 다른 정책들이 동반되어야겠지만, 창의성 교육의 출발점은 교수·학습 방법의 혁신이다.

창의성 교육을 위한 우리 사회의 두 번째 시도인 학생부 종합 전형이 시행되면서 비록 일부지만 대학 입시와 학교 교육이 수레바퀴처럼 하나의 방향으로 움직이기 시작했다. 그렇다면 고등학교 교육에서 추구할 창의성은 무엇이고 고등학교에서의 창의성 교육은 어떻게 이루어져야 할까?

지식이라는 근육이 있어야 창의성이라는 역기를 들 수 있다

어떤 학생이 미래에 창의적인 인재가 될지, 어떤 분야에서 그러한 역량을 발휘하게 될지 예측할 수 있다는 것은 어쩌면 가상의 신화일 수도 있다. 그럼에도 기존의 연구들은 뭔가 새로운 것에 대한 호기심이 많은 학생이 지식을 많이 습득하고, 그 지식을 활용하여 호기심을 해결해 보는 경험을 많이 쌓을 때 미래에 창의적인 인재로 성장할 잠재력이 있다고 말한다. 다른 용어로 표현한다면 지식의 양과 질, 지식을 습득하는 기술, 지식을 활용하는 능력, 호기심과 의지 같은 자질들이 창의적 인재로 성장할 수 있는 가능성을 보여 준다는 뜻이다. 따라서 지식의 양을 늘리고 지식의 질을 높이며, 지식을 습득하고 활용하여 문제를 해결해 보는 기술을 익히고, 호기심 같은 개인적 자질을 키울 수 있는 학교 교육이 이루어져야 창의성이 길러진다.

어떤 학생이 무게 100kg의 역기를 들려고 한다. 그런데 그 학생은 지금 50kg밖에 들지 못한다. 자신의 현재 역량으로 불가능해 보이는 100kg의 역기를 들고자 하는 마음이 곧 호기심과 의지라는 잠재력이다. 그런데 호기심만으로 100kg의 역기를 들 수는 없다. 역기를 들려면 근육의 힘이 필요하고, 그 힘을 쓸 줄 아는 기술도 필요하며, 꾸준한 연습과 훈련도 필요하다. 의지, 근육, 기술을 갖추면 누구나 100kg의 역기를 들 수 있다고는 단언할 수 없지만, 다른 방법으로 그 학생이 100kg의 역기를 들어 올릴 가능성은 없어 보인다. 여기서 역기를 들 수 있는 근육이 바로 지식이다.

기존의 지식을 갖고 있지 못하면 새로운 지식을 만들지 못한다. 고등학생에게 지식이란 교과서에 한정된 지식만 의미하지 않는다. 교과서는 학생이 고등학교에서 배워야 할 지식의 기본 골격이지만 그것이 전부는 아니다. 교과서에 나온 지식만 배워야 한다면 지식을 확장하려는 시도를 할 수 없게 된다. 학생은 전수된 지식만이 아니라 학교 안팎에서 접하게 되는 모든 지식을 받아들이고, 교육과정과 교과서는 학생이 더 많은 영역의 지식을 습득할 수 있도록 인도해 주는 가이드가 되어야 한다.

교육과정과 교과서가 학생의 사고를 가두는 울타리가 되면 창의성 교육은 작동하지 않는다. 학교 밖에서 이루어지는 사교육의 필요성을 인정하자는 의미가 아니라, 정규 수업과 다양한 활동을 통해서 학생 스스로 지식을 채워 갈 수 있도록 자극하고 장려하자는 말이다. 교사의 역할은 여기에 있다. 교사는 지식의 전수자이면서 동시에 학생 스스로 지식을 얻을 수 있도록 자극을 주고 환경을 마련해 주는 조력자가 되어야 한다.

'무엇'을 아는 것도 지식이고, 그 지식이 만들어진 '과정'과 '의미'를 아는 것도 지식이다. 수학 공식에 수치를 대입하여 답을 찾았다고 해서 그 공식을 "알고 있다"고 말할 수는 없다. 수학 공식이 어떤 원리와 개념 정의에 근거하며, 어떤 문제를 해결하려고 그 공식이 고안되었고, 그 문제는 어떤 사고 과정을 거쳐 해결되었는지를 아는 것이 지식이 만들어진 '과정'과 의미'를 안다는 뜻이다. 학생들이 배우는 교과 지식의 내용만이 아니라 '과정'과 '의미'를 알고 있을 때 지식은 창의적인 생각을 만들어 내는 근육이 된다.

교과 학습량이 줄더라도 창의적인 생각을 만들어 내는 근력을 갖추고 있으면 '학력'은 오히려 높아진다. 과거의 학력은 '지식'만 평가했지만 지금은 지식을 넘어 사고력, 판단력, 표현력, 주체성, 다양성, 협동성 등이 포함된다. 이것이 미래 사회에 필요한 역량, 곧 새로운 '학력'이다. 고등학교 교육의 일부분에서라도 학생들은 지식의 근육을 키우는 경험을 해야 한다. 창의적인 생각을 만드는 도구로서 지식은 양적인 측면과 질적인 측면으로 구분할 수 있다.

넓이와 깊이로 측정되는 지식의 양

그릇이 넓고 깊을수록 그 안에 담을 수 있는 양이 늘어나듯이 지식의 양은 넓이와 깊이로 표현된다. 넓이의 '최소 기준'은 교과서 지식이다. 학생이 교과서 지식조차 알지 못한다면 지식의 최소 넓이를 갖추지 못했다는 의미가 된다. 과도하게 세분된 과목 구분, 선택형 교과과정, 문·이과 구분(교과에 의한 구분은 명목상 해소되었지만, 수능에 의한 구분은 여전히 유지되어 이수 교과에도 문·이과 구분이 실재한다) 등이 교과 지식의 최소 넓이를 확보하는 데 장애가 되고 있다. 여러 과목을 통합하여 교과목의 수를 줄이고 모든 학생이 기본적으로 이수해야 할 교과의 폭을 더 확장할 필요가 있다. 학생은 스스로 지식을 넓혀야 한다. 교실은 지식의 확장이 이루어지는 공간이다. 그런데 EBS 교재에 나오는 문제 풀이 중심으로 수업이 진행되고 있다면 교실은 지식의 확장을 막는 공간이 된다.

지식의 깊이란 암기 – 이해 – 적용 – 융합의 각 단계 가운데 어느 수준에 도달하고 있는지를 말한다. 융합의 단계를 논외로 한다면, 지식의 깊이에는 세 단계가 있다. 가장 기초적인 단계가 암기된 지식이다. 암기에 의한 학습은 동일한 문제가 동일한 상황에서 반복적으로 발생했을 때 사용할 수 있는 지식을 얻게 해 준다. 하지만 단순 암기된 지식은 다른 상황에서 발생한 문제를 해결하지는 못한다. 지식이 만들어진 원리를 이해하지 못했기 때문이다. 원리를 이해하여 얻은 지식은 암기된 지식이 해결하지 못하는 문제를 해결한다. 그런데 동일한 원리가 적용되는 영역의 문제들에 한정된다.

하나의 원리를 알아서 열 가지 원리를 깨우치려면 알고 있는 하나의 원리를 다른 영역에 적용해 보는 훈련이 필요하다. 서로 다른 영역에 속한 두 문제가 같은 원리에 의해서 풀릴 수 있는지, 풀리지 않는다면 원리를 어떻게 바꾸어 적용해야 하는지, 아니면 새로운 원리가 필요한지 경험해 보는 훈련이 영역 전이적 통찰력을 키우는 학습이다.

영역 전이적 통찰력이란 한 영역에서 얻은 지식을 그와는 맥락이 다른 영역에 적용하고 활용하는 것이다. 이런 형태의 적용 훈련을 통해 얻은 지식은 훨씬 더 넓고 깊은 영역의 문제를 해결하게 해 준다. 주어진 규칙이나 틀에 맞춰진 기계적 사고가 아니라, 다각도의 접근을 통해 문제를 새롭게 규정할 때 새로운 해결책을 찾을 수 있기 때문이다. 문제 해결의 목적은 무엇인지, 현재 문제의 본질은 무엇인지, 중심 개념이 무엇인지, 문제 해결을 위해 현재 활용되는 지식은 무엇이고 어떤 지식이 더 필요한지, 핵심 주장은 무엇인지, 행간에 숨어 있는 함축이 무엇인지, 생략된 전제가 무엇인지, 관점이 무엇인지, 맥락이 무엇인지 등에 대한 비판적 사고가 창의적 지식을 만들어 내는 생각의 도구다.

하지만 대개 고등학교 교육은 암기와 이해에 머문다. 원리 이해가 일차적으로 중요하지만, 단순한 원리 이해만으로 창의적인 생각을 만들어 내기는 어렵다. 목욕탕 물이 넘치는 것을 본 사람이 아르키메데스뿐일까. 나무에서 떨어지는 사과를 본 사람도 뉴턴만이 아니고, 주전자에서 수증기가 뿜어 나오는 장면을 와트만 본 게 아니다.

교과 지식의 이해를 넘어서 교과 지식을 다른 영역에 적용하고 관찰하는 경험과 훈련이 필요하다.

주도적인 학습 경험이 만드는 지식의 질

암기 – 이해 – 적용의 단계로 지식이 깊어지는 과정을 학생 스스로 주도할 때 지식의 질이 높아진다. 그러므로 정규 교과 수업에서 학생이 주도적인 학습 경험을 쌓을 수 있도록 교실 수업이 바뀌어야 한다.

고등학교에서 학생 스스로 지식을 쌓을 수 있는 영역은 대개 독서와 탐구 활동이다. 하지만 학생이 학교에서 읽으라는 책을 읽고 학교에서 준비한 탐구 활동 프로그램에 수동적으로 참여하여 얻은 지식은 새로운 문제를 해결하는 데 그리 유용하지 않다. 독서와 탐구 활동은 뭔가를 알고 싶은 호기심에서 시작되어야 하고, 지식을 알아가는 과정도 학생이 주도적으로 수행하여 얻어야 창의력을 높이는 근육으로 발전한다. 그렇게 하려면 학교는 학생이 학습을 스스로 설계하고 실행하도록 도와주어야 한다.

모든 수업을 그렇게 할 필요는 없지만 어떤 수업은 그러해야 한다. 지식의 넓이와 깊이를 학생 스스로 갖추면 지식의 질이 높아지고, 지식을 습득하는 기술도 함께 따라온다. 그래서 지식을 넣어 주는 수업보다 스스로 배우고 익히는 기술을 길러 주는 수업이 학교에 필요하다.

지식을 습득하는 몇 가지 기술

우리는 수업 방식을 두고 이런 비유를 들곤 한다.

A. 교사가 학생의 식탁 위에 생선 요리를 차려 주고 먹으라고 하는 교육

B. 교사가 물고기를 잡은 후 학생에게 요리법을 가르쳐 주고 학생이 직접 요리하여 먹는 교육

C. 교사가 물고기를 잡는 법을 가르쳐 주고 학생은 스스로 물고기를 잡아서 요리하여 먹는 교육

D. 교사는 여러 가지 음식의 재료를 알려 주고, 학생은 스스로 원하는 재료를 구해서 요리해 먹는 교육

A 방식은 우리에게 익숙한 교사 주도형 학습이고, D 방식은 우리가 경험해 보지 못한 교육이다. D 방식이 가장 이상적이지만 모든 학생을 대상으로 하기는 어렵다. 현실적으로는 소수의 학생을 대상으로 일부 수업에서만 할 수 있는 방식이다. A 방식은 나쁘고 B, C, D 방식으로 갈수록 좋다는 의미가 아니다. 이 네 가지 방식은 학생의 수준과 교육 목표에 따라서 혼합적으로 조합할 수 있다. 모든 학생이 배타적으로 하나의 방식만을 선택해야 한다면 그것은 창의성을 위한 교육이 아니다. 창의력 중심의 교육을 위해서 A 방식 위주로 진행되던 기존 수업의 일부라도 B, C, D 방식으로 전환해야 한다. 그래야 지식의 폭이 넓어지고 깊이는 심화된다. 지식을 얻는 기술은 새로운 교수·학습

방법이 필요하다. 학생이 다양한 수업 방식을 경험하고 스스로 지식을 채워 가는 훈련을 한다면 창의성 교육은 실현될 수 있다. 교실 수업과 관련하여 교수법 권위자인 조벽 교수는 《인재 혁명》에서 다음과 같은 제안을 한다.

1) 학생들에게 무언가를 탐색해 보고 그것에 대해 최선을 다할 수 있는 시간을 주라. 학생들이 어떤 과제에 대해 생산적으로 몰입해 있고 그 과제를 끝마치는 일에 완전히 몰입해 있을 때는 간섭하지 말라.
2) 무언가 하고 싶은 생각을 불러일으키고 흥분시키는 교실 환경을 조성하라.
3) 흥미롭고 유용한 교수 자료를 풍부하게 제공하라.
4) 학생들이 실수가 허용되고 위험을 감수하는 것이 독려된다고 느끼는 교실 분위기를 조성하라. 적절한 정도의 소음과 어수선함, 자율이 허용되어야 한다. 무엇보다 중요한 것은 교사가 학생 한 명 한 명에 대한 관심을 갖고 있어야 하며, 학생에게 자유를 허락해야 한다는 점이다.

지식을 습득하는 기술(intellectual skill)은 배우고 익힐 수 있다. 창의성 교육이 이루어지려면 학교 수업에서 가르치고 배우는 내용과 방법이 바뀌어야 하며, 학교가 변화하려면 대학 입시가 창의성 중심으로 달라져야 한다. 대학이 학생을 선발할 때 창의적인 사람으로 성장할 가능성이 있는지를 평가해야 고등학교도 변화를 시작할 수 있다. 대학 입시가 먼저 변화되어야 초·중·고등학교에서 창의성 교육이 이루어지며, 호기심, 의지, 협력, 공감과 같은 인성적 특성도 키워진다.

창의성 교육이 이루어지려면
대학 입시가 바뀌어야 한다

현재 대학 입시의 전형 요소는 수능, 학생부, 논술고사, 면접(또는 구술고사) 등이다. 학생부 종합 전형이 도입되었어도 대부분의 고등학교 수업에서 가장 중요하게 생각하는 전형 요소는 여전히 수능이다.

수능의 영향력은 축소되어야 한다

만약 수능이 창의성의 지표라면 현재의 수시모집은 사라져야 하고 대학들은 정시모집에서 수능 점수만으로 매우 단순하고 '공정하게' 모든 학생을 선발해야 한다. 그러나 현재의 수능이 창의적인 학생을 기르는 데 도움이 된다고 생각하는 사람은 찾아보기 어렵다.

'객관식' 선다형 시험은 단순 지식의 양을 측정하는 데 적절하다. 그런데 지식의 질을 평가하려고 서술형 시험을 도입한다면 '공정한' 채점이 이루어질 수 있을까? 우리 사회는 그 점수를 공정하다고 받아들일까? 지식의 질을 점수화하여 촘촘한 서열을 만드는 게 과연 가능할까? 이런 질문들 앞에서 우리가 회의적일 수밖에 없는 까닭은 그런 선례를 보지 못했기 때문이다. 우리는 창의적 인재를 육성하고 싶다고 말하면서 공정성이라는 명목으로 창의적 인재 육성을 가로막는 선발 도구를 버리지 못한다. 창의성 교육과 표준 시험 체계가 서로 모순적이고 우리의 태도 역시 모순적이다.

창의성 중심의 교육과 평가가 대학 입시와 고등학교 교육에 자리 잡으려면 무엇보다 표준 시험으로서 수능의 역할이 달라져야 한다. 수능을 창의적 인재 육성의 도구로 만들 수 없다면, 그 최소한의 요건으로서 지식의 양을 측정하는 역할로 한정해야 창의성 교육이 가능해진다.

현재의 수능은 과거에 비해 지식의 양을 측정하는 기능이 약화되었다. 문제 유형이 고정화되고 난이도가 낮아져서 학생들이 적은 양의 지식을 단순 암기하고 동일한 유형의 문제를 반복적으로 풀기 때문이다. 수능 중심의 대학 입시와 고등학교 교육은 국가 교육과정이 추구하는 창의적 인재 육성이라는 교육적 가치를 배반한다. 대학 입시와 고교 교육에서 수능의 영향력은 축소되고 창의적인 인재를 양성하기 위한 교육과 대입 선발 시스템이 확립되어야 우리 사회의 발전을 위한 토대가 만들어진다.

내신의 평가 방법이 달라져야 한다

대입에서 수능 다음으로 영향력을 발휘하는 내신은 창의력을 육성하고 평가하는 데 기여할 수 있을까? 고등학교는 교육행정정보시스템(NEIS)에 많은 정보를 입력하지만, 대학에게는 내신 성적을 포함한 일부 정보가 학생부에 포함되어 제공된다. 내신에는 매 학기 각 교과별로 원점수, 평균, 표준편차, 상대평가 등급, 수강 인원이 기재된다. 그러므로 상대평가된 지표를 활용한다면 전교생의 서열을 만들 수 있다.

내신이란 학생의 성실성을 볼 수 있는 중요한 지표지만, 모든 학생의 내신 점수를 기계적으로 산출하여 이를 기준으로 선발하는 방식은 타당하지 않다. 고등학교 간 학생의 학력차가 매우 벌어져 있는 상황에서, 서로 다른 표본에서 얻은 수치의 높낮이를 비교하는 방식이기 때문에 공정한 잣대가 되지 못한다. 다만 특정한 학생 그룹을 선발하기 위한 도구가 될 수는 있다. 같은 학교 내에서도 내신 성적 서열은 느슨하게 지식의 양을 판단할 수 있지만 지식의 질을 판단하는 기준으로 활용하기는 어렵다.

만약 내신 평가 방법이 선다형 문제를 푸는 방식이 아니라 학생이 주도적으로 학습한 내용이 서술형으로 기록되고 다면적인 평가로 바뀐다면 이때의 내신은 창의적인 학생을 육성하는 데 기여할 수 있다. 새로운 교과과정이 도입되었지만, 창의성을 계발하기 위한 고교 교육의 인프라는 아직 갖추어져 있지 않고, 창의성을 평가하기 위한 장치도 마련되지 못하고 있다. 평가의 공정성 문제를 해소할 방법도 아직 없다.

창의력 도구로 논술 혹은 서술형 고사가 활용되어야 한다

지금의 수능과 내신은 지식의 양을 측정하는 것조차 한계가 있다. 반면 논술고사는 어떻게 활용하느냐에 따라서 학생들의 창의력을 키우는 도구가 될 수도 있다. 단순 지식의 유무가 아니라 비판적 사고력을 평가하고 고등학교 교육도 사고력을 키우는 교육으로 전환되면 바람직한 선발 도구가 될 수 있다. 그런데 사회는 대학이 치르는 논술고사가 사교육을 조장한다고 비판한다. 대학이 출제하는 문항이 고등학교 교육과정 범위를 넘어갔다는 이유다. 그래서 이른바 선행학습 금지법은 대학의 논술 문항을 교육과정 내에서 출제하도록 강제한다. 대학의 채점이 공정하고 타당한 것인가에 대한 의심도 여전히 남아 있다.

만일 고등학교에서 사고력을 키우는 교육이 이루어지고 교사가 학생의 사고력을 평가한 다양한 정보가 대학에 제공된다면, 그리고 대학들이 연합하여 탈교과적인 논술 문항을 만들어서 공동으로 실시하거나 국가가 수능에서 서술형 평가를 도입한다면, 대학에서 별도의 논술고사를 통해 학생의 창의적 사고력을 평가할 필요가 없어진다. 논술이 추구하는 비판적이고 창의적인 사고력이 길러지도록 고등학교 교육을 창의성 중심으로 전환하는 일이 우선되어야 한다.

성장을 기록하는 학생부로 전환되어야 한다

학생부 종합 전형의 목적은 "학교 교육을 통한 창의적 인재 육성"과 "서로 다른 능력과 적성을 가진 학생들을 선발하여 입학생의 다양성을 확보"하는 데 있다. 이 두 가지 목적은 서로 다른 것처럼 보이지만 사실상 동전의 양면과 같다. 창의성은 다양성을 기반으로 하고, 다양성에 대한 긍정이 창의성으로 이어지기 때문이다. 고등학교 교육에서 지식의 양이 확장되고 자기 주도적 학습을 통해 지식의 질이 높아져서 지식을 습득하는 기술을 배우고 익히는 수업과 활동이 이루어지고, 학생 개인이 학교 교육을 통해 성장한 기록(동기-과정-결과)을 학생부에 남길 수 있다면, 학생부 종합 전형은 창의성 중심의 대학 입시와 고교 교육을 연결하는 핵심이 될 수 있다.

학생부 종합 전형은 2007년 입학사정관제라는 이름으로 본격적으로 도입되었다. 그리고 이후 정부는 입학사정관제가 학교 밖 스펙 중심으로 운영된다는 문제점을 받아들여 학생부 종합 전형으로 개명하고, 학생부에 기록된 학교 내 교육 활동만 바탕으로 학생을 평가하도록 하였다. 하지만 학교 교육의 변화와 학생부 정보의 질에 대해서는 관심을 두지 않았다. 그래서 현재의 학생부만으로는 지식의 양과 질을 확인하기 어렵고, 학생이 창의적인 인재로 발전할 가능성을 어떻게 보여 주었는지도 알 수 없다. 진로 상황도 학생의 동기를 보여 주기보다는 우리 사회 일반의 기대치를 반영하고 있는 경우가 많다. 학생이 주어진 교과 과정에서 제시된 문제를 이해하고 해결책을 제시하기보다는 주어진 학습 과정을 수행한 단순 결과만을 기록한다. 학생부의 항목들을 어떻게 기술할지 처음부터 새롭게 고민해야 한다.

학생부와 관련한 문제는 여기에서 그치지 않는다. 현재 학생부 기재 요령은 학교의 구성원을 통제의 대상으로 간주하고 있다. 학교 폭력 등 사회적 이슈가 발생할 때마다 학생부에 추가적인 의무 기재 사항이나 금지 사항만 늘어났고, 입력 가능한 글자 수를 제한하고 활동의 결과만 간략하게 기록하는 등 여러 가지 제약이 생겨났다. 명분은 사교육비 축소지만, 학교 교육이 창의성 교육으로 전환된다면 사교육비는 자연스럽게 절감되거나 사라진다. 반면 사교육비 축소를 명분으로 학교 교육을 규제하면 학생들의 재기발랄한 생각도 규제의 대상이 된다. 규제와 금지의 공간이 된 학교에서 창의성은 자라날 수 없다. 학생들이 남들과 다르게 생각하면 사회적으로 배척당하기 때문에 창의적으로 생각하기보다는 타인의 생각을 따라가는 편이 현명하다고 학습하기 때문이다. 정부의 '학생부 기재 요령'에 의해 통제된 교사들이 학생들의 꿈과 끼를 신장시키기를 기대하는 것은 목적과 수단이 맞지 않는 연목구어(緣木求魚)와 같다. 규제, 금지, 제한이라는 부정적 어휘보다 권장 사항 중심의 긍정적 어휘가 창의적인 생각을 유도한다.

그렇다면 학생부에 어떤 정보를 담을 것인가. 우리 사회는 '열린 광장'에서 기존의 '학교 중심 학생부'를 어떻게 '학생 중심 학생부'로 전환할지 논의해야 한다. 학생 중심 학생부란 '학교가(선생님이) 무엇을 어떻게 가르쳤는가'에 대한 기록이 아니라, 학생이 주어로 기술된 학생부, 즉 '학생이 무엇을 어떻게 배우고 성장했는가에 대한 개별화된 기록'을 말한다. 결과만이 아니라 배움의 동기, 과정, 결과와 후속 활동까지 기록한 학생부가 바로 학생 중심 학생부다. 이러한 변화를 이끌어 내려면 정부의 '학생부 기재 요령'이 달라져야 한다.

하나의 사례로, '학생부 기재 요령'은 학생의 교내 수상 실적은 수상(대회)명, 일시, 수상 등급, 참가 대상만 학생부에 기록하게 한다. 학생의 준비 과정, 참여 정도, 평가 기준과 방법, 결과물에 대한 정보, 학생의 후속 활동 등의 내용은 규정상 학생부의 어떠한 항목에도 입력할 수 없다. '학생부 기재 요령'은 본질적으로 학생이 성장해 가는 과정을 기록하도록 만들어졌지만 실제로는 성장 기록을 규제한다. 또한 수상 실적에 학생이 성장해 가는 기록을 담으려면 수능이나 내신처럼 개별 교과 학습 내용에 대한 문제풀이식 평가가 아니라, 적어도 한 학기에 걸친 논술, 토론, 교과 융합 활동의 평가로 전환해야 한다. 그리고 한 학기 동안 학생의 준비 과정, 학생의 참여 정도, 평가 기준과 방법, 결과, 그리고 학생의 후속 활동을 기록해야 한다.

또한 학생부 종합 전형을 통해 학교 교육이 창의적 인재를 육성하려면 대학이 평가하는 정보와 고등학교가 기록하는 정보 사이의 불일치를 해소하여야 한다. 대학은 미래 사회가 요구하는 창의적 사고력(지식의 양적 확산, 자기주도적인 학습을 통해 얻은 지식의 질적 제고, 지식을 습득하는 기술)을 갖추기 위한 노력, 도덕적 판단력, 호기심, 협동심, 타인에 대한 배려심 등을 갖춘 학생을 선호한다. 토론과 모둠 발표, 과제 연구, 교과가 통합된 주제별 수업, 학생이 주도하는 수업을 통해 이러한 학생이 길러질 수 있다. 그러나 정부는 사교육이 개입될 여지가 있다며 다양한 학습 활동을 축소하려고 한다.

고교-대학 간 소통이
더 많은 인재를 키운다

고등학교에서 지금 당장 할 수 있는 교육도 있고 할 수 없는 교육도 있다. 창의성 교육으로 전환하려면 더 많은 시간이 필요하다. 그러므로 학생부 종합 전형의 두 축인 고등학교와 대학 간 소통과 연계가 필요하고, 그렇게 되려면 '고교-대학 연계 포럼'과 같은 체계가 필요하다.

교육청을 매개로 하여 대학과 고등학교가 교육과 입시를 같이 논의하는 장이 '고교-대학 연계 포럼'이다. 여기서 고등학교는 대학에게 우리는 이렇게 교육하니 이런 학생을 선발하라고 요구해야 한다. 대학도 이런 학생을 선발하려고 하니 고등학교에서 이런 학생이 육성될 수 있는 교육을 시켜 달라고 주문해야 한다. 두 요구들이 만나서 서로 조화로운 접점을 찾아야 한다. 그리고 그 결과 학생부에 학생의 자기주도적 노력의 과정과 결과를 기록할 수 있을 때 학교 교육을 통한 창의적 인재 육성이라는 희망은 우리 앞에 모습을 나타낸다.

대학 입시는 여전히 진행형이며 끊임없이 변화하고 있다. 이제 우리는 고등학교 교육에 대한 보다 진솔한 질문을 던져야 한다. 우리 사회와 대학이 고등학교를 지식의 양을 늘리는 교육기관으로 규정한다면, 대학 입시는 학생이 얼마나 많은 양의 지식을 갖추었는지를 평가하고, 대학 교육은 지식의 질과 습득 능력을 기르기 위한 기초 교육을 보다 더 강화하는 방향으로 나아가야 한다. 이 경우 입학사정관에 의한 학생부 종합 전형보다는 학력고사 체계와 본고사의 결합이 더 좋은 학생 선발 방법이다.

우리가 고등학교 교육을 통해 학생들이 지식의 양을 확장하고 자기주도적 학습을 통해 지식의 질을 높여서 지식을 습득하는 기술을 배우고 익히도록 하려면, 대학 입시에서는 고등학교 교육을 통해 육성된 창의성을 평가하고 대학의 교양 교육을 완전히 새롭게 개편하여 고등학교의 창의성 교육이 대학 교육에서도 이어질 수 있도록 해야 한다. 고등학교 교육의 성격을 어떻게 규정하는가에 따라 대학 입시가 달라진다.

고교 교육의 격차를 해소할 대학 교양 교육

창의성 교육은 고등학교 교육과정, 수능, 대학 입시, 대학 교양 교육이 모두 일관된 방향을 지향하고 있을 때 가장 효과적이고 빠르게 이루어진다. 대학 교양 교육이 지향하는 창의성 교육도 "지식의 양이 확장되고 자기주도적 학습을 통해 지식의 질이 높아져서 지식을 습득하는 기술을 배우고 익히는 수업과 활동"이라는 개념의 연장선상에 있어야 한다.

그런데 대학의 교육은 과연 그러한지 자문해 보면 대학 교육 역시 창의성 중심의 교육이 자리 잡고 있다고 말하기 어렵다. 그래서 대학에서도 수업 내용과 방법의 혁신이 필요하다.

더구나 서울대학교 학생들의 경우 입학생 간 학력 격차가 매우 큰 편이다. 고교 유형이 다양화되고 수시모집이 확대되면서 입학생의 학력 격차는 점점 커지고 있다. 상위권 일부 학생을 제외하면 대다수 학생들의 실력이 점점 떨어지고 있다는 목소리도 많이 들린다. 여기에 현재의 선택형 교육과정과 선택형 수능은 수학, 영어, 역사, 과학 과목에서의 지식 불균형을 초래하고 있다. 입시 위주의 주입식 교육을 받아 시험은 잘 보지만, 정작 고등학교 수준의 지식도 갖추지 못한 경우가 많다. 따라서 대학 교육에서 창의성 교육이 이루어지기 위해서는 교양 수업을 통해 지적 수준이 뒤처진 학생들을 단기간에 끌어올려야 한다.

서울대학교의 경우 교양 과목은 학문의 기초, 학문의 세계, 선택교양으로 구분된다.

- 학문의 기초: 사고와 표현, 외국어, 수량적 분석과 추론, 과학적 사고와 실험, 컴퓨터와 정보 활용
- 학문의 세계: 언어와 문학, 문화와 예술, 역사와 철학, 정치와 경제, 인간과 사회, 자연과 기술, 생명과 환경
- 선택 교양: 체육, 예술실기, 대학과 리더십, 창의와 융합, 한국의 이해(영어 강의)

창의성 교육을 위하여 대학 교양 교육은 위의 세 교과 범주 외에 기초 교양 과정 블록을 추가해야 한다. 기초 교양 과정 블록이란 대학에서 지식의 양을 늘리기 전에 먼저 입학생들이 대학 수업을 위한 충분한 지식을 갖고 있는지부터 확인하고, 부족한 고등학교 수준의 지식을 채우는 교육 프로그램을 말한다.

영어로 말하고 듣고 읽고 쓰기가 가능한지, 국사와 세계사에 대한 지식과 소양을 갖추었는지, 대학 교육을 받기에 충분한 수학적 지식을 갖고 있는지, 과학은 여러 과목을 고르게 어느 수준까지 이수했는지, 자신의 생각을 글로 표현하는 능력은 갖추었는지 등 문·이과에 관계없이 모든 입학생을 평가하고 면담하여 학생에게 필요한 기초 교양 과정 블록을 이수하도록 만들어야 한다. 기초 교양 과정 블록을 통해 입학생의 기초 학력을 일정한 수준으로 맞추고 나서, 지식의 양과 질을 높이기 위한 교수법 개선과 교양 과목 재구조화에 나서야 창의성 교육의 기초를 만들었다고 할 수 있다.

또한 대학은 기초 교육과 교수 학습 개발을 지원하는 학사 행정 기구를 통합하여 창의성 교육을 전담하도록 확대·개편해야 하고, 단과대학이나 스쿨을 새롭게 만들어서 학생들이 융합형 수업, 창업 등 특정 주제에 특화된 수업들을 하나의 세트로 제공할 필요가 있다. 전속된 학생이 없는 새로운 단과대학 혹은 스쿨은 융합적인 교육 프로그램, 학생 주도의 맞춤형 교육 프로그램을 실현하는 데 주도적인 역할을 하게 될 것이다.

창의성 교육은 가히 혁명적인 변화라고 할 수 있지만, 혁명처럼 단번에 현실을 바꿀 수는 없다. 일관적인 방향으로 긴 시간 동안 지속적으로 나아가야 이룰 수 있는 목표다. 그 목표를 이루려면 오늘 출발해야 한다. 내일이면 기회는 사라질 수도 있다.

Chapter 16

인공지능보다
인간의 '창의'가
기업을 생존시킨다

이찬 교수 (농산업교육과 산업인력개발학)

기계로 대체할 수 없는
인간의 능력을 요구하는 미래

　21세기 들어 첨단 기술의 발전이 가속화됨에 따라 우리는 그 어느 때보다 급격한 삶의 변화를 경험하고 있다. 이러한 변화는 인간의 삶을 더욱 풍요롭고 편리하게 만들어 주는 한편, 예측하지 못했던 여러 문제점을 안겨 준다. 대표적인 예가 바로 산업의 기계화·자동화에 따른 노동 수요의 감소다. 로봇, 인공지능 등은 인간이 하던 단순한 일을 대체하기 시작했고, 급기야 산업 현장에서는 예상보다 빠른 속도로 무인화가 진행되고 있는 상황이다. 이에 따라 기업에서는 정형화된 업무들은 인공지능에게 맡기고, 인간에게는 보다 새로운 산출물을 만들어 낼 수 있는 창의적 역량을 요구하게 되었다.

　이 글에서는 이와 같은 시대적 요구에 부응하여 취업 교육, 선발 및 승진, 인적자원 개발 등의 관점에서 창의성 교육의 필요성을 알아보고 그 실태를 파악해 보고자 한다.

글로벌 컨설팅 기업인 맥킨지와 한국고용정보원은 각각 미래 일자리에 관한 보고서에서 자동화, 인공지능 등의 기술 발전으로 인해 생산직이든 사무직이든 정형화된 업무들은 기계가 대체할 가능성이 높다는 분석 결과를 발표했다.

학창 시절 가장 강력한 경쟁 상대는 어떤 친구였는가. 잠도 안 자고, 식사도 안 하고, 화장실도 안 가고, 공부만 하는 친구가 있다면 어땠을까? 심지어 그 친구가 녹슬지 않는 기억력으로 탁월한 학습 능력을 지녔으며, 지치지 않는 체력의 소유자라면 말이다. 그런 친구가 바로 머신 러닝(Machine Learning) 기능을 보유한 인공지능(Artificial Intelligence, AI)이다. 매스컴을 통해 화제가 된 알파고와의 바둑 경기뿐만 아니라, 일정한 패턴을 가지고 지속적이고 반복적인 업무를 처리하는 일에 인공지능과 인류가 경쟁하였을 때 승산이 있을지 자문해 보면, 미래 직업 세계에서의 생존을 위한 인재 육성 방향은 분명해진다.

창의성이나 혁신성, 감성 같은 인간 고유의 역량은 암기력이나 수리력 등 우리가 학교에서 열심히 주입시키고 있는 대부분의 역량에 비하여 상대적으로 쉽사리 자동화되지 못할 것이므로, 그 중요성이 향후 더욱 강조될 것이다. 이 같은 원인과 결과를 간과하면, 취업 준비생들의 역량 수준과 무관하게, 경제가 성장해도 예전처럼 고용이 창출되지 않는 현상을 이해할 수 없다. 또한 꿈 많은 청춘조차 적성과 소명은 뒤로 한 채 안정된 직업의 대명사인 공무원이 되고자 수

험생 대열에 줄서서 로또 당첨 같은 확률을 뚫고 시험에 합격하기를 기대하게 만들기 십상이다. 사정이 이렇다 보니 국가직무능력표준 (NCS)과 블라인드 채용 등의 신조어까지 만들어 가며, 마치 취업 준비생들의 직무 역량 부족이나 기업들의 채용 방법상의 문제로 인하여 지금의 고용 절벽이 발생한 듯한 착각을 불러일으키게 된 것이다.

국내외 주요 기업들은 경쟁력 있는 인적자원을 확보하여 글로벌 시장에서 앞서 나가기 위해 새로운 가치 창출과 신선한 변화를 일으키는 인재를 선호하며, 신입 직원 선발의 주요 기준으로서 창의성이나 도전 정신 등과 같은 핵심 역량을 꼽았다.

그러나 안타깝게도 필자가 지난 10여 년 동안 교수 생활을 하며 체험한 우리의 대학 교육은 아직 이러한 노동 시장의 수요 변화에 적절히 대응하지 못하고 있는 실정이다. 기업 인사 담당자들은 대학에서 창의성이나 도전성에 관한 교육이 이루어지지 않아 획일적인 인재가 양산되는 관계로, 치열한 경쟁을 뚫고 선발된 신입사원들조차 채용 후 원점에서 교육시켜야 하는 애로사항을 지속적으로 지적하고 있다. 졸업을 앞둔 대학 4학년 학생들 중에서도 대학 교육을 통해 창의력이나 혁신 능력이 신장되었다고 생각하는 경우는 드물다.

더구나 대학 졸업 후 사회에 진출한 뒤에는 창의성과 혁신성을 키울 수 있는 기회가 더욱 부족하다. 각종 취업과 관련한 교육 프로그램이 있지만 틀에 박힌 직업 교육만 제공하고 있는 실정이다. 따라서 취업 준비생들이 노동 시장에서 요구하는 역량을 키울 수 있는 기회는 거의 없다. 이런 현실을 극복하기 위하여 노동 시장에서 취업 준비생의 고용 가능성을 높이기 위한 사회적 지원 방안으로 창의성 교육을 강조할 필요가 있다.

창의적 인재 선발을 위한 다양한 전략

이제 창의성은 기업에서 요구하는 주요 역량이 되고 있다. 이에 인사 담당자는 직원 선발 및 승진 제도에 창의성 평가를 도입함으로써 창의적 인재를 영입하고 육성하고자 한다. 하지만 현재의 인재 선발 기준이나 승진을 위한 성과 평가는 창의성을 측정하는 데 다소 어려움이 있다. 또한 실제 활용되고 있는 대부분의 성과 평가 체계는 창의성을 기반으로 하는 성과를 분별하는 것이 현실적으로 거의 불가능하다. 이에 기업에서는 창의성을 측정하고 평가할 수 있는 다양한 방법을 도입하고 있고, 글로벌 기업들은 실제 선발과 성과 평가에 적용하여 창의적 인재를 채용한다. 국내 기업들도 창의적 인재를 선발하기 위하여 최근 채용 제도를 대대적으로 개편하는 등 변화를 시도하고 있다.

업종을 불문하고 선발에서 창의성을 평가하고자 할 때 대부분의 인사담당자들은 행동 기반 면접 기법(behavioral interview)을 애용해 왔다. 실제 업무에서 발휘되는 창의성은 이력서나 기본적인 면접 질문만으로는 파악하기 어렵기 때문에, 창의적으로 성과를 달성했던 경험을 물어보는 등 기존 면접 방식에 창의성 관련 질문을 추가하여 구성원을 선발한다. 하지만 면접자가 제시한 답이 그 사람의 창의성을 과연 어느 정도 설명하고 있는가라는 또 다른 과제를 남기게 된다.

기업명	면접 질문
구글	"한 마트에 있는 식료품의 총 칼로리는 얼마 정도인가?"
애플	"만일 당신이 피자배달부라면, 가위가 당신에게 주는 이점은 무엇인가?"
에어비앤비	"만일 당신이 비행기 추락 사고의 유일한 생존자라면 무엇을 하겠는가?"
BCG	"당신이 만일 브랜드라면, 당신의 모토는 무엇이겠는가?"
Space X	"핫도그가 팽창한다면, 어느 방향으로 갈라질 것이며 그렇게 생각한 이유는?"
Trader Joe's	"만일 냉장고에서 펭귄을 발견한다면 어떻게 하겠는가?"
IBM	"런던의 모든 창문을 닦기 위해서는 몇 시간이 걸리겠는가?"
스타벅스	"만일 당신이 움직이지 않는 물체라면, 무엇이겠는가?"
삼성전자	"10년 후 손목터널 증후군 환자가 줄어든다면, 그 이유는 무엇인가?"
GS리테일	"우주여행 이벤트 당첨과 대기업 면접일이 겹칠 경우, 어디를 가겠는가?"
현대자동차	"사수가 10년 동안 엔진오일 교체만 시킨다면 어떻게 할 것인가?"
SK그룹	"백두산을 옮기는 데 시간과 비용은 얼마나 드는가?"
현대캐피털	"뉴욕에 몇 개의 창문이 있는가?"

[표 16-1] 국내외 주요 기업에서 활용된 퍼즐 문제 예시

출처: Glassdoor(2016), Top 10 Oddball Interview Questions for 2016(https://www.glassdoor.com/blog/top-10-oddball-interview-questions-2016/).
잡코리아(2017), "이런 질문까지? 대기업 면접 기출 문제"(http://www.jobkorea.co.kr/Starter/Tip/View?Inside_No=13273&schCtgr=101003&schGrpCtgr=101&Page=1).

이에 창의성을 핵심 역량으로 삼고 있는 IT 업계에서는 새로운 선발 방식을 모색하였고, 마이크로소프트(Microsoft)를 시작으로 다양한 IT 기업들이 퍼즐 문제를 면접에 도입하여 논리와 창의성을 평가하였다(표 16-1). 퍼즐 문제는 개방형 질문으로 이루어져 있기 때문에 유일한 정답이 존재하지 않는다. 제시한 질문에 얼마나 창의적이고 논리적으로 답하는지에 평가의 주안점을 두고 있다. 구글(Google)에서도 면접에 퍼즐 문제를 활용하여 화제가 되었으며, 국내 기업에서도 이와 유사한 사례들이 확산되고 있다.

세계적인 공연 기업인 '태양의 서커스(Cirque du Soleil)'는 직원을 채용할 때 상황 면접(situational interview)을 활용하여 창의성을 평가한다. 12명이 길거리 공연으로 시작하여 현재는 전 세계 60여 개 국, 400여 개 도시의 공연을 통해 약 1억 6,000만 명 이상의 관람객들에게 환상적인 무대를 선사하고 있는 태양의 서커스는 1980년대 외면받던 서커스를 부활시키기 위해 기존의 서커스 쇼에 스토리, 음악, 곡예 등 복합적인 예술 요소들을 접목시켜 세계적인 예술 공연으로 성공시켰다. 태양의 서커스의 성공은 단지 현대적이고 새로운 예술의 장을 구현하였다는 점에서만 의미 있는 것이 아니다. 글로벌한 인재 채용을 통하여 각양각색의 서커스 단원을 영입하였고, 그들이 각각 역량을 발휘할 수 있도록 환경을 조성해 주었기에 세계 최대의 극단으로 부상한 것이다. 태양의 서커스는 사람을 뽑을 때 인사 담당자가 극단이 실제로 겪었던 문제 상황을 제시하여 면접자가 해결책을 고민하도록 함으로써 창의성을 평가한다.

또한 세계 최대 온라인 쇼핑몰 중 하나인 알리바바(Alibaba) 역시 창의성을 중시하는 상황 면접을 시행한다. 알리바바는 조직의 창의성에 가장 큰 영향을 미치는 것이 직원의 혁신적 사고(innovative thinking)라는 신조 하에 상황 면접을 시행한다. 알리바바의 마윈 회장은 "말 잘 듣는 사람은 필요 없다. 우리는 내일을 창조하는 사람이 필요하다"라고 밝힘으로써 알리바바에서 추구하는 인재상을 천명했다.

알리바바의 직원 훈련 시스템은 체계적이다. 직원들의 개별 능력이 지속적인 조직 혁신으로 이어질 수 있도록 학습형 조직을 만들어, 단기간에 고속 성장이 가능하게 했다. 알리바바는 혁신, 열정, 창의성 등의 중요성을 지속적으로 강조하기 때문에 혁신적 사고를 선발 및 승진에서 핵심 준거로 지정하고 있으며, 임직원 교육을 통해서 이를 촉진할 수 있도록 적극적인 투자를 한다.

이와 같이 산업 현장에서는 다양한 면접 방법을 활용하여 직원의 창의성을 평가하고 있다. 그러나 이러한 요구에도 상황 면접을 비롯한 여러 면접 방식은 창의성 평가에 관해 높은 신뢰성을 주지 못하고 있다. 사실 면접 방식은 채용 도구로서 창의성 영역뿐만 아니라 그 어떤 영역에서도 일관되게 낮은 신뢰도를 보이고 있음이 이미 다양한 선행 연구에서 밝혀졌으나, 비용과 시간의 효율성이 높다는 이유로 여전히 우리가 애용하고 있을 뿐이다. 일례로 마이크로소프트에서는 면접에서의 퍼즐 문제 유형이 창의성 평가라는 문제 본연의 목적에 부응하지 못한다고 판단하여 해당 문항을 더 이상 면접에 활용하지 않고 있다. 명확한 답이 없는 만큼 퍼즐 문제가 창의성 평가 문항으로 기능하기보다 면접자의 심리적 부담만 가중시킨다고 판단했기 때문이다. 물론 여전히 많은 기업에서 이와 같은 개방형 질문을 활용한 면접이 현재도 진행되고 있다. 이와 같은 혼란은 그만큼 창의성을 현장 중심적으로 정의하거나, 조직 요구에 맞는 성과로 연계하거나, 지표화하여 측정하는 것이 어렵기 때문이며, 이것이 쉬웠다면 창의성도 인류의 핵심 역량이 아닌 인공지능의 기본 역량으로 이미 인수인계되었을 것이다.

이에 조직에서는 직원의 창의 역량을 보다 체계적으로 확인하기 위하여 창의성 측정 도구 개발과 관련된 다양한 국내외 연구를 수행하고 있다. 조직 구성원의 창의성을 측정하는 도구들은 대개 창의적 성향, 동기, 사고, 행동 등의 특성을 측정한다.

창의성 측정 도구의 대표적인 예로 심리학자 해리슨 고흐의 창의적 성향 검사(Creative Personality Scale, CPS)를 들 수 있다. 고흐는 창의적인 사람들이 가진 사고 및 행동 특성을 30개의 형용사로 표현하여 조직 구성원의 창의성을 평가한다. 몇몇 국내 기업에서는 고흐의 도구를 기업적 맥락에 적용하여 동료 측정 방식 또는 자기 보고 측정 방식의 형태로 변형하여 활용하고 있다. 그 외에도 다양한 척도들이 번안되어 국내외 조직에 적용되고 있다. 그러나 대부분 개인의 창의성 차이를 확인하는 데에는 한계가 있다는 단점이 있기 때문에, 기업 현장의 요구를 충족하기 위한 창의성 측정 도구 및 모델 연구가 한창이다.

개인 수준의 창의,
조직 수준의 창의

세계 최대 브랜드 컨설팅 회사인 인터브랜드가 선정한 '베스트 코리아 브랜드'의 상위 30대 기업 중 23개의 기업에서는 경영 철학, 핵심 가치, 핵심 역량, 인재상 측면에서 창의성을 강조하고 있다. 삼성전자, 현대자동차, 포스코, 현대모비스, 현대건설, 한국타이어 등이 창의 경영, 창조 경영을 기치로 삼고 있으며, 기아자동차, LG전자, 신한은행, 롯데쇼핑 등의 기업들이 업종을 불문하고 창의적 인재를 자사의 인재상으로 꼽았다(표 16-2).

창의적 인재의 중요성이 더욱 부각되는 이유는 인공지능이 놀라운 속도로 발전해 감에 따라 인간 고유의 역량을 발굴할 필요성이 증가하기 때문이며, 창의성은 이 같은 변화 속에서 나타날 수 있는 사업의 불확실성에 대해 보다 유연하고 다각적으로 대처할 수 있는 핵심 역량이기 때문이다. 또한 창의성은 혼란과 무질서 속에서 경쟁사가 미처 예견치 못한 기회를 포착함으로써, 타사와의 차별적 가치를 구현할 수 있기 때문에, 이 같은 변화에 발맞추기 위해 기업은 조직 구성원들의 핵심 역량 신장과 지속적인 성장을 도모할 수 있는 창의 교육을 주요 전략으로 갖추게 되었다. 이제 창의성은 기업의 생존을 위한 필수 역량이 되었다.

기업명	창의·창조·혁신 강조 영역		
	핵심 역량·인재상	핵심 가치	경영 철학
1. 삼성전자			●
2. 현대자동차			●
3. 기아자동차	●		●
4. SK텔레콤			
5. NAVER		●	
6. 삼성생명			●
7. LG전자	●		
8. KB국민은행	●	●	
9. 아모레퍼시픽그룹	●		
10. 신한카드		●	
11. 신한은행	●	●	
12. 삼성화재해상보험			
13. KEB하나은행			
14. 현대모비스		●	●
15. KT			
16. LG화학	●		
17. 롯데쇼핑	●		
18. SK하이닉스			
19. 포스코			●
20. 교보생명보험	●		
21. 삼성물산		●	
22. 현대카드			
23. 삼성카드	●		
24. 현대건설	●		●
25. KT&G	●		
26. LG생활건강			●
27. CJ제일제당		●	
28. 한국타이어	●		●
29. 이마트	●		●
30. 엔씨소프트			

[표 16-2] 창의·창조·혁신을 강조하는 국내 브랜드 가치 상위 30대 기업

(주: 경영 철학 및 핵심 가치, 핵심 역량, 인재상은 각 사의 홈페이지를 참조함. 기업명의 정렬 순서는 인터브랜드의 '베스트 코리아 브랜드 2016' 보고서를 기준으로 함.)

과연 기업에 있어 창의성이란 무엇이며 창의적 인재의 공통 핵심 역량에는 어떤 것들이 있을까. 창의성은 분석 수준에 따라 개인, 집단 수준으로 크게 구분된다.

개인 수준의 창의성에는 창의적 산출, 창의적 과정, 창의력 등 세 가지의 영역이 존재한다(표 16-3).

창의적 산출 (Amabile, 1988)	개인 혹은 함께 일하는 개인 소집단에 의한 유용하고 새로운 아이디어의 생산
창의적 과정 (Drazin, Gynn & Kazanjian, 1999)	행동, 인지, 감정적으로 창의적 산출물을 내기 위해 시도하는 과정
창의력 (이덕로·김태열, 2008)	문제 해결에 있어 새로운 방법으로 해결하려는 사고의 융통성과 유연성을 포함한 능력

[표 16-3] 개인 수준의 창의성

개인, 집단, 조직의 종합적 창의성 모델을 연구하여, 조직 수준의 창의적 산출에 기여하고자 하버드대학교 사회심리학자인 테레사 애머빌 등의 연구를 포함한 다양한 시도들이 진행되고 있다. 국내에 본사를 둔 글로벌 기업인 S사의 경우, 이 모델을 근간으로 창의적 인재의 공통 역량을 도출하여, 개인 수준의 창의성을 [표 16-4]와 같이 설정하여 활용하고 있다.

대부분의 기업에서 시행하고 있는 창의성 함양을 위한 교육 프로그램들은 [표 16-4]에 제시된 역량을 기본 바탕으로 하고 있다. 특히 창의성을 개인의 인지적 능력에 국한하는 미시적 접근 방식에서 벗어나 인지적·인성적·환경적 요소를 아우르는 통합적 관점에서 접근해야 한다는 지적이 나오면서, 창의성의 인지적 요소뿐만 아니라 인성적·

환경적 요소 및 그들 간의 상호작용에 관한 분야로 관심이 증대되고 있다. 이러한 사례로 세계적인 3D 애니메이션 제작사인 픽사(Pixar)에서 운영하는 사내 대학인 픽사 유니버시티(Pixar University)가 있다.

Inherent(개인)		Inherent(집단)	
□ 지식 개발 및 확장 능력	□ 추상화 역량	□ 다양성 확보 역량	□ 집단 성찰 스킬
□ 관찰력	□ 과업 관리 능력	□ 갈등 관리 스킬	□ 회의 진행 능력 (브레인스토밍, 논쟁)
□ 모형 구현 역량	□ 창의적 과업 탐색 및 발굴 역량	□ 과업/목표 설계 스킬	
□ 감정이입 역량		□ 협업 역량	□ 정보 수집 및 해석 능력
□ 유추력(연결)	□ 위험 판별 및 감수 역량	□ 프로젝트 관리 능력	□ 창의적 문제 해결 능력
Contextual(맥락)			
□ 지원적 리더십		□ 전략적 인재 양성 및 활용 역량	
□ 참여적 리더십		□ 잉여자원 확보 및 이용 능력	
□ 감성 리더십		□ 기업가형 조직풍토 조성 역량	
□ 사안 통합 능력		□ 실패 자산화 역량	
□ 창조적 멘토링/코칭 역량		□ Fun 분위기 조성 역량	
□ 조직구조 이해 및 설계 역량		□ 아이디어 지원 역량	
□ 전문가 네트워크 활용 역량		□ 창의적 근무환경 조성 역량	
□ 혁신포트폴리오 매니지먼트 역량		□ 창의성 보상체계 구축역량	
□ 신수종 사업 발굴 역량		□ 자율성 확대 역량	
□ 양수겸장 조직 운영 역량			

[표 16-4] 창의적 인재의 공통 역량
(출처: 진현·강우란·조현국, 〈SERI 연구보고서: 기업 내의 조직 창의성 모델〉, 삼성경제연구소, 2012.)

데생 수업에서 시작된
픽사 유니버시티의 창의 교육

1986년 에드윈 캣멀과 앨비 레이 스미스에 의해 창립된 픽사는 최초의 컴퓨터 애니메이션 〈토이 스토리〉를 시작으로 〈니모를 찾아서〉 〈겨울왕국〉에 이르기까지 전 세계적으로 기록적인 흥행을 이루며 성장 중인 미국 애니메이션 제작사다. 픽사의 핵심 성공 요인(Critical Success Factors, CSF) 중 하나는 지금까지 단 한 번도 아이디어나 스토리를 외부에 의존한 적이 없다는 것인데, 그렇다고 해서 내부의 소수 엘리트 집단이 주도적으로 픽사를 이끌어 가는 것도 아니다. 화수분처럼 샘솟는 픽사의 창의성을 이어가는 원동력은 사내 대학인 픽사 유니버시티를 통해 이루어지는 임직원 교육에서 나온다.

픽사 유니버시티는 1996년에 오픈하였다. 당시 픽사 대표였던 에드윈 캣멀은 소프트웨어 디자이너, 마케터, 사무직원, 보안요원, 요리사에 이르기까지 픽사에 소속된 전 임직원들에게 데생 수업을 들을 생각이 있는지 묻는 이메일을 보냈다. 그때 무려 90퍼센트의 직원이 긍정적인 회신을 함으로써 자신의 업무와 직접적인 연관성이 없는 직원들도 교육과정에 참여하게 되었다. 10주 과정의 데생 수업을 시작으로 예술 강좌가 본격적으로 시작됐고, 이러한 프로그램들이 발전을 거듭하면서 다양한 픽사 유니버시티의 교육과정들로 자리 잡게 되었다.

캣멀 사장이 데생 수업을 시도한 이유는, 데생을 하기 위해서는 사물을 세밀하게 관찰하는 태도가 필요하며, 관찰하는 습관이 새로운 것을 만들어 가는 창의성을 함양하는 데 도움이 된다고 생각했기 때문이다. 데생뿐 아니라 모든 예술은 사물을 다양한 각도에서 바라보게 하여 창의력을 기르는 데 매우 효과적이라는 것이 당시 CEO였던 캣멀의 신념이다.

픽사에 소속된 1,200여 명의 임직원들은 픽사 유니버시티를 통하여 일주일에 최소 4시간 이상 자신이 선택한 분야의 교육을 받을 수 있다. 과목은 컴퓨터 프로그래밍, 애니메이션 제작, 영화 제작, 데생, 조각, 사운드, 연기, 글쓰기, 요가, 발레, 벨리댄스, 펜싱, 낚시까지 다채로운 프로그램들로 이루어져 있다. 각기 다른 업무를 맡고 있는 조직 내 구성원들이 평등한 위치에서 배울 수 있는 것이 특징이며, 핵심 목표는 '자신이 문외한인 업무 분야를 이해하기'다. 각기 다른 분야 임직원들과의 꾸준한 만남의 장을 마련함으로써 전체 임직원들의 창의성에 끊임없는 자극을 주고, 부서 간 장벽을 없애 보다 창의적인 아이디어를 공유할 수 있다.

에드윈 캣멀이 창의력을 이토록 중요시한 까닭은 영화 속 대사, 장면, 음향, 장소, 색깔, 조명 등 다양한 요소들이 감독이나 제작자 한두 사람의 아이디어에서 나오는 것이 아니라, 전체 임직원들이 함께 만들어 내는 것이기 때문에 조직 내 각 분야의 예술적, 기술적 창의력이 필요하다고 판단한 것이다. 이렇게 픽사 유니버시티는 임직원 간의 소통과 교류를 원활히 하여 창의적인 조직 문화를 만들었다.

디자인과 기술의
통합적 사고를 강조하는 다이슨

다이슨은 날개 없는 선풍기와 먼지봉투 없는 진공청소기 등 디자인과 기술을 접목시킨 혁신 제품들로 성장을 거듭 중인 영국 기업이다. 참신한 아이디어보다는 원가 절감과 대량 생산을 중요시하는 가전 시장에서, CEO이자 설립자인 제임스 다이슨은 디자이너이자 기술자인 자신의 장점을 살려 일상의 불편함을 해소할 창의적인 제품들을 출시하여 소비자에게 큰 호응을 얻고 있다.

다이슨의 전 세계 임직원 8,500여 명 가운데 3,500여 명이 산업디자인, 기계공학, 유체공학, 화학, 미생물학, 소프트웨어공학 등을 전공한 디자인 엔지니어다. 특히 새로운 아이디어를 받아들이기 위해 대학교를 갓 졸업한 직원들을 대거 채용하여 기발한 사고와 발상, 실패를 두려워하지 않는 도전의식 등을 충분히 활용하도록 지원하며, 그런 까닭에 다이슨 엔지니어의 평균 나이는 대략 26세다.

다이슨은 이처럼 다양한 전공의 디자인 엔지니어를 채용할 뿐 아니라 영국 케임브리지대학교에 미래 엔지니어를 위한 발명 기관인 '다이슨센터' 및 임페리얼칼리지 런던에 '다이슨 디자인 엔지니어링 스쿨' 등을 설립하여, 학생들의 창의성을 독려하고, 그들의 아이디어가 실제 산업에 반영될 수 있도록 현직 다이슨 엔지니어들을 함께 참여시켜 전기차, 북극 빙하용 차량 등의 주요 프로젝트를 성사시키고 있다.

다이슨은 회사 내에 '디자인 연구개발센터'를 두고 다양한 전공의 디자인 엔지니어를 고용하기도 하지만, 이처럼 산학 협동을 통해 학생들의 디자인 씽킹 능력을 키울 수 있도록 지원하고, 실제 산업과의 연계를 통해 현장성을 배울 수 있는 기회를 제공한다. 즉, 사용자의 관점에서 기성 디자인 제품의 문제점을 평가하고, 해당 문제를 혁신적으로 해결할 수 있도록 다양한 각도에서 문제 해결에 접근한다. 2020년부터 전기자동차를 생산하겠다고 발표한 다이슨은 가전 시장을 넘어 새로운 도전을 진행 중이다. 디자인 씽킹을 기초로 제품에 대하여 다양한 접근 방법을 시도하고, 임직원들에게 업무 분야의 경계를 뛰어넘는 융합적 사고를 독려하며, 학계와의 연계로 학생들에게 창의성 발현 기회를 제공하며 동시에 오픈 소스를 추구하는 다이슨은 기업 내 교육뿐 아니라 산학 협력 교육의 우수 사례다.

이제 업종을 불문하고 미래 조직에서 요구하는 인재상은 창의적인 사람이다. 창의성이 인재의 핵심 역량으로 주목받게 되면서 취업 교육, 선발 및 승진, 산업 교육 등 전반에 걸쳐 창의성을 키울 수 있는 다양한 제도나 장치를 도입해야 한다. 이와 더불어 산업 교육에서는 창의성에 대한 현장 중심적 이해를 높여야 한다. 창의적이고 혁신적인 발상이 조직의 새로운 성장 동력이 되어 경쟁우위를 창출할 수 있는 만큼, 조직의 인사·교육부서는 맞춤형 창의성 지표를 개발함으로써 임직원들의 창의성을 지속적으로 함양할 수 있는 제도를 만들고 제공하여야 할 것이다.

Chapter 17

'창의 혁명'을 위한 정리와 과제

박주용 교수 (심리학과)

시작은 힘들지만
반드시 가야 하는 변화의 길

"교수 4명을 한 줄로 세우기 어렵다"는 교수 개그가 있다. 12명의 교수들이 쓴 16개의 장을 다 읽은 독자라면, 왜 그런 개그가 만들어졌는지 조금은 이해할 수 있을 것이다. 편집에 신경을 썼음에도, 각 장의 길이, 다루는 내용, 그리고 논의를 전개하는 방식에서 통일성을 찾아보기 어렵다.

줄을 세워 놓으니 삐뚤빼뚤 하지만 일단 '창의 혁명'을 위한 대열을 만들었다는 데서 이 책의 의미를 찾을 수 있겠다. 이 대열은, 우리 교육이 지금처럼 해서는, 가르치는 사람과 배우는 사람 모두 고생은 고생대로 하면서, 글로벌 경쟁에서 뒤처지고 있다는 안타까운 현실 인식에서 만들어졌다.

이런 현실을 극복하기 위한 구체적인 제안은 2부에서 다루어진 11개의 장을 통해 이루어졌다. 마지막 장을 덧붙이는 이유는 2부의 11개 장에서 다루어진 내용을 간략히 재정리하고 앞으로의 창의성 교육 연구에서 해결해야 할 과제를 제시하고자 함이다.

소개된 창의성 교육 사례들의 재정리를 위한 분류

11개 장에서 소개된 수업을 전공 영역으로 나누면, 공학 3개(6장, 9장, 10장), 경영학 2개(12장, 13장), 교육학 2개(4장, 14장), 사회과학 2개(5장, 7장), 자연과학 1개(8장), 디자인 1개(11장)로 비교적 다양한 영역이 망라되었다고 할 수 있다.

소개된 수업들이 기존의 수업과 어떤 점에서 차별화되는지를 살펴보기 위해, 편의상 수업 내용 즉 커리큘럼, 수업 방법, 그리고 평가의 세 영역으로 나누어 재구성해 보면 [표 17-1]과 같다.

수업 내용	수업 방법	평가
9장, 10장, 11장, 12장	4장, 5장, 6장, 7장, 8장, 9장, 10장, 11장, 12장, 13장, 14장	5장, 7장, 12장

[표 17-1] 2부의 11개 장에서 새롭게 시도된 내용의 재정리를 위한 분류

이 구분에 따르면, 가장 많이 다루어진 부분은 수업 방법으로 11개 장 모두가 해당된다. 공통적인 특징은 교수의 강의를 최소화하고

그 대신 학생들이 능동적으로 참여할 수 있도록 한다는 것이다. 구체적으로 질문을 중심으로 수업을 진행하거나(4장, 5장, 6장, 7장, 8장), 학생들 간의 협력(9장, 10장, 11장, 12장, 13장, 14장), 혹은 토론을 강조한다(5장, 7장, 8장). 온라인 소프트웨어를 사용하여 학생들 간 상호작용을 촉진하려는 시도도 있었다(5장, 14장).

두 번째로 많이 다루어진 부분은 수업 내용으로, 교과서를 중심으로 하는 수업과 달리, 학생들이 해당 분야의 문제를 스스로 찾아 무엇인가를 만들어 내도록 하는 수업이다(9장, 10장, 11장, 12장). '다학제 창의적 제품 개발'(공대), '제조 고려 설계'(공대), '통합창의디자인'(디자인), '디자인 사고와 혁신'(경영대) 등과 같은 수업명에서 볼 수 있듯, 전공 영역에 상관없이 디자인과 창의라는 표현이 두드러진다. 이 네 개의 장에서 소개되는 수업 방식의 공통점은 팀을 이루어 가시적인 결과물을 만들어 내도록 한다는 점이다. 학생 평가는 수업에 따라 절대평가 혹은 상대평가를 사용하지만, 과정이 어려운 만큼 상대평가라도 엄격하게 적용하지 않고 대개 높은 학점이 부여된다.

교과과정이나 수업 방법의 변화는 그에 맞는 평가의 변화로 이어질 수밖에 없다. 대표적으로 위에서 본 가시적 성과물을 만들어 내도록 하는 수업에서는 성과물에 대해 동료들과 전문가에 의해 평가가 이루어질 수밖에 없다. 그럼에도 구체적으로 평가를 중요하게 다룬 장은 5장, 7장, 12장이다. 12장에서 소개된 디자인 사고와 혁신 수업에서는, 전통적인 시험 대신 결과물에 대한 평가와 함께 수업 조교의 관찰을 바탕으로 하고 이미 언급한 것처럼 상대평가로 성적을 매긴다.

7장에서 소개된 화폐금융론 수업에서는 정답이 없는 문제에 대해 미리 생각하도록 하고, 수업 시간에는 그 생각을 서로 나누도록 한다. 수업 내용과 관련되는 정답이 없는 문제를 만들어 내는 것 자체도 쉬운 일이 아닌데, 담당 교수는 "창의성 수업에서 제일 어려운 부분 중 하나는 창의성 평가다"라고 고백한다. 평가가 얼마나 어려운 일인지를 보여 주는 좋은 사례다. 이 문제를 해결하기 위해 학생은 물론 조교도 참여하도록 하는데, 그래도 이견이 있는 경우에는 교수가 결정한다. 수업 목표로 창의성이 요구되며, 수업 과정에서는 물론 평가에서도 지속적으로 창의성이 강조되는 점에서 가장 바람직한 창의 수업 모형이라 할 수 있다. 다만 수강생 수가 30명 이상으로 많아질 경우, 이런 방식으로 수업을 진행하는 데 따르는 교수의 부담이 급격히 증가하게 된다.

　5장에서 소개된 동료 평가 시스템은 이런 문제를 해결할 수 있는 한 방법을 제공한다. 동료 평가는 이미 다른 수업에서도 여러 번 언급되었다(7장, 8장, 9장, 10장, 12장). 따라서 이 개념은 더 이상 별도의 설명이 필요해 보이지 않는다. 다만 5장에서 소개된 동료 평가 시스템은 동료 평가를 위한 자료의 배분과 평가 결과를 쉽게 정리해 주기 때문에 수강생이 크게 증가하여도 그에 따른 교수의 부담을 최소화할 수 있도록 한 것이라는 점을 다시 한 번 강조하고자 한다.

　지금까지의 논의를 통해 재정리된 창의성 교육 방법은, 1) 강의 대신 학생들의 참여를 다양한 방식으로 이끌어 내며, 2) 가시적 결과물을 만들게 하며, 3) 과정 혹은 결과물에 대한 우수성 혹은 창의성을 평가한다는 세 특징 중 적어도 한 개 이상을 갖고 있다.

소개된 창의성 교육 사례들의 한계점

2부 11개 장에서 소개하고 있는 창의성 수업은 창의성 교육을 위한 각각의 사례일 뿐이다. 사례는 중요한 자료기는 하지만 일반화에 한계가 있다. 사람들이 때로 일반화의 중요성을 이해하지 못하지만 사례만으로는 부족하다. 예를 들면 "담배가 건강에 악영향을 미친다"는 주장에 대해, 자신의 할머니는 하루에 담배를 한 갑씩 피우시는데 80세가 넘어도 아직 건강하므로 그런 주장을 믿지 않는다고 이야기하는 사람들이 있다. 이런 사람들은 예외적인 사례 몇 개로 수많은 사례에서 추출된 일반 원리를 무시하는 경우이며, 결국 그 대가를 치르게 된다. 사례는 또한 그 수가 충분히 많아지는 것으로도 부족하다. 원하는 사례만 골라 모을 수 있기 때문이다. 몇 번의 시도 가운데 몇 번의 성공과 실패가 있었는지를 보다 체계적으로 따져 보아야 한다.

소개된 수업 사례들이 갖는 또 다른 한계는 수업의 효과성을 입증할 때 수강생의 자기 보고식 평가에 주로 의존하고 있다는 점이다. 자기 보고식 평가 자체에 문제가 있는 것은 아니다. 하지만 만일 과정이 어려워 중도 탈락자가 많아지게 되면, 단지 끝까지 완수했다는 이유만으로 만족감을 느낄 수 있고 그 결과 수업에 대한 평가가 좋아질 수 있기 때문이다. 이에 추가하여 수강생의 평가가 좋다고 해서 그 수업이 실제로 좋다고 평가하기 어렵다는 점도 지적될 필요가 있다. 학생들의 평가가 좋은데도 불구하고 실제 학생들의 실력이 증가하기는커녕 감소했다는 연구 결과도 있기 때문이다.

여기에 소개된 사례들을 일반화하고 수업의 질을 객관적으로 입증해야 하려면, 실험이나 준실험(quasi-experiments), 또는 디자인 기반 연구(design-based research) 등을 이용한 후속 연구가 이루어져야 한다.

그러나 그러한 한계에도 불구하고 적어도 지금의 우리 교육 상황에서는 이런 새로운 시도들을 긍정적으로 바라볼 필요가 있다. 그 이유는 전통적인 강의 중심 수업과 단편적인 지식을 묻는 평가에 기반한 수업의 해악을 이미 충분히 경험했기 때문이다. 따라서 창의 교육과 관련된 후속 연구는, 전통적 강의법과 비교하는 대신 제기된 여러 방법을 서로 비교하는 방식으로 진행하는 것이 더 현명한 전략일 수 있다.

입시, 취업, 그리고 사회 전체의 변화를 이루어 가기 위해 남은 과제들

한국 교육에서 관찰할 수 있는 하나의 특징은 새로운 용어가 등장할 때마다 그에 따라 교육계의 변화를 촉구하는 목소리가 높아진다는 것이다. 서구의 주요 국가는 물론 이웃 일본의 경우, 예를 들어 4차 산업 혹은 인공 지능이라는 용어 때문에 대학이나 전반적인 교육 정책에 큰 변화가 일어나지 않는다.

그런데 유독 우리는 이런 용어들에 민감하게 반응하고 거기에 맞추어 교육이 변화되어야 한다는 주장이 쏟아져 나온다. 그런데 지나고 보면 입시제도와 관련된 몇 가지 시도 외에 어떤 실질적인 변화를 찾아보기 어렵다. 이런 일이 반복되는 사이에 이제 교육은 우리 사회의 희망이 아니라 고통이 되었다. 더 이상 진통제식 처방으로 넘어가려 하지 말고, 15장에서 제기한 것처럼 우리 교육을 "원점에서 다시 설계해야" 할 필요가 있다.

그 시작은 교육에 대한 연구자들 간의 진지한 토론이다. 전문가들이 이미 밝혀진 연구 결과를 바탕으로 우리 실정에 맞는 교육 철학과 방법에 대해 지혜를 모아야 한다. 이 점에서 우리는 핀란드로부터 배울 게 많다. 핀란드의 교육 방법이 아니라, 그 방법을 만들기 위해 그들이 어떤 노력을 했는지를 배워야 한다는 것이다. 그들은 한 명 한 명의 아이들을 소중히 여기는 태도에서 시작하여, 그 아이들을 위해 무엇을 할 수 있을지에 대해 많은 전문가가 함께 고민하고 협력하였다. 우리는 수십 년 동안 다른 나라를 쫓아가느라 시간을 들여 고민할 여유를 갖지 못했다. 그 결과가 지금의 모습이다. 또 다시 시간이 없다는 이유로 후다닥 정책을 만들어 내기보다는 지속적으로 탐구하며 교육에 대한 논의를 활성화해야 한다.

이때 논의가 활발하게 이루어지도록 쉬운 문제부터 시작해야 한다. 입시 문제와 같은 이해 당사자가 많은 문제는 일단 배제하자는 것이다. 그 대신 대학 교육의 경우 예를 들어 이 책에서 소개된 창의적 수업에 대해 3학점을 부여할지 아니면 2~6학점 가운데 심의를 거쳐 유연하게 학점을 부여할 수 있도록 할지에 대해 논의할 수 있겠다.

이런 논의와 더불어 이미 확인된 문제들에 대해서는 즉각적인 변화가 이루어져야 한다. 예를 들어 15장에서 제기한 주장 중 하나를 보자.

> "교과 학습량이 줄더라도 창의적인 생각을 만들어 내는 근력을 갖추고 있으면 '학력'은 오히려 높아진다. 과거의 학력은 '지식'만 평가했지만 지금은 지식을 넘어 사고력, 판단력, 표현력, 주체성, 다양성, 협동성 등이 포함된다. 이것이 미래 사회에 필요한 역량, 곧 새로운 '학력'이다. … 창의력 도구로 논술 혹은 서술형 시험이 활용되어야 한다."

실제로 많은 교수들이 이 주장에 동의한다. 하지만 수강생 수가 예를 들어 100명 이상으로 커지면 논술 혹은 서술형 시험으로 평가하지 못하게 된다. 이런 일이 일어나지 않게 하려면 과감하게 논술 채점을 위한 인력을 지원하거나 아니면 동료 평가를 활성화하는 것이다. 다만 후자의 경우 먼저 동료 평가에 대한 교수와 학생들의 불신을 해소할 수 있는 방법이 연구될 필요가 있다.

교육계뿐만 아니라 기업도 적극적으로 동참해야 한다. 16장에서의 논의는 그 필요성을 잘 보여 준다.

"대학에서 창의성이나 도전성에 관한 교육이 이루어지지 않아 획일적인 인재가 양산되는 관계로 … 채용 후 원점에서 교육시켜야 하는 애로사항이 있다. … IT 업계에서는 … 유일한 정답이 존재하지 않는 … 질문에 얼마나 창의적이고 논리적으로 답하는지에 평가의 주안점을 두고 있다."

이 문제를 해결하기 위해 외국의 기업들은 선발 과정에서 창의성이나 도전성을 중요시한다. 우리 기업에서도 보다 적극적으로 이런 노력을 기울여야 한다. 나아가 단지 선발 과정에서만이 아니라 회사 내에서도 실질적으로 창의성이나 도전성이 높게 평가되어야 한다.

안타깝게도 지난 2016년에 대한상공회의소와 맥킨지가 발표한 한 설문 조사 결과에 따르면, 우리나라 기업에서의 회의 모습은 "일단 다 불러서 리더만 일방적으로 발언하다가 결론 없이 끝나는 회의"로 특징지어진다. 이런 상황이라면 아무리 창의성과 도전성이 뛰어난 인재를 채용하더라도 그 능력을 제대로 발휘할 수 없게 된다.

교육은 교육으로 끝나지 않는다. 교육을 하는 사람은 물론 교육을 받는 사람도 그 과정에서 무엇이 중요시되는지에 대해 암묵적으로나마 공유하고 확장하게 되기 때문이다. 교육 과정이 다른 사회적 상황에 반영되고 거꾸로 사회적 상황이 교육에 영향을 준다. 어느 한쪽이 먼저 바뀌기를 기대하면 서로 탓만 하다가 낭패에 봉착할 수 있다. 우리 자신은 물론 다음 세대를 생각하면 교육이 변할 수 있도록 더 많은 사람이 관심을 기울여야 한다.

특히 교수들은 지금보다는 겸손하게 가르치고 배우는 과정에 대해 배우면서 또 한편으로는 새로운 시도를 해 볼 필요가 있다. 가르치는 내용이 자신이 배웠을 때보다 더 충실하고 새롭다는 것에서 교수들이 만족을 느끼는 동안, 학생들은 미래 사회에 필요한 역량을 경험하지 못한 채 졸업하고, 취직을 하더라도 시키는 일만 잘하는 직원이 될 수 있다. 결과적으로 배우고 일하는 데 몰입하지 못해 그만큼 행복을 느끼지 못하게 된다.

실제로 국제 간 비교 연구에서 나타난 우리나라 사람들의 행복 수준은, 초등학교에 입학하면서부터 무덤에 이를 때까지 적어도 OECD 국가들 중 최하위권이다. 요컨대 교육은 교육에서 끝나지 않고 삶 전반에 영향을 준다.

이런 상황에서 누가 변화를 선도해야 할까? 가르치는 자, 바로 교수다. 이때 교수는 직위가 아니라 역할이다. 대학이든 학교든 가르치는 역할을 하는 사람들이 변화를 일으킬 수 있는 위치에 있고, 따라서 리더이기 때문이다. 리더는 길이 보이지 않는 상황에서 길을 만드는 사람이다. 역할 대신 직위만 가지고 자리만 차지하는 사람보다는 변화를 이끌어 내는 진정한 리더가 우리 교육계에 더 많아지기를 고대한다.

감사의 글

공과대학 학장 재임 시 《축적의 시간》의 후속작으로 창의성 교육에 관한 책의 출간을 처음으로 제안하고 이 책의 출간을 위하여 물심양면으로 도와주신 이건우 교수님께 감사드립니다. 또한 공과대학 부학장 재임 시 창의성 교육에 관심을 갖고 지원해 주신 김태완 교수님의 도움에도 감사드립니다.

'창의성 교육을 위한 교수 모임'의 일원으로서 창의성 교육에 큰 관심을 갖고 참여해 온 물리천문학부의 유재준, 최선호 교수님, 체육학과의 강준호 교수님 그리고 기계공학부의 김종원 교수님을 포함한 서울대학교에서 창의성 교육을 하시는 많은 교수님들의 교수법이 모두 소개되지 못한 것이 아쉽습니다.

책 출간을 위한 여러 모임에 참여하고 도와주신 교수학습센터의 민혜리 교수님과 많은 도움을 준 윤한솔 연구원에게 이 기회를 빌어 감사드립니다.

창의성 교육의 중요성에 대하여 이야기를 나누다 보면 "창의성 교육이 중요한지는 알지만, 어릴 때부터 창의성 교육을 받아 본 적이 없어서 창의성 교육을 어떻게 하는지 모르겠다!"는 분들이 의외로 많았습니다. 이런 분들에게 이 책이 조금이나마 도움이 되길 바랍니다.

이 책을 출간하는 과정에서 창의성 교육에 커다란 관심을 갖고 활동하는 여러 모임이 있다는 것을 알게 되었습니다. 예를 들면 '미래교육플랫폼'이라는 모임을 만들어 활동하시는 교장 선생님들도 만나게 되었고, 수년 전부터 '거꾸로 교실' 프로그램을 만들어 창의성 교육을 활발하게 전파하고 있는 '미래교실네트워크'의 활동도 알게 되었습니다. 이처럼 창의성 교육에 관심이 있는 모임과 단체들이 다양하게 만들어져서 경험과 정보를 함께 공유한다면 창의성 교육이 한층 더 빠른 속도로 전파될 것입니다. 이 책의 출간이 이곳저곳에서 창의성 교육에 대한 논의를 촉발시키고, 창의성 교육을 위한 모임을 만드는 데 보탬이 된다면 그보다 더 큰 보람이 없을 것입니다.

마지막으로 독자들이 보다 읽기 쉬운 책이 되도록 최선을 다해 도와주신 (주)대성 코리아닷컴 편집자 여러분께 감사드립니다.

저자 일동

■ 1장. 지식이 아니라 창의성을 교육해야 하는 이유

나덕렬(2008), 《앞쪽형 인간》, 허원미디어.

미하이 칙센트미하이(1997), 《몰입의 즐거움》, 이희재 역, 해냄.

박문호(2008), 《뇌, 생각의 출현》, 휴머니스트.

박문호(2013), 《뇌과학의 모든 것》, 휴머니스트.

서유헌(2013), 《뇌의 비밀》, 살림.

슈테판 클라인(2016), 《어젯밤 꿈이 나에게 말해주는 것들》, 전대호 역, 웅진지식하우스.

앨런 홉슨(2003), 《꿈》, 임지원 역, 아카넷.

에르빈 슈레딩거(2007), 《생명이란 무엇인가?》, 전대호 역, 궁리.

오오키 고오스케(1992), 《알고 싶었던 뇌의 비밀》, 박희준 역, 정신세계사.

존 스튜어트 밀(2010), 《존 스튜어트 밀 자서전》, 최명관 역, 창.

플라톤(2014), 《메논》, 이상인 역, 이제이북스.

황농문(2007), 《몰입, 인생을 바꾸는 자기혁명》, 알에이치코리아.

황농문(2011), 《몰입 두번째 이야기》, 알에이치코리아.

황농문(2013), 《공부하는 힘》, 위즈덤하우스.

Ling Siu Hing(2002), 〈The Hungarian Phenomenon〉, 《數學教育》 12(published in Hong Kong), pp.48-56.

https://en.wikipedia.org/wiki/Global_Workspace_Theory

https://en.wikipedia.org/wiki/Creativity

https://www.thetimes.co.uk/tto/health/article1964030.ece

https://dreamstudies.org/tag/sara-mednick/

https://en.wikipedia.org/wiki/Creativity

■ 2장. 추락의 시대, 창의성과 경쟁을 말하다

김세직(2016), 〈한국경제: 성장 위기와 구조 개혁〉, 서울대학교 《경제논집》 55권 1호, pp.3-27

김세직·류근관·손석준(2015), 〈학생 잠재력인가? 부모 경제력인가?〉, 서울대학교 《경제논집》 54권 2호, pp.357-383

황농문(2013), 《공부하는 힘》, 위즈덤하우스.

(* 2장은 김세직(2016)의 일부를 발췌 및 재구성한 내용을 담고 있다.)

■ 4장. 인공지능 시대에 존재 의미가 없어진 지식 제일의 교육

Groves, K.(2010), *Wish I Worked There! A Look inside the most creative spaces in businesses*, John Wiley and Sons Ltd.

Groves, K. & Marlow, M.(2016), *Spaces for Innovation: The Design and Science of Inspiring Environments*, Frame Publishers.

■ 5장. 창의 교육의 중심은 '강의'가 아니라 '토론과 글쓰기'

배수정·박주용(2016), 〈대학 수업에서 누적 동료 평가 점수를 활용한 성적 산출 방법의 타당성〉, 《인지과학》 27(2), pp.221-245.

최정윤 등 (2016), 〈대학의 교수·학습 질 제고 전략 탐색 연구(Ⅳ)〉, 한국교육개발원.

Bonwell, C. C., & Eison, J. A.(1991), *Active Learning: Creating Excitement in the Classroom. 1991 ASHE-ERIC Higher Education Reports*, ERIC Clearinghouse on Higher Education, The George Washington University, One Dupont Circle, Suite 630, Washington, DC 20036-1183.

Catmull, E. & Wallace, A.(2014), *Creativity, Inc.: overcoming the unseen forces that stand in the way of true inspiration*, Random House(국내 번역서로는 에드 캣멀·에이미 윌러스, 《창의성을 지휘하라》, 와이즈베리, 2014).

Chi, M. T. H.(2009), "Active-Constructive-Interactive: A conceptual framework for differentiating learning activities", *Topics in Cognitive Science* 1, pp.73-105.

Chi, M. T. H., & Wylie, R.(2014), "The ICAP framework: linking cognitive engagement to active learning outcomes", *Educational psychologist* 49(4), pp.219-243.

Dunbar, K.(1995), "How scientists really reason: Scientific reasoning in real-world laboratories", In R. J. Sternber & Davidson(Eds.), *Mechanisms of insight*, MIT Press, pp.365-395.

Dunbar, K.(1997), "How scientists think: On-line creativity and conceptual change in science", In T. Ward, S. Smith, & J. Vaid(Eds.), *Creative thought: An investigation of conceptual structures and processes*, APA Press, pp.461-493.

Hung, W.(2011), "Theory to reality: a few issues in implementing problem-based learning", *Educational Technology: Research & Development*, 59, pp.529-552.

McMahon, K., Ruggeri, A., Kämmer, J.E., Katsikopoulos, K.V.(2016). "Beyond Idea Generation: The Power of Groups in Developing Ideas", *Creativity Research Journal*, 28(3), pp.247-257.

Mercier, H. & Sperber, D.(2011), "Why do humans reason? Arguments for an argumentative theory", *Behavioral and Brain Sciences*, 34, pp.57-111.

Nemeth, C. J., Personnaz, B., Personnaz, C. & Goncalo, J.(2004), "The liberating role of conflict in group creativity: A study in two countries", *European Journal of Social Psychology*, 34, pp.365-374.

Park, J.(2017), "ClassPrep: A peer review system for class preparation", *British Journal of Educational Technology*, 48, pp.511 - 523,

Poh, M. Z., Swenson, N. C., & Picard, R. W.(2010), "A wearable sensor for unobtrusive, long-term assessment of electrodermal activity", *IEEE Transactions on Biomedical Engineering*, 57(5), pp.1243-1252.

■ 6장. 창의성 계발과 몰입적 사고 훈련

리처드 웨스트폴(2001), 《프린키피아의 천재》, 최상돈 역, 사이언스북스.

리처드 파인만(2000), 《파인만 씨, 농담도 잘하시네!》, 김희봉 역, 사이언스북스.

미셸 루트번스타인·로버트 루트번스타인(2007), 《생각의 탄생》, 박종성 역, 에코의서재.

미하이 칙센트미하이(2003), 《창의성의 즐거움》, 노혜숙 역, 북로드.

안데르스 에릭슨·로버트 폴(2016), 《1만 시간의 재발견》, 강혜정 역, 비즈니스북스.

조지프 르두(2005), 《시냅스와 자아》, 강봉균 역, 동녘사이언스.

황농문(2006), 〈사고력 향상을 위한 공학교육〉, 《공학교육》 13, pp.51-58.

황농문(2007), 《몰입, 인생을 바꾸는 자기혁명》, 알에이치코리아.

황농문(2013), 《공부하는 힘》, 위즈덤하우스.

황농문(2016), 〈몰입적 사고와 창의성 교육〉, 《세라미스트》 19, pp.12-27.

〈조선일보〉(2006), "과학은 9시 출근, 4시 퇴근하는 일 아니다", 2006년 9월 12일자.

〈조선일보〉(2006), "노벨상 日과학자, 일본 평준화교육 비판", 2008년 10월 11일자.

J. M. Keynes(1947), *Newton the Man*, in The Royal Society Newton Tercentenary Celebrations.

J. Mehra(1994), *The Beat of Different Drum*, Oxford University Press.

Ling Siu Hing(2002), 〈The Hungarian Phenomenon〉, 《數學教育》 12, pp.48-56.

Ronald W. Clark(1984), *A. Einstein: The Life and Times*, Avon Books.

■ 7장. 상상과 창조의 경제학

김세직·정운찬(2007), 〈미래 성장동력으로서의 창조형 인적자본과 이를 위한 교육개혁〉, 《경제논집》 46권 4호, pp.187-214.

김세직·류근관·김진영·박지형(2012), 〈성장동력으로서 창조형 인적자본의 필요성〉, 《협동연구총서》.

김세직(2014), 〈경제성장과 교육의 공정경쟁〉, 《경제논집》 53권 1호, pp.3-20.

김세직·류근관·손석준(2015), 〈학생 잠재력인가? 부모 경제력인가?〉, 《경제논집》 54권 2호, pp.357-383.

김세직(2016), 〈한국경제: 성장위기와 구조개혁〉, 《경제논집》 55권 1호, pp.3-27.

(* 이상은 필자가 기고한 정책논문들로 경제성장 회복을 위한 교육개혁의 필요성, 교육 개혁 방안, 창조형 수업에 대한 제안 등을 담고 있다.)

■ 8장. 풀이보다 토론으로, 수학 교실 창의 혁명

권오남·이지현·배영곤·김유정·김현수·오국환·장수(2013), 〈반전학습(Flipped Classroom) 수업 모형 개발: 대학 미적분학 강의 사례를 중심으로〉, 《수학교육논총》 30, pp.67-88.

Bligh, D.(1972), *What's the use of lectures?*, Penguin.

Kapur, M.(2008), "Productive failure", *Cognition and Instruction*, 26(3), pp.379-424.

Mehan, H.(1979), "What time is it, Denise?: Asking known information questions in classroom discourse", *Theory into Practice*, 28(4), pp.284-294.

Tobin, K.(1987), "The role of wait time in higher cognitive level learning", *Review of Educational Research*, 57, pp.69-95.

■ 10장. 창의로 구현한 '적정 기술'이 세상을 바꾼다

안성훈·이경태(2012), 〈적정 기술 교육과 공학봉사의 융합모델: 제조고려설계 수업과 네팔솔라봉사단의 예〉, 《공학교육》 Vol.19, No.3, 한국공학교육학회, pp.15-19.

E. F. 슈마허(2002), 《작은 것이 아름답다: 인간 중심의 경제를 위하여》, 문예출판사.

〈연합뉴스〉(2016), "서울대 연구팀이 개발한 백신 냉장고 아프리카에 보급", 2016년 12월 20일자.

〈한겨레〉(2016), "촛불과 엘이디의 조화… 알파고 시대에 뜨는 적정 기술", 2016년 12월 26일자.

Binayak Bhandari, Kyung-Tae Lee, Won-Shik Chu, Caroline Sunyong Lee, Chul-Ki Song, Pratibha Bhandari, and Sung-Hoon Ahn(2017), "Socio-Economic Impact of Renewable Energy-Based Power System in Mountainous Villages of Nepal", *International Journal of Precision Engineering and Manufacturing-Green Technology*, Vol.4, No.1, pp.37-44.

Chu, W.S., Kim, M.S., Lee, K.T., Bhandari, B., Lee, G.Y., Yoon, H.S., Kim, H.S., Park, J.I., Bilegt, E., Lee, J.Y., Song, J.H., Park, G. H., Bhandari, P., Lee, C.S., Song, C. and Ahn, S.H.(2017), "Design and Performance Evaluation of Korean Traditional Heating System - Ondol: Case Study in Nepal", *Energy and Buildings, Elsevier*, Vol.138, pp.406-414.

■ 13장. 창의적 기업가를 만드는 여섯 가지 방법

조성면(2010), 〈뇌과학에 기반한 창의적 글쓰기와 문화콘텐츠기획〉, 《한국학연구》 22, pp.191-219.

〈조선일보〉(2017), "알파고의 습격, 8년 내 1600만 명 일자리 넘본다", 2017년 1월 4일자(http://news.chosun.com/misaeng/site/data/html_dir/2017/01/04/2017010400130.html).

〈중앙일보〉(2016). "새해 계획은 괴물 투수 오타니의 만다라트 따라잡기로", 2016년 02월 03일자(http://news.joins.com/article/19520959)

Akay, D., Demiray, A. & Kurt, M.(2008). "Collaborative tool for solving human factors problems in the manufacturing environment: the Theory of Inventive Problem Solving Technique(TRIZ) method", *International Journal of Production Research*, 46(11), pp.2913-2925.

Buzan, T. & Buzan, B.(1996), *The Mind Map Book. How to use Radiant Thinking to Maximize Your Brain's Untapped Potential*, Plume.

Cortes, G. M., Jaimovich, N., & Siu, H. E.(2016), "Disappearing Routine Jobs: Who, How, and Why?", *National Bureau of Economic Research*, No.w22918.

Cox, J. F. & Spencer, M. S.(1998), *The Constraints Management Handbook*, The Saint Lucie Press.

Dai, L., Maksimov, V., Gilbert, B. A., & Fernhaber, S. A.(2014), "Entrepreneurial orientation and international scope: The differential roles of innovativeness, proactiveness, and risk-taking", *Journal of Business Venturing*, 29(4), pp.511-524.

Dettmer, H. W.(1997), *Goldratt's Theory of Constraints*, ASQC Quality Press.

Fillis, I., & Rentschler, R.(2010), "The role of creativity in entrepreneurship", *Journal of Enterprising Culture*, 18(01), pp.49-81.

Hipple, J.(2005), Introduction to The TRIZ Inventive Problem Solving Process(http://www.innovation-triz.com/papers/understandingtriz.ppt).

Hirao, K. & Ymamoto, I.(2010), "A study on the various effect of thinking method in business field and comparative examination on combination phrase", 《計画系》 50, pp.281-284.

Kim, W. C., & e Mauborgne, R.(2014), *Blue ocean strategy, expanded edition: How to create uncontested market space and make the competition irrelevant*, Harvard business review Press.

Kling, J. A., Mayer, S., & Richardson, P.(2011), "Beyond case study analysis?: Three enhanced approaches to teaching business strategy", *The BRC Journal of Advances in Education*, 1(2), pp.81-99.

Kreiser, P. M., Marino, L.D., Kuratko, D.F., & Weaver, K.M.(2013), "Disaggregating entrepreneurial orientation: the non-linear impact of innovativeness, proactiveness and risk-taking on SME performance", *Small Business Economics*, 40(2), pp.273-291.

Mann, D. L.(2002), "Manufacturing technology evolution trends", *Integrated Manufacturing System*, 13, pp.86-90.

Moran, S.(2015), "Adolescent aspirations for change: creativity as a life purpose", *Asia Pacific Education Review*, 16(2), pp.167-175.

Nancy K. Napier, Mikael Nilsson(2008), *The Creative Discipline*, Praeger Publishers.

Smith, D. (2000), *The Measurement Nightmare*, The Saint Lucie Press.

Poon, J. C., Au, A. C., Tong, T. M., & Lau, S.(2014), "The feasibility of enhancement of knowledge and self-confidence in creativity: A pilot study of a three-hour SCAMPER workshop on secondary students", *Thinking Skills and Creativity*, 14, pp.32-40.

■ 14장. 창의성 교육, 온라인 도구를 활용하다

구양미·김영수·노선숙·조성민(2006), 〈창의적 문제 해결을 위한 웹기반 교수-학습 모형과 학습 환경 설계〉, 《교과교육학연구》 10(1), pp.209-234.

김종원(2008), 《공학설계: 창의적 신제품 개발방법론》, 문운당

이상수·이유나(2007), 〈창의적 문제 해결을 위한 블렌디드 수업 모형 개발〉, 《교육공학연구》 23(2), pp.135-159.

이상수·이유나(2008), 〈협동 창의적 문제 해결을 위한 온라인 지원시스템 개발〉, 《한국컴퓨터교육학회 논문지》 11(5), pp.19-32.

이종연·구양미·진석언·서정희·고범석(2007). 〈창의적 문제 해결(Creative Problem Solving) 모형 기반 초등학교 사회과 수업의 효과성 분석: 학습자의 창의적 문제해결력 및 학업성취도에 미치는 영향 중심으로〉, 《교육공학연구》 23(2), pp.105-133.

임철일·김성욱·한형종·서승일(2014), 〈창의적 문제 해결을 위한 스마트 지원 시스템의 수업 적용: 미술대학 수업 사례〉, 《아시아교육연구》 15(3), pp.171-201.

임철일·김종원·홍미영·서승일·이찬미·유성근·김영수·박정애(2016), 〈공학교육에서 창의성 향상을 위한 스마트 지원 시스템 적용과 효과에 관한 연구〉, 《공학교육연구》 19(2), pp.34-44.

임철일·윤순경·박경선·홍미영(2009), 〈온라인 지원 시스템 기반의 '창의적 문제 해결 모형'을 활용하는 통합형 대학 수업 모형의 개발〉, 《교육공학연구》 25(1), pp.171-203.

임철일·홍미영·이선희(2011), 〈공학교육에서의 창의성 증진을 위한 학습환경 설계모형〉, 《공학교육연구》, 14(4), pp.3-10.

Treffinger, D. J., Isaksen, S. G., & Dorval, K. B.(2000), *Creative problem solving: An introduction* (3rd ed.), Prufrock Press.

■ **16장. 인공지능보다 인간의 '창의'가 기업을 생존시킨다**

김범열(2009), 〈창의적 기업이 되기 위한 변화 포인트〉, 《LG Business Insight: Weekly 포커스》, pp.36-43.

김현진·설현도(2014), 〈개인 창의성과 집단창의성의 관계에서 통합능력의 매개효과〉, 《대한경영학회지》 20(1), pp.1-20.

박남규(2013), 〈픽사는 창의적 집단 250명이 이끈다 어둠 둘을 나침반은 창의성뿐〉, 《Dong-A Business Review》, 124(http://www.dongabiz.com/article/view/1203/article_no/5601).

양승일·김현진·주경필(2006), 〈기업의 대학교육 인식과 요구분석〉, 《직업능력개발연구》 9(2), pp.145-170.

이강군(2010), 〈생존과 지속가능 경영을 위한 창의가치창출전략〉, 《지속가능연구》 1(1), pp.43-77.

이덕로·김태열(2008), 〈직무 특성이 개인 창의성에 미치는 영향: 선행적 행동의 매개효과를 중심으로〉, 《경영학연구》 37(3), pp.443-475.

이임정·윤관호(2007), 〈우리나라 대기업, 중소기업, 벤처기업의 인재상에 관한 연구〉, 《전자상거래학회지》 8, pp.53-79

이혜주·정인화(2012), 〈지속 가능한 인재양성을 위한 창의성의 개념적 변화와 과제〉, 《지속가능연구》 3(2), pp.37-66.

인쿠르트(2010), 〈인사담당자의 대학교육 평가〉(http://people.incruit.com/news/newsview.asp?gcd=10&newsno=521711).

장재윤·박영석(2000), 〈의적 작업환경측정용 KEYS척도의 타당화 연구: 한국 기업 조직을 대상으로〉, 《한국심리학회지: 산업 및 조직》 13(1), pp.61-90.

장필성(2016), 〈창의성을 지휘하라: 창의적인 조직문화를 가꾸는 법〉, 《과학기술정책》 통권 220호, pp.48-51.

전경원(2000), 《동·서양의 하모니를 위한 창의학》, 학문사.

전수환(2010), 〈예술을 즐기고, 배우고... 조직 창의력 업그레이드!〉, 《Dong-A Business Review》 62(http://www.dongabiz.com/article/view/1203/article_no/3143).

전수환·한아린(2011), 〈문화예술을 통한 창조경영〉, 《창조경영연구》 4(1), pp.145-169.

조기순(2009), 〈학습복잡계 기반의 집단 창의성 발현에 관한 연구〉, 한양대학교 대학원 박사학위논문.

조한익·이성원·김화영(2015), 〈대졸 신입사원의 창의성 측정도구 개발〉, 《직업능력개발연구》 18(1), pp.71-101.

잡코리아(2017), 〈이런 질문까지? 대기업 면접 기출문제〉(http://www.jobkorea.co.kr/Starter/Tip/View?Inside_No=13273&schCtgr=101003&schGrpCtgr=101&Page=1).

진현·강우란·조현국(2012), 〈기업 내의 조직창의성 모델〉, SERI연구보고서, 삼성경제연구소.

채창균·옥준필(2006), 〈기업의 대학교육 만족도와 신입사원 교육훈련〉, 한국직업능력개발원.

최상덕·김진영·반상진·이강주·이수정·최현영(2011), 〈21세기 창의적 인재 양성을 위한 교육의 미래전략 연구〉, 한국교육개발원.

한국고용정보원(2015), 〈취업성공의 열쇠, '현재 능력 〈 미래가능성'〉(http://www.keis.or.kr).

한국고용정보원(2015), 〈채용경향 분석 및 이를 활용한 취업진로지도 방안 연구〉.

한국고용정보원(2016), 〈AI·로봇 - 사람, 협업의 시대가 왔다〉, 한국고용정보원 보도자료.

Amabile, T. M.(1988), "A model of creativity and innovation in organization", *Research in Organizational Behavior*, 10(1), pp.123-167.

ARCOM(2013), 〈교육과정개발사업/ [한예종] 기업과 문화예술 I: [3주차] 기업 창의학습 지원사업 실행 사례 1-조직원대상 교육프로그램〉(http://arcom.kr/228)

Chui, M., Manyika, J., & Miremadi, M.(2015), "Four fundamentals of workplace automation", *McKinsey Quarterly*, pp.1-9.

DiPaola, P., & Li, J.(2007), "From 'Made in China' to 'Invented in China'", Bain & Company, 3(http://www.bain.com/publications/articles/from-made-in-china-to-invented-in-china.aspx).

Dipboye, R. L., Macan, T., & Shahani-Denning, C.(2012), "The selection interview from the interviewer and applicant perspectives: Can't have one without the other", *The Oxford handbook of personnel assessment and selection*, pp.323-352.

Drazin, R, Glynn, M. A., & Kazanjian, R. K.(1999), "Multilevel theorizing about creativity in organizations: A sensemaking perspective", *Academy of Management Review*, 24(2), pp.286-307.

Friedman, T. L.(2005), *The would is flat: a brief history of the twenty-first century*, Farrar, Straus and Giroux.

Gateau, T., & Simon, L.(2016), "Clown Scouting and Casting at the Cirque Du Soleil: Designing Boundary Practices for Talent Development and Knowledge Creation", *International Journal of Innovation Management*, 20(4), 164006

Glassdoor. (2016), 〈Top 10 Oddball Interview Questions for 2016〉 (https://www.glassdoor.com/blog/top-10-oddball-interview-questions-2016/

Gough, H. G.(1979), "A Creative Personality Scale for the Adjective Check List", *Journal of Personality and Social Psychology*, 37(8), pp.1398-1405

Gulford, J. P.(1959), "Traits of Creativity", In: H. H. Anderson(ed.), *Creativity and its Cultivation*, Harper, pp.142-161

Hamdani, M. R., Valcea, S., & Buckley, M. R.(2014), "The relentless pursuit of construct validity in the design of employment interviews", *Human Resource Management Review*, 24(2), pp.160-176.

Levashina, J., Hartwell, C. J., Morgeson, F. P., & Campion, M. A.(2014), "The structured employment interview: Narrative and quantitative review of the research literature", *Personnel Psychology*, 67(1), pp.241-293.

Tierney, P., & Farmer, S. M.(2011), "Creative Self-Efficacy Development and Creative Performance Over Time", *Journal of Applied Psychology*, 96(2), pp.277-293.

Wehner, L., Csikszentmihalyi, M., & Magyari–Beck, I.(1991), "Current approaches used in studying creativity: An exploratory investigation", *Creativity Research Journal*, 4(3), pp.261-271.

Woodman, R. W., Sawyer, J. E., & Griffin, R. W.(1993), "Toward a theory of organizational creativity", *Academy of Management Journal*, 18(2), pp.293-321.

저 자 소 개

권오남 (서울대학교 수학교육과 교수, onkwon@snu.ac.kr)
학생들 사이에서 '강의가 없는 강의'를 하는 교수님으로 통한다. 일방적으로 전달하는 강의에서 벗어나 토론 형식을 고집하는 이유는 수학적 창의성은 한 가지 수학 문제를 다양한 방법으로 풀 때 나타나며, 질문을 통해 학생들은 자신이 알고 있는 지식을 이끌어 내고, 반박을 통해 자신이 무엇을 모르는지 자각하면서 수학적 문제 해결력이 길러지기 때문이다. 창의적인 교수법으로 '2009년 서울대학교 교육상'을 수상했으며, 수학교육의 올림픽이라고 불리우는 '제9차 국제수학교육대회'에서 한국인으로서는 최초로 초청 강연을 했고, 유네스코와 국제수학연맹에서 주관하는 'Mathematics of Planet Earth 2013'에서 심사위원을 맡았다. OECD의 PISA2015 수학 전문가 위원으로 위촉된 바 있다. 현재 한국수학교육학회 회장, 서울대학교 교육연수원 원장, 한국여성과학기술단체 총연합회 부회장, 한국과학기술단체총연합회 이사로 활동하고 있다. 저서로는 《두근두근 수학 공감》(기획서), 《다변수미적분학》, 《Professional Development of Mathematics Teachers》(공저), 《Transitions in Mathematics Education》(공저) 등이 있다.

김경범 (서울대학교 서어서문학과 교수, amadis@snu.ac.kr)
인구 감소와 고령화, 4차 산업혁명 시대에 살아갈 아이들에게 무엇보다 창의력, 상상력, 의사소통능력 등을 키우는 것이 중요함을 강조하며, 미래 사회를 살아갈 역량을 가르치는 새로운 학교 교육을 위해 서울대학교에서는 물론 국가 정책에서도 중요한 역할을 담당하고 있다. 서울대학교 입학본부에서 오랫동안 입학 업무를 담당했고, 교육부 교육과정심의위원과 입학사정관제 정책위원을 역임했으며, 현재 대입제도 개편안을 마련하는 교육부 정책자문위 입시제도혁신분과장을 맡고 있다.
연구 분야는 스페인 중세, 르네상스, 바로크 시대 문학이며, 대학 입학 관련 연구로는 창의적인 인재 육성을 위해 정부와 고등학교가 시작해야 할 역할을 정리한 〈학생부 정보의 재구조화 연구〉가 있다. 저서로는 《코리아 아젠다 2017》, 《중세의 죽음》(공저)이 있다.

김세직 (서울대학교 경제학과 교수, skim@snu.ac.kr)
화폐금융론 수업에서 "불나라에서 얼음을 화폐로 도입하는 방법은?"과 같은 문제를 내주고 정답은 없다고 강조하며 학생들에게 기존의 틀을 깨는 창의적인 생각을 해 보도록 가르친다. 노벨경제학상을 수상한 경제학의 거두 시카고대학의 로버트 루카스의 제자로, 2006년부터 서울대에서 거시경제학, 화폐금융론, 경제성장론을 가르치고 있다. 제로성장을 향해 추락하고 있는 우리 경제의 성장 동력을 되찾기 위해서는 '창의성 교육'을 통한 창조형 인재를 키워 내는 것만이 유일한 대안이며, 시급한 일임을 현대 경제학 이론을 통해 강조한다. 그럼에도 서울대에서조차 여전히 주입식·암기식 교육이 이루어지는 것이 안타까워 자신의 강의에서부터 10년 넘게 창의성 교육을 시도해 오고 있다. 창의성 수업은 시간과 노력이 많이 들고 수업을 이끌어 가는 것이 쉽지 않지만 창의적인 인재를 기르지 않으면 한국에 미래가 없다는 절실함을 가지고 창의성 수업을 고집하고 있다. 주요 연구 결과로는 '내생적 경제성장 이론', '인적자본 축적과 교육', '금융과 경제성장', '무역과 경제성장' 등에 관한 여러 학술 논문이 있으며, 한국 경제에 대해서도 우리나라 거시경제를 진단하고 구조개혁 및 교육 개혁 방안들을 제시한 여러 정책 논문이 있다.

박남규 (서울대학교 경영학과 교수, namgyoopark@gmail.com)

필기, 교과서, 시험이 없는 이른바 '삼무(三無) 수업'으로 유명하다. 학생들의 창의적 사고방식을 키워 주기 위해서다. 다양한 전공의 학생이 모인 벤처경영학 연합전공의 필수과목인 '디자인 사고와 혁신'이라는 수업은 한 학기 동안 학생들이 실제 벤처 기업을 창업할 수 있을 정도의 아이디어를 내는 것이 목표이며, 강의실은 창업 박람회장이 된다.

개인, 팀, 집단의 창의성에 대한 연구를 기반으로 기업들이 지속 가능한 경쟁우위를 창조할 수 있는 다양한 접근 방법에 대해 연구하며, 성장을 추구하는 많은 기업들이 M&A, 전략적 제휴, 해외시장 진출과 같은 전통적인 대안들을 사용하는 것에 대한 문제점을 지적하고, 새로운 관점에서 창조적인 미래 전략을 수립해야 한다는 것을 강조한다. 서울대학교, NYU, KAIST에서 수차례 최우수강의상을 받았으며, 저서로는 《전략적 사고》, 《서울대학교 경영연구소 경영사례 시리즈》(공저) 등이 있다.

박주용 (서울대학교 심리학과 교수, jooypark@snu.ac.kr)

창의적 사고를 위해 갖추어야 할 기본인 토론과 쓰기 교육이 기형적인 입시 제도로 인해 거의 배제되고 있다고 지적하면서 대학에서라도 토론과 쓰기 교육을 시키기 위해 실천하고 있다. 학생들에게 예습할 자료와 함께 글을 써야 할 주제를 정해 주고, 그 과정에서 생기는 어려움이나 궁금증에 대해 질문을 하도록 한다. 수업에서는 간단한 강의에 이어 학생들이 제기한 질문에 대한 답을 찾는 데 주력한다. 글쓰기와 토론을 강조하는 이유는 안다고 생각하는 내용도 말이나 글로 옮기려면 부족한 부분이 명확해지기 때문이다. 아직 모르는 내용을 이해하고자 노력하는 과정을 통해 창의성이 발현된다고 강조한다. 글 평가의 부담을 줄이기 위해 학생들 간에 상호 평가를 하게 하는 수업으로 유명하다. 저서 및 역서로는 《문제 해결》, 《인지심리학》(공저), 《심리학의 철학》(공역), 《의식의 기원》(공역) 등이 있다.

서승우 (서울대학교 전기정보공학부 교수, sseo@snu.ac.kr)

공과대학 학생들 사이에 열정과 도전을 불러일으키는 최고의 멘토로 꼽힌다. 학생들에게 캠퍼스를 벗어나 직접 사회로 나아가 스스로 문제를 탐색하고 정의한 후, 그것을 해결하는 대안까지 제시할 것을 끊임없이 요구한다. '다학제 창의적 제품 설계', '글로벌 제품 설계' 과목을 공동 개설하여 학생들이 미래의 리더로서 'First mover'의 능력을 배양하도록 힘쓰고 있다. 2011년 세계 최초의 무인태양광자동차경주대회를 기획하여 성공적인 개최를 이끌었고, 직접 서울대 팀의 지도 교수로 참가하여 2등상을 받았다. 2013년에는 정부에서 주최한 무인자율주행자동차 경진대회에 출전하여 본선 최단시간의 기록을 세우며 최우수상을 수상했다. 또한 2015년 11월에는 국내 최초로 자율주행차 '스누버'로 캠퍼스에서 자율주행 콜택시 시연에 성공했고, 2017년 6월에는 도심 지역인 여의도에서 자율주행에 성공했다. 2015년 해동학술상, 2016년 근정포장, 2017년 삼일문화상 등을 수상했다. 저서로는 《보안경제학》, 《Security in Next Generation Mobile Networks》, 《아침 설렘으로 집을 나서라》, 《코리아 아젠다 2017》, 《학문연구의 동향과 쟁점》 등이 있다.

신종호(서울대학교 교육학과 교수, jshin21@snu.ac.kr)

창의성 교육의 핵심은 자기 지향성 즉, 자신의 색깔을 찾는 것이며, 창의성은 모든 사람들이 배워야 하고 자기 능력으로 계발되어야 하는 부분임을 강조한다. 대한민국의 미래가 보장되고, 대학 교육이 정상화되려면 교수부터 교육에 대한 철학이 먼저 변해야 하고, 아는 것을 전달하는 방식이 아니라 학생들을 자극하는 쪽으로 교육하여 가만히 앉아서 듣는 수동적인 교육이 아니라 과제를 주고 질문을 던져 학생들이 스스로 생각하게 하는 창의적 교육이 확산되어야 한다고 주장한다. 미래 인재의 학습 역량과 창의성 계발을 위한 실천 방안을 연구 중이며, 창의인재, 전문성, 공동체 지향 목적에 연구 관심을 두고 있다. 저서 및 공저로는《우리 아이 학습 마라톤》,《폭력 없는 행복 학교 만들기》,《교육심리학》,《사교육: 현상과 대응》,《영재아동 바로알기》,《학습장애아동의 이해와 교육》,《연구로 본 교육 심리학》 등이 있다.

안성훈(서울대학교 기계공학학부 교수, ahnsh@snu.ac.kr)

실현 가능한 창의성을 주장하며, '사회공헌, 창의성, 실습'의 세 가지 요소를 수업에 접목시키는 교육을 하여 2012년 서울대학교 교육상을 수상하였다. 그가 연구실에서 가장 강조하는 것은 협력과 소통이며, 열린 마인드가 있을 때 창의적인 사고도 가능하다고 한다.
2005년 대한기계학회에서 백암논문상을, 2007년에는 한국정밀공학회에서 학술상을 수상하였다. 2014년 녹색생산기술분야 국제학술지 <IJPEM-Green Technology>를 편집장으로서 창간하였고 에너지와 환경을 고려한 제조 기술의 발전에 관심을 갖고 있다. 서울대학교 글로벌 사회공헌단의 센터장으로 적정 기술을 사용한 해외 봉사 활동을 담당했으며, 공학 봉사 활동을 교육과 연계하여 학기 중 수업에서 도출된 신재생에너지 및 적정 기술 아이디어를 저개발국에 방문하여 실험하고, 이를 다시 수업을 통하여 개선하는 '순환형 공학교육 모델'을 제시하는 등 국내뿐만 아니라 해외에도 영향력을 주는 창의성 교육을 끊임없이 시도하고 있다. 제조와 로봇 분야의 연구 결과를 국제학술지에 220여 편의 논문으로 발표하였다.

윤주현(서울대학교 디자인학부 교수, jheune@snu.ac.kr)

지식경제부와 한국디자인진흥원이 추진하는 '융합형 디자인대학 육성사업'에 서울대학교 디자인학부를 중심으로 한 '글로벌통합디자인교육사업단'의 단장시 다학제 전공인 통합창의 연계 전공을 만드는 데 참여하여 지금껏 전공주임을 맡고 있다. 융합지식 관점에서 정보디자인·인터랙션디자인·UX·서비스디자인 강의를 하고, 국내외 기업 및 기관의 미래 시나리오 작업이나 문제 해결 프로젝트를 진행한다. 디자인경영학회 및 창의성학회 공동창립자이며, 디자인학회뿐 아니라 HCI 학회, 디자인융복합학회 등 다학제 관련 학회에서 부회장으로 활동하고 있다. 세계 3대 인명사전인 마르퀴스 후즈 후에 2014년 올해의 인물로 선정되기도 하였다. 저서로는《비주얼 스토리텔링》,《인공물의 진화》(공저),《디지털시대의 비쥬얼커뮤니케이션 디자인의 역사적 조명》,《한중일 모바일폰 비교분석을 통한 디자인 동향과 사용문화 연구》(공저) 등이 있다.

이찬 (서울대학교 농산업교육과 산업인력개발학 교수, chanlee@snu.ac.kr)

거꾸로 학습 등을 포함한 창의적 교수법으로 서울대학교 산업인력개발학 전공 우수 강의상을 2회 연속 수상하였다. 지식과 기술의 유효 기간이 짧아지고 있는 이 시대에 상호 공유를 통한 지속적인 역량 개발은 더욱 중요해지고 있음을 강조하며, '소셜 러닝'의 새로운 바람을 일으켰다. 구조적 불황과 새로운 변화의 시대에 처한 기업들에게 필요한 창의적인 인재 육성을 위해 70:20:10 모델 등 다양한 교육 전략을 제안한다. 서울대학교 농업생명과학대학 교육연수원장으로서 특성화고, 마이스터고 등의 중등 직업교육 교사 연수를 통하여 창의적 교육 확산에 이바지하고 있다.

주요 연구 분야는 기업가정신, 성과관리, 전략적 인적자원개발, 직무분석 및 역량모델링, 리더십 개발 및 코칭, 일터학습, 스마트러닝 등이다. 세계 최대 규모의 인적자원개발 협회인 ATD(Association for Talent Development) 활동을 하고 있으며, 한국인 최초로 ATD ICE 심사위원을 맡기도 했다. 저서로는 《꿈꾸는 진로여행》(공저), 《인적자원개발론》(공저), 《성공적인 직장생활》(공저), 《산업인력개발론》(공저), 《스마트러닝》(공저), 《Destination Facilitation》(공저) 등이 있다.

임철일 (서울대학교 교육학과 교수, chlim@snu.ac.kr)

전공 강좌인 '교육공학' 수업을 플립러닝으로 운영하며, 'SNUON'이라는 테크놀로지를 활용해 교수자가 사전에 촬영한 수업 영상을 제공하고, 학생들이 미리 학습하는 방식으로 수업을 진행한다. 4차 산업혁명 시대에 대비할 창의 교육에 관해 문제 해결력, 창의, 융합, 의사소통, 협동과 같은 21세기 핵심 역량을 키우는 목표를 추구해야 하며, STEAM 중심의 융합교과 활동과 실제 교실에서 이 같은 활동을 지원하고 촉진하는 도구로서 증강현실 등 테크놀로지의 적극적인 활용이 필요하다고 주장한다.

국내 교육공학 및 교육학계를 대표하는 학회인 한국교육공학회 18대 회장이며, 한국기업교육학회 회장, 대학교육개발센터협의회장, 서울대 교육부처장·교수학습개발센터 소장 등을 역임했다. 저서로는 《원격 교육과 사이버 교육 활용의 이해》, 《교수 설계 이론과 모형》, 《교육 방법의 교육 공학적 이해》(공저) 등이 있다.

황농문 (서울대학교 재료공학부 교수, nmhwang@snu.ac.kr)

절정의 몰입 상태에서 수행한 연구 경험을 바탕으로, 몰입적 사고를 통해 두뇌를 최대로 활용할 수 있음을 확인하였으며, 실제로 몰입적 사고를 통하여 50년 이상 아무도 풀지 못한 난제들을 해결하였다. 창조적 기업 경영과 영재 교육을 위한 몰입적 사고를 전도하고 있고, 이를 각종 연구 개발에 활발하게 적용하고 있다. 학생들에게 공식과 이론을 알려주기 전에 도출 과정을 학생들이 직접 생각해 보게 하는 '몰입' 교육을 하고 있다.

몰입적 사고를 통해 과학자이자 교수로서 괄목할 만한 연구 성과를 이루었는데, 특히 하전된 나노입자 이론은 몰입 상태 연구 중 첫 번째 성과로 한국과학총연합회에서 최우수논문상을 수상하였다. 대한금속재료학회 부회장 및 서울대 신소재공동연구소 소장을 역임했다. 저서로는 《몰입 Think hard》, 《몰입 두 번째 이야기》, 《공부하는 힘》, 《Non-Classical Crystallization of Thin Films and Nanostructures in CVD and PVD Processes》 등이 있다.

창의 혁명

1판 1쇄 2018년 3월 23일 발행

지은이 · 서울대학교 창의성 교육을 위한 교수 모임
펴낸이 · 김정주
펴낸곳 · ㈜대성 Korea.com
본부장 · 김은경
기획편집 · 이향숙, 김현경, 양지애
디자인 · 문 용
영업마케팅 · 조남웅
경영지원 · 장현석, 박은하

등록 · 제300-2003-82호
주소 · 서울시 용산구 후암로 57길 57 (동자동) ㈜대성
대표전화 · (02) 6959-3140 | 팩스 · (02) 6959-3144
홈페이지 · www.daesungbook.com | 전자우편 · daesungbooks@korea.com

© 서울대학교 창의성 교육을 위한 교수 모임, 2018
ISBN 978-89-97396-80-1 (03320)
이 책의 가격은 뒤표지에 있습니다.

Korea.com은 ㈜대성에서 펴내는 종합출판브랜드입니다.
잘못 만들어진 책은 구입하신 곳에서 바꾸어 드립니다.

이 도서의 국립중앙도서관 출판예정도서목록(CIP)은 서지정보유통지원시스템
홈페이지(http://seoji.nl.go.kr)와 국가자료공동목록시스템(http://www.
nl.go.kr/kolisnet)에서 이용하실 수 있습니다.(CIP제어번호: CIP2018006902)